AF549765

Katrin Iskam
Beate Balz

Mit Witz, Charme und Methode

KOSMOS

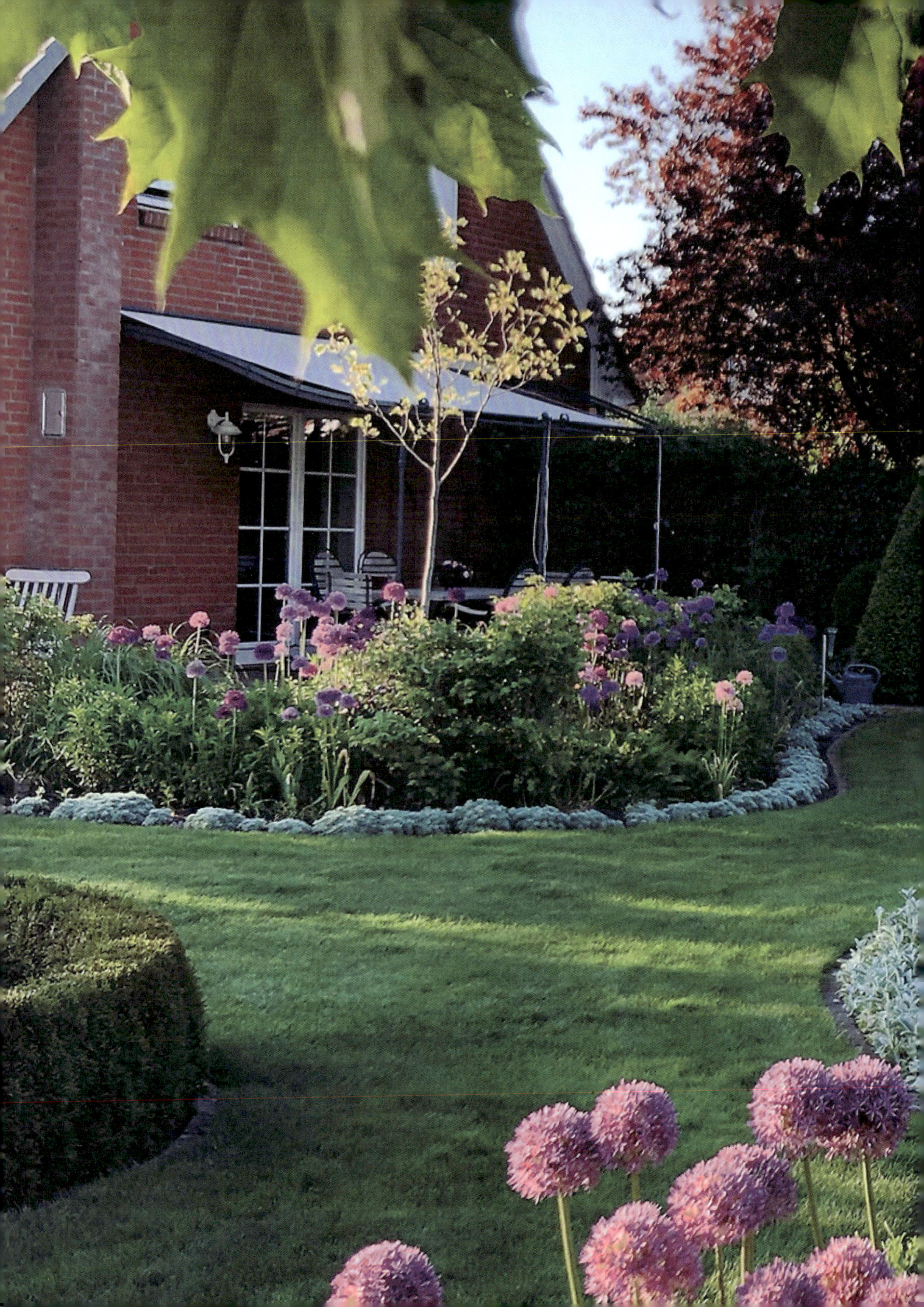

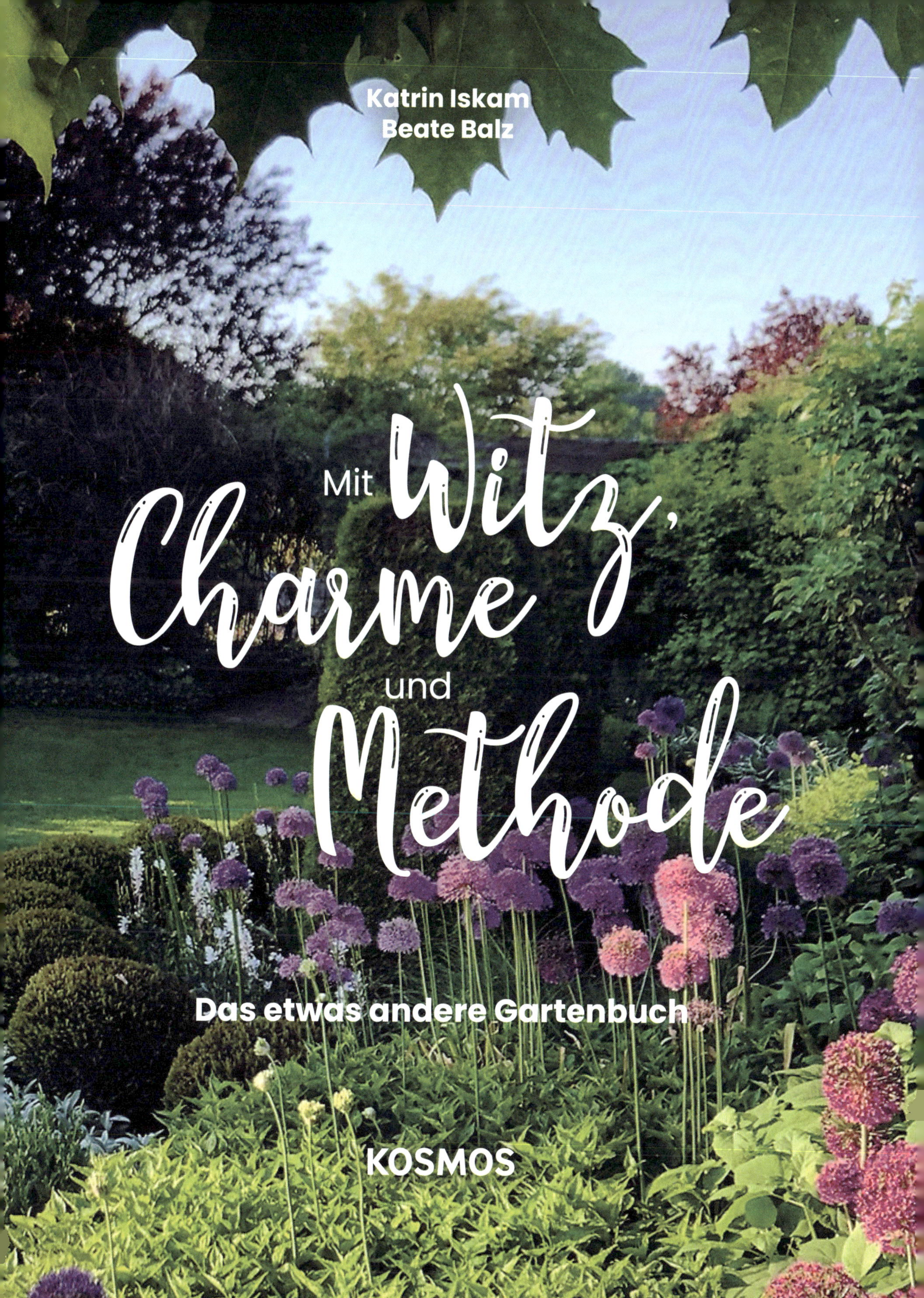
Katrin Iskam
Beate Balz
Mit Witz, Charme und Methode
Das etwas andere Gartenbuch
KOSMOS

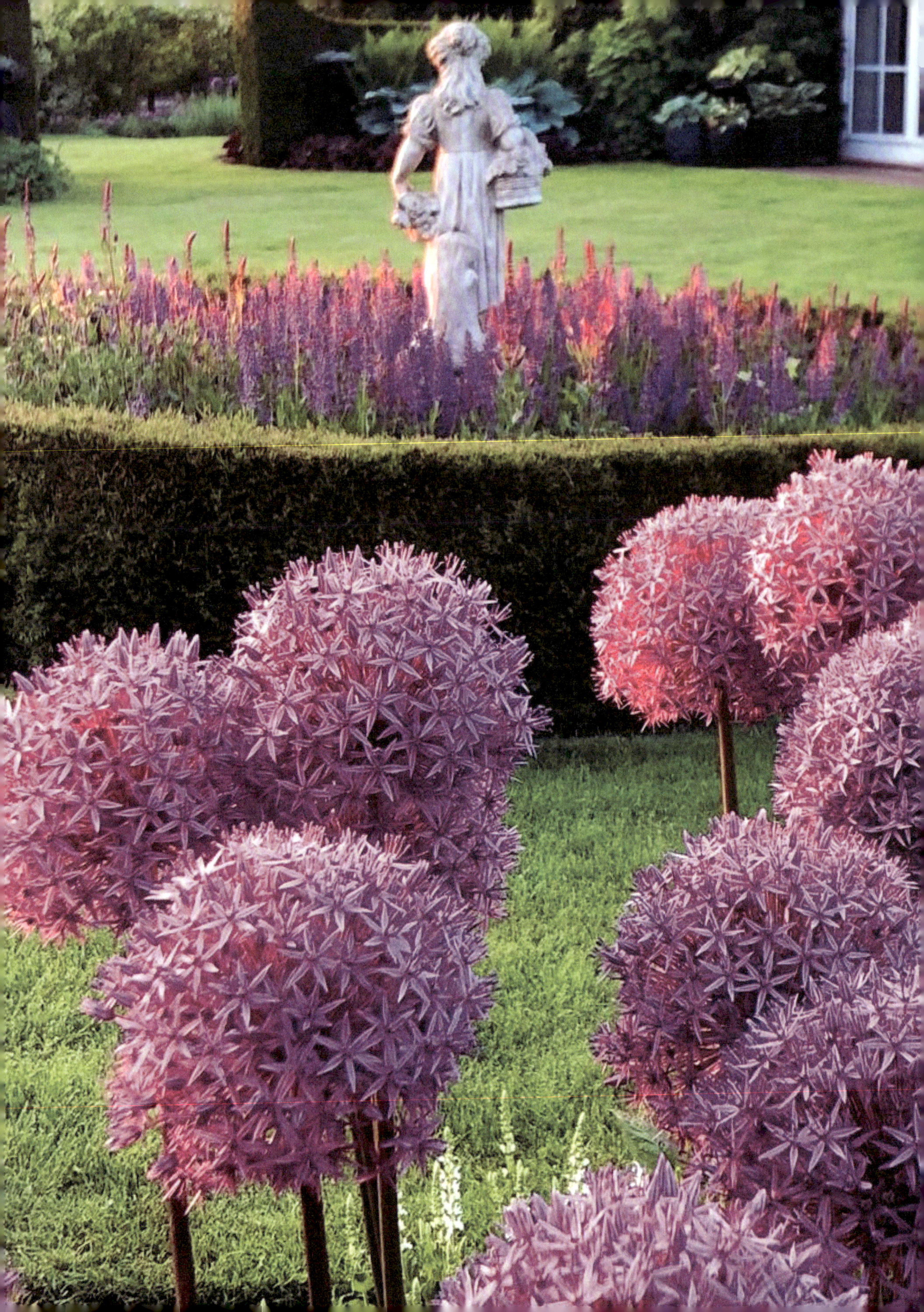

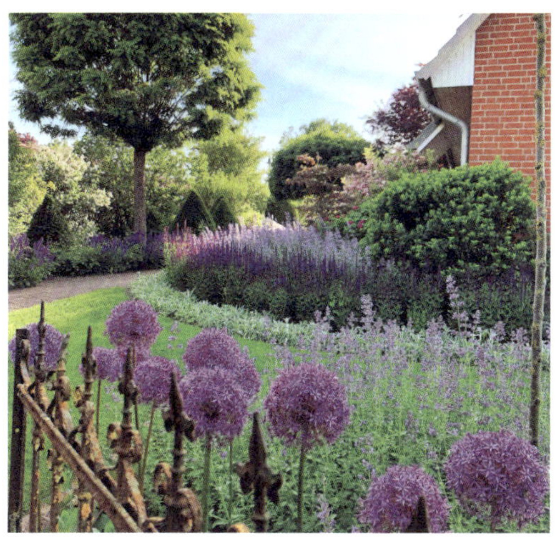

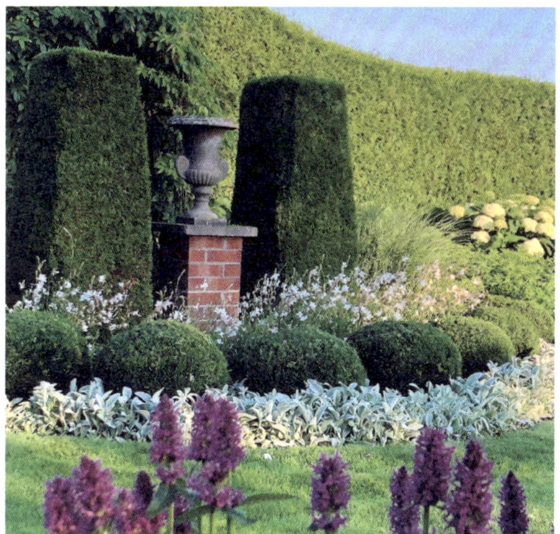

Inhalt

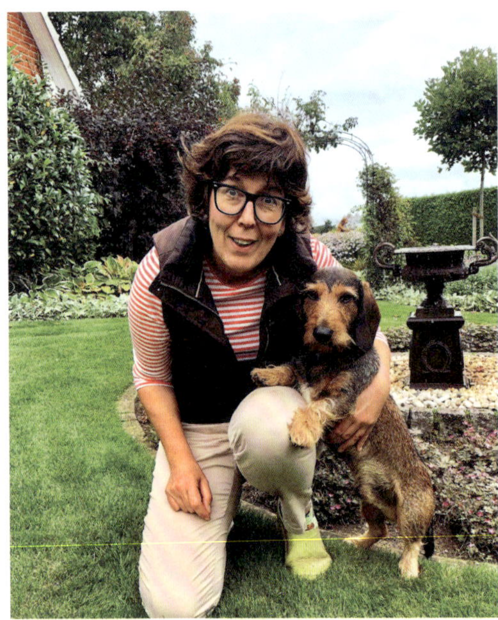

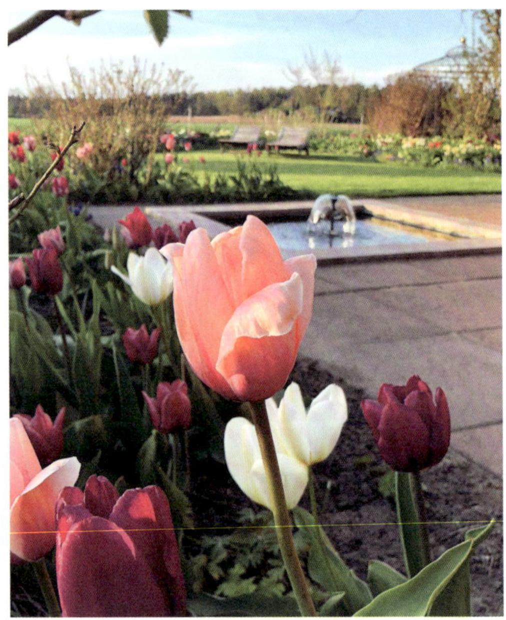

Katrin, Tyson & Beate

KATRIN

Nach einer Gartenreise zu den Landschaftsgärten in England, vor über 15 Jahren, habe ich in meinem Garten Tabula rasa gemacht und so aus einem normalen Standardgarten einen perfekt angelegten, englischen Landschaftsgarten geschaffen, den ich jedes Jahr auch interessierten Gartenbesuchern im Rahmen der „Offenen Gärten" zeige. Ich lebe in Niedersachsen zusammen mit meiner Familie, zu der auch mein heißgeliebter Dackel Tyson – unser „Chefgärtner" – gehört. Mein umfangreiches Gartenwissen teile ich mit viel Humor und teils ungewöhnlichen Methoden täglich auf Instagram. Neben meiner Gartenleidenschaft, bei der meine Familie oft auf Nudeldiät gesetzt werden muss, um mir neue Gartenschätze anschaffen zu können, arbeite ich noch als Krankenschwester und halte auch dort mit meinem Humor meine lieben Kollegen und Patienten bei Laune.

TYSON

Hallo Leute, mein Name ist Tyson, und seit fünfeinhalb Jahren führe ich das Oberkommando im Garten der Iskams. Wenn ich nicht gerade das Gyros oder den Schinken vom Esstisch klaue, um mich für die Wühlmausjagd zu stärken, sorge ich hier in meinem Revier dafür, dass alles rundläuft. So dünge ich täglich im Garten mit Eigenurin, damit alles anständig wächst, und unterstütze mein Frauchen beim Pflanzlöcher-Buddeln. Am Tag des offenen Gartens begrüße ich schwanzwedelnd unsere Gäste und lasse mit meinem Dackelblick die Herzen der Frauen schmelzen. Was hier im Garten sonst noch so über das Jahr abgeht, könnt Ihr auf den nachfolgenden Seiten lesen.
Viel Spaß dabei!

▷ Katrin und Tyson
△ Katrins Garten

WIR BEI INSTAGRAM

- **Katrin:** Schöpferin des Instagram-Accounts **@katrinsgarten**
- **Beate:** Schöpferin des Instagram-Accounts **@beate.balz**
- **Tyson:** Chefgärtner in **@katrinsgarten**

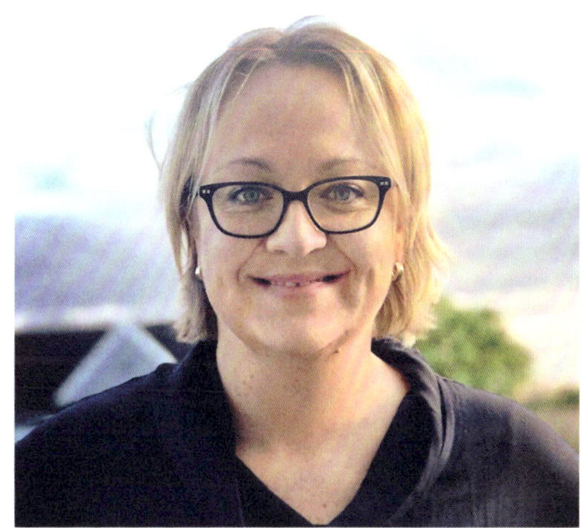

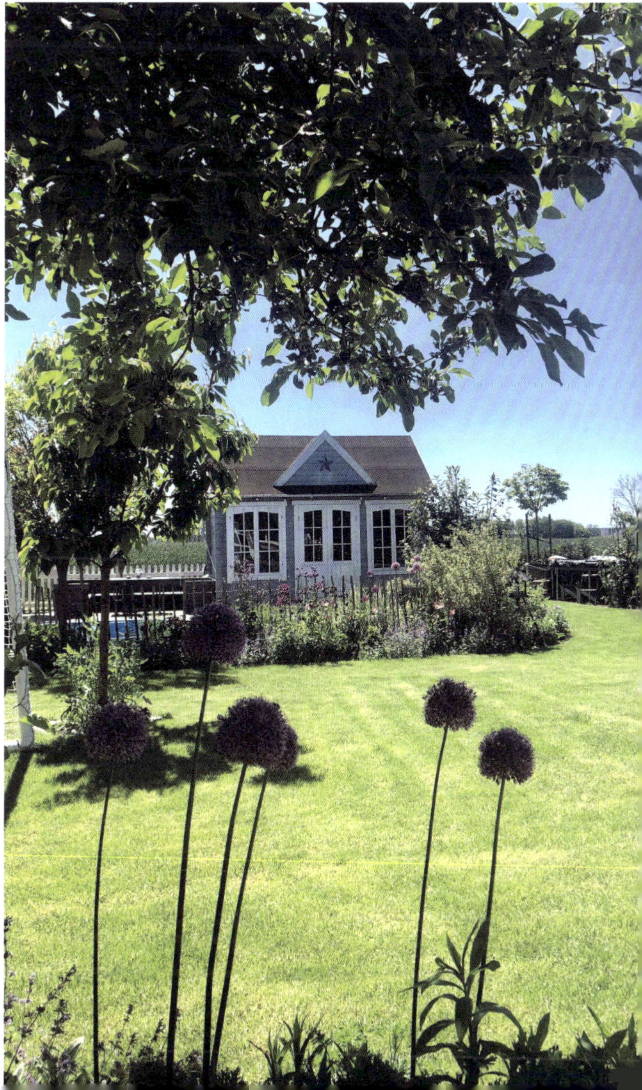

BEATE

Nachdem wir unser Grundstück gekauft hatten, das ehemals ein Acker war, hatte ich den festen Wunsch, schnellstmöglich einen eingewachsenen Garten zu gestal ten, um nicht nach unserem Hausbau auf eine Baustelle zu ziehen. Da Geduld nicht unbedingt zu meinen Stärken zählt und ich weiß, wie schwer es zu ertragen ist, wenn man zwar in sein Traumhaus zieht, aber immer auf ein kahles Grundstück blickt, zeige ich mit Vorher-Nachher-Bildern auf Instagram, wie man in kürzester Zeit aus einem Acker einen Garten macht. Zusammen mit meiner Familie lebe ich vor den Toren von Berlin und fühle mich nur wohl, wenn ich meiner Kreativität freien Lauf lassen kann und so ein gemütliches Heim für meine Familie schaffe.

◃ Beate
▹ Beates Garten

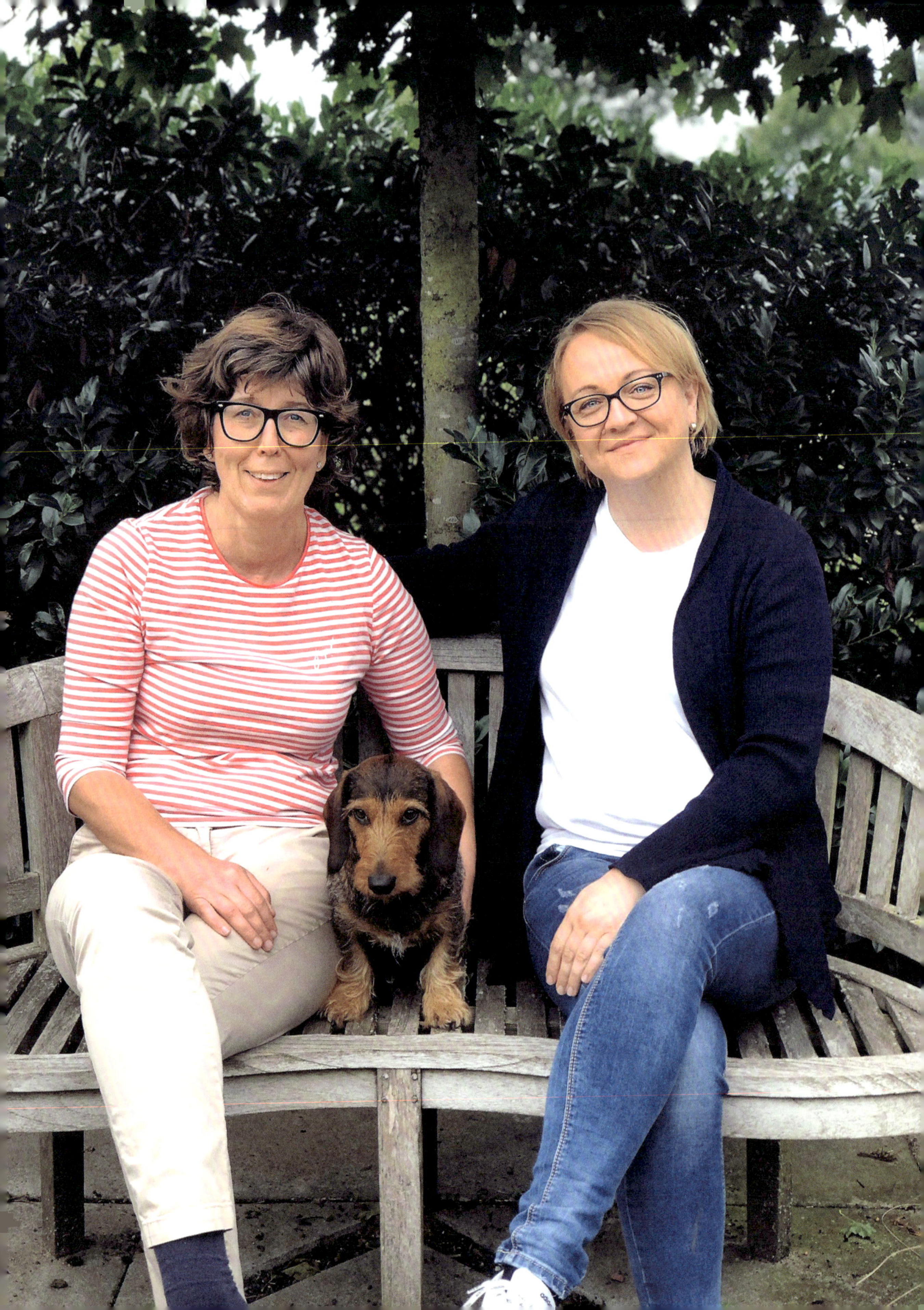

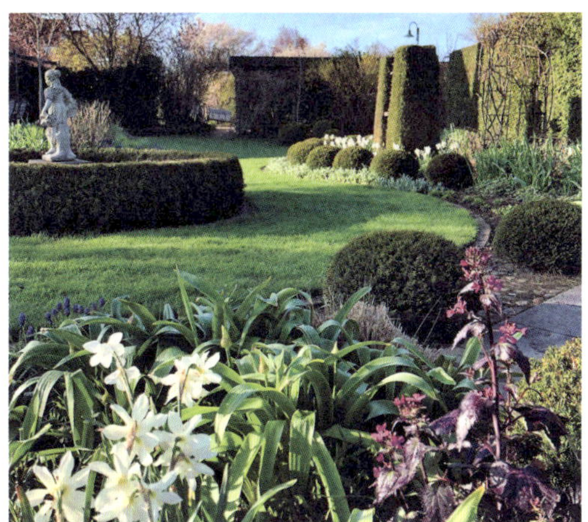

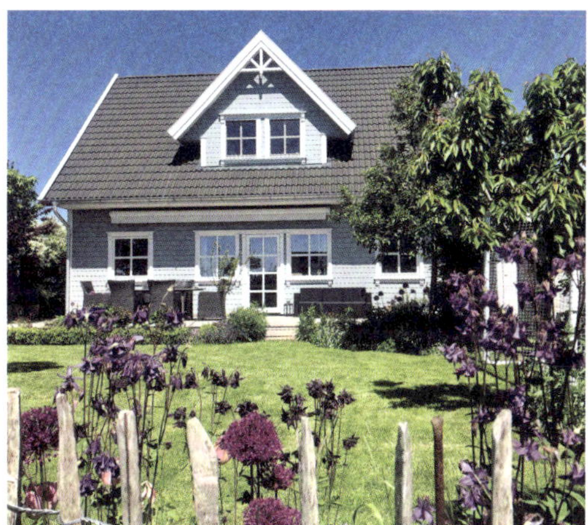

Liebe Leser

Mit diesem Buch möchten wir ein Zeichen im Kampf gegen Schottergärten setzen. Mehr Blühendes in unseren Gärten ist nicht nur Futter für unsere Seele, sondern auch Nahrung für Insekten und Kleinlebewesen. Wir zeigen Euch dabei einige Tipps und Tricks und nehmen Euch mit auf die Reise durch ein blühendes Gartenjahr in unseren beiden Privatgärten.

In Schritt-für-Schritt-Anleitungen zeigt Euch Katrin, wie Ihr ebenfalls kinderleicht zu perfekt angelegten Beeten kommt, die das ganze Jahr durchblühen. Dazu findet Ihr auch viele Pflanzpläne im Buch.

Natürlich soll dieses Gartenbuch nicht einfach nur ein Gartenratgeber sein, sondern Euch auch mit Witz und Charme gut unterhalten. Selbstverständlich kommt Chefgärtner Tyson dabei nicht zu kurz.

Wir wünschen Euch nun ganz viel Spaß mit dem Buch und hoffen, dass es ein ständiger Begleiter für Euch wird.

Und denkt daran, es kommt nicht auf die Größe Eures Gartens an. Wichtig ist alleine, dass Ihr Spaß habt und sich Eure Seele daran erfreut.

Ein Garten ist nicht nur ein Garten. Er ist Kraftquelle, Lebensraum und Ort für die eigene Kreativität. Er ist nicht nur ein Platz zum Wohlfühlen, er kann auch Therapie sein. Glückshormone werden gebildet, die Psyche wird stimuliert. Die Arbeit im Garten stärkt ebenso das Herzkreislauf- und Immunsystem, zudem werden Stresshormone abgebaut. Kurz gesagt: Wer gärtnert, wird 100 Jahre alt!

”

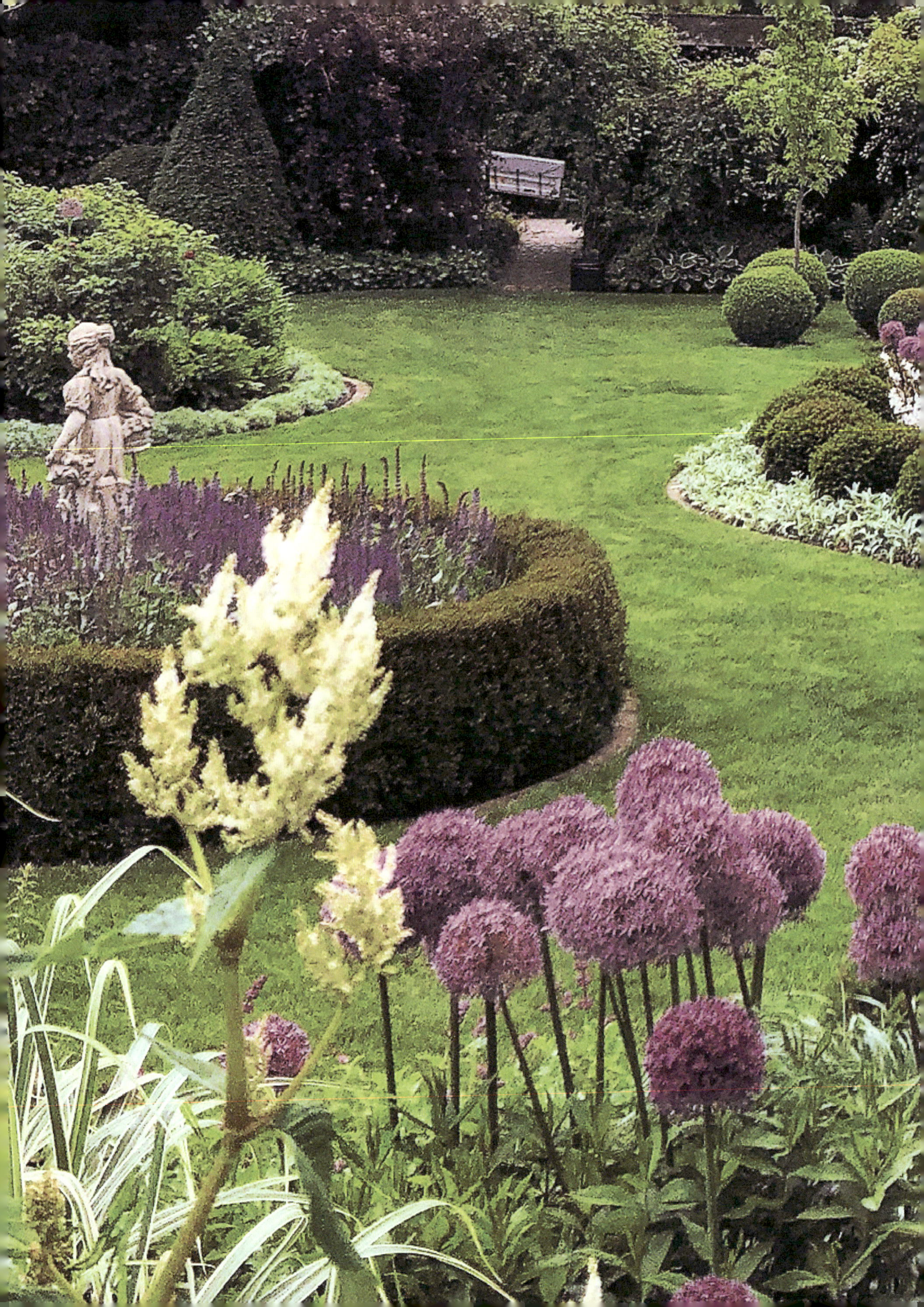

Frühling

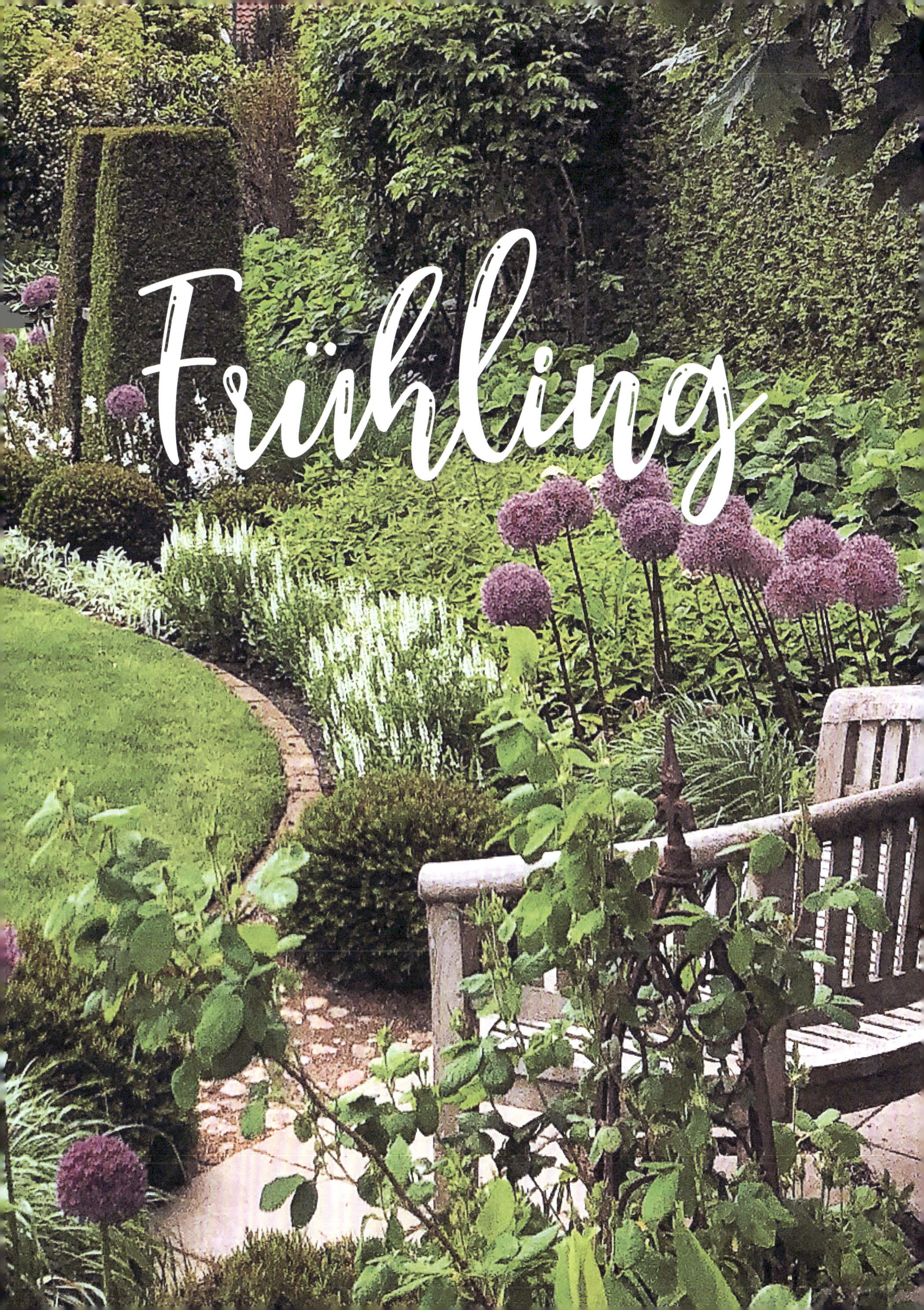

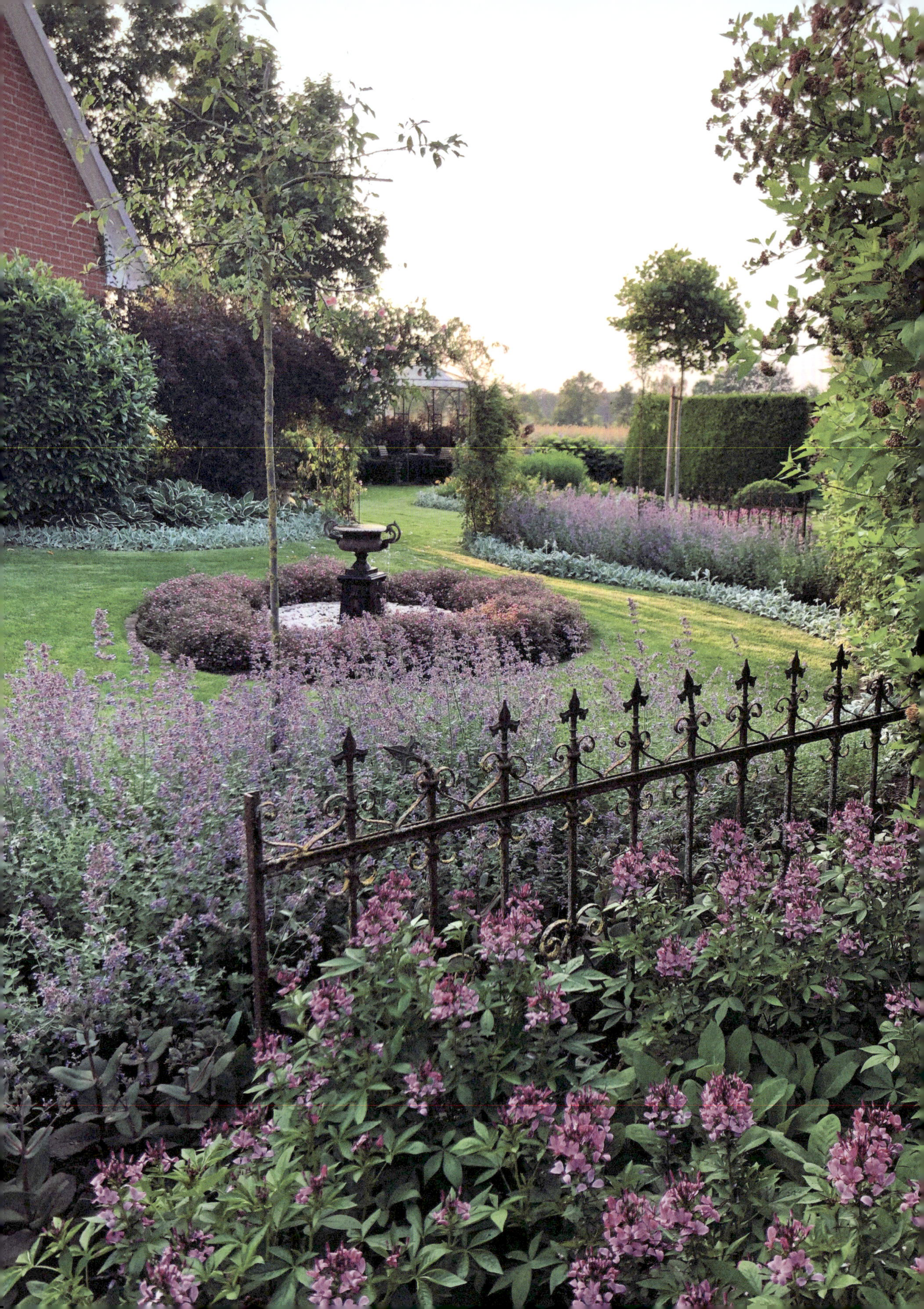

FRÜHLING

Arbeiten im Garten

RÜCKSCHNITT

Im zeitigen Frühjahr werden alle Stauden, Ballhortensien wie die Sorte 'Annabelle' sowie Rispenhortensien und Gräser mit Hilfe von elektrischem Gartenmesser und Häcksler zurückgeschnitten, zerkleinert und wieder als Mulchschicht auf die Beete aufgebracht. Die Mulchschicht verhindert das schnelle Austrocknen des Bodens, unterdrückt Unkraut und zersetzt sich im Laufe der Zeit zu wertvollem Humus. Blühsträucher wie Forsythien und Weigelien werden erst nach der Blüte gestutzt.

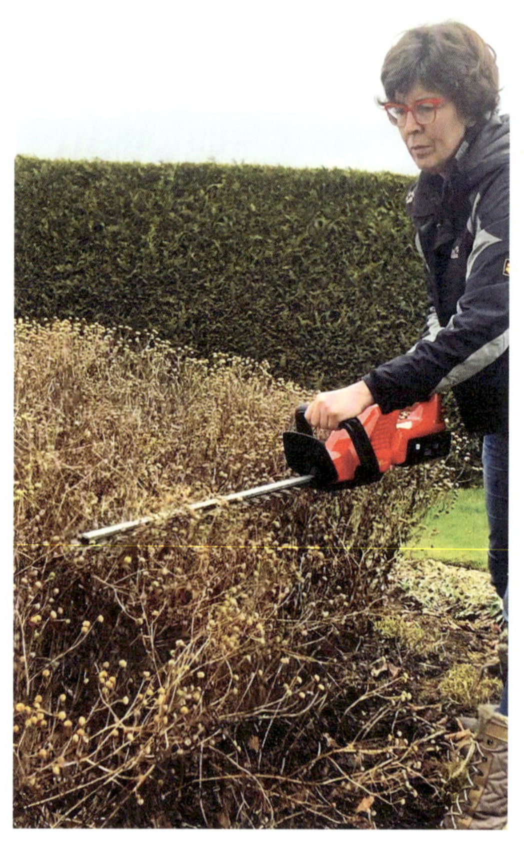

STAUDEN TEILEN

Viele Pflanzen müssen verjüngt werden, sonst werden sie blühfaul oder verkahlen von innen, wie z. B. Raublatt-Astern, Lampenputzergräser oder Taglilien. Teilung ist auch ein gutes Mittel zur kostenlosen Pflanzenvermehrung, so bleibt mancher Euro in der Haushaltskasse.

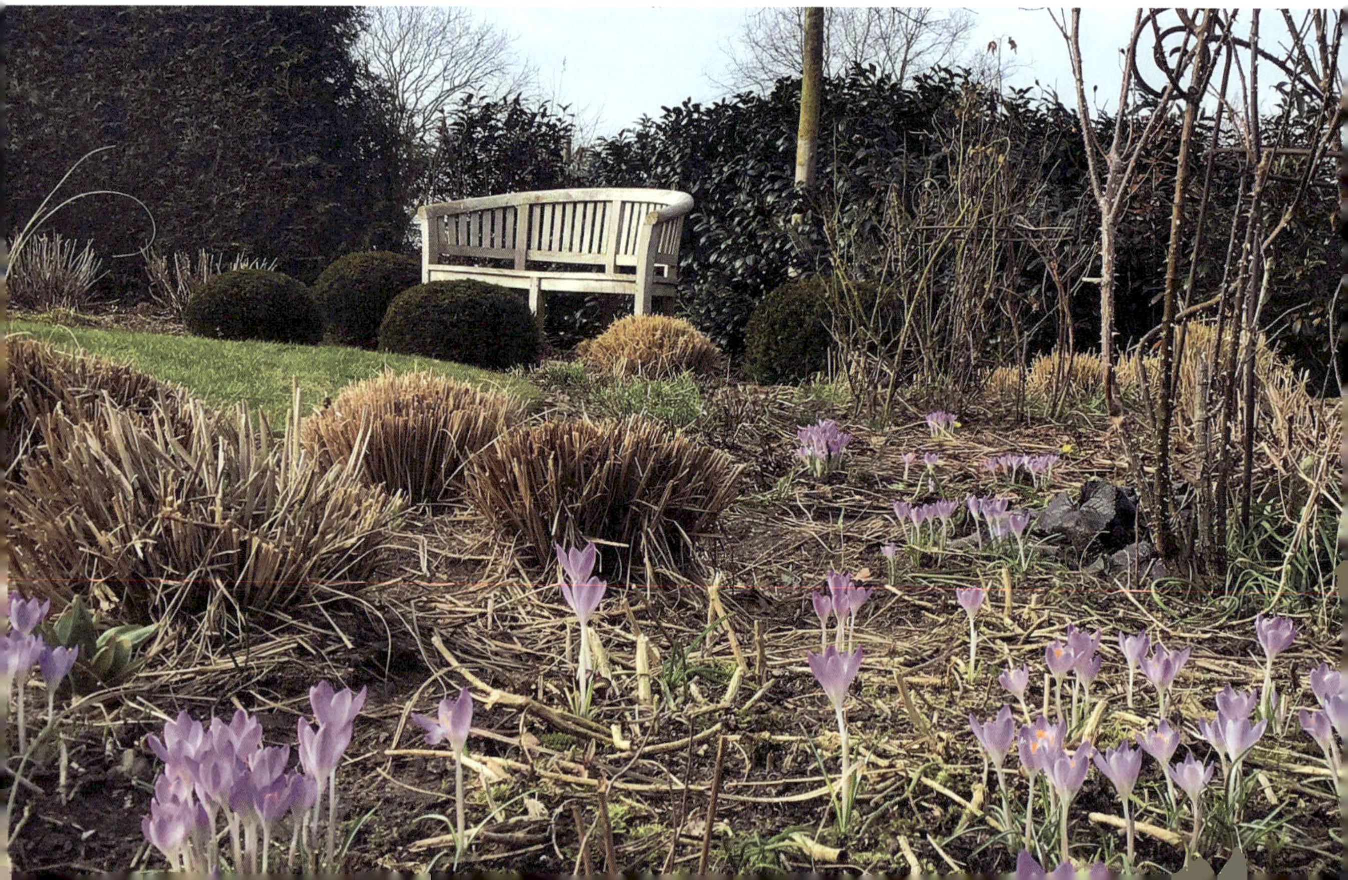

PFLANZENKNAST: RANKGITTER FÜR HORTENSIEN

Beim Rückschnitt der Hortensie 'Annabelle' haben sich einfache Rankgitter aus dem Baumarkt, die in Form gebogen werden, als Stütze bewährt. Diese dann einfach Anfang April über die Pflanzen stülpen und schon kann die Hortensie durchwachsen. Nach ein paar Wochen ist von den Rankgittern nichts mehr zu sehen und man braucht sich um die Standfestigkeit der 'Annabelle' keine Sorgen mehr zu machen. Ganzjährig bekommen alle meine Annabelle-Hortensien ordentlich Kaffeesatz an die Füße. Dieser hält Schnecken fern und ist zusätzlicher Dünger.

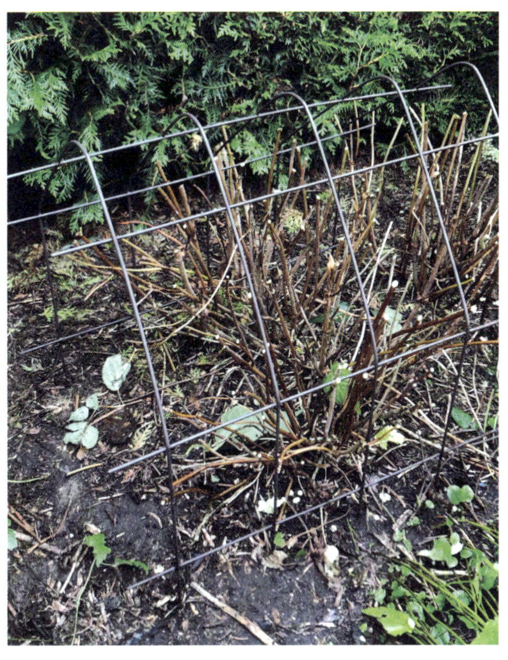

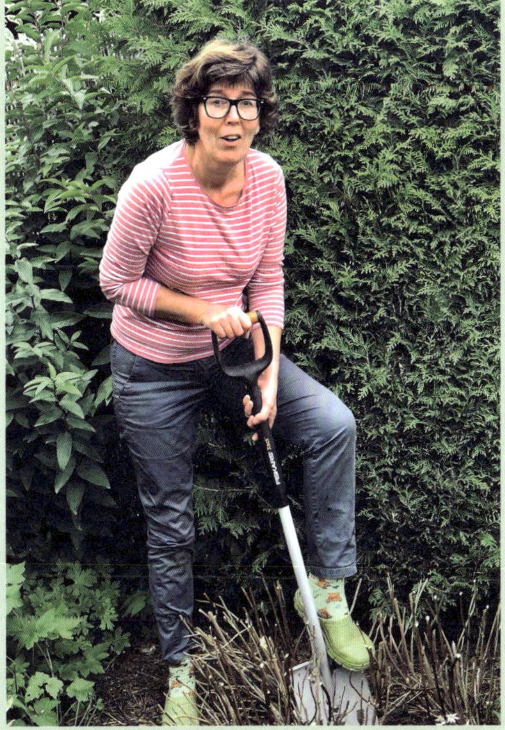

EXTRATIPP: TEILUNG

- Ist der Neuaustrieb nur wenige Zentimeter hoch, sticht man zum Teilen der Pflanze mit dem Spaten direkt in die Staude und setzt das abgestochene Teilstück an anderer Stelle wieder ein.

- Stauden wie Wollziest oder Storchschnabel werden nicht abgestochen, sondern auseinandergerissen. Dazu die Staude ausgraben und diese dann mit den Händen auseinanderreißen.

- Gräser am besten nur im Frühjahr teilen und umpflanzen, da sie im Gegensatz zu Stauden Wochen brauchen, um einzuwurzeln. Bei einem kalten, feuchtnassen Winter besteht zudem die Gefahr des Nichtanwachsens und Faulens.

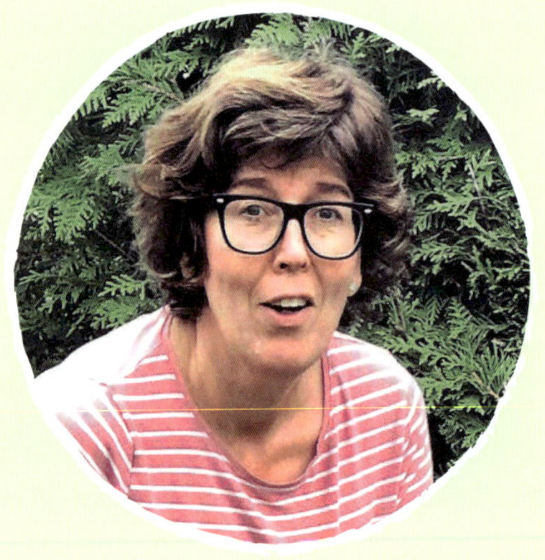

KATRINS METHODE

Im Frühjahr schmeiße ich großflächig Kuhscheiße in Form von Pellets über die Beete. Thuja, Sedum und Blauraute spare ich dabei aus. Die Pellets brauchen ca. 5 Wochen, bis sie sich auflösen. Passend zur Wachstumsphase stehen dann die Nährstoffe bereit. Außerdem sorgt das Prozedere für frische Landluft.

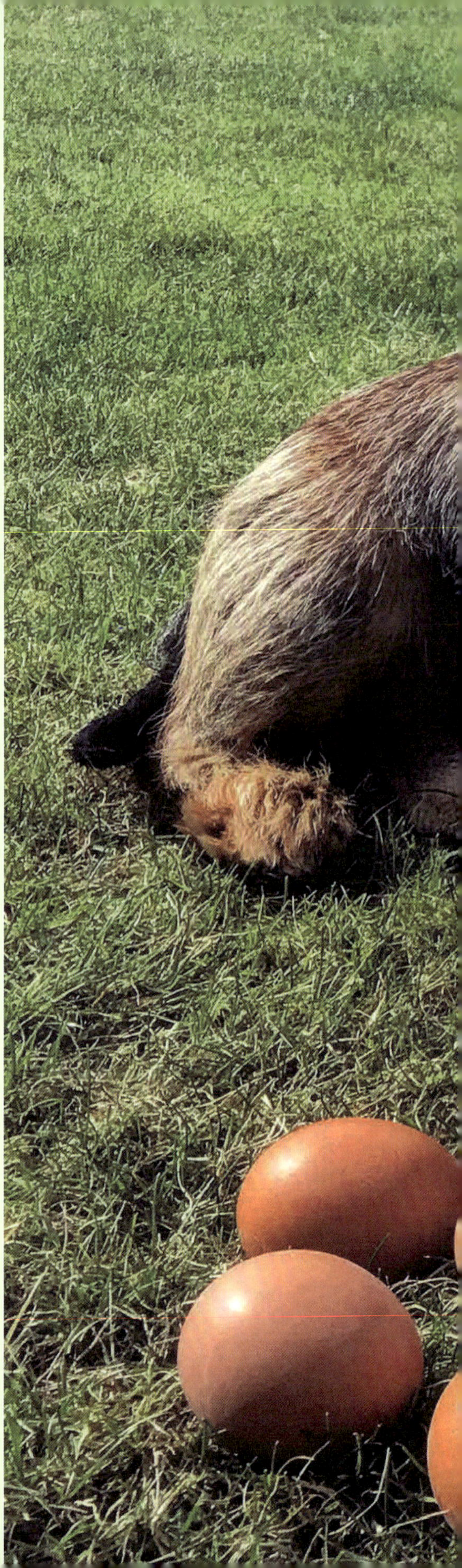

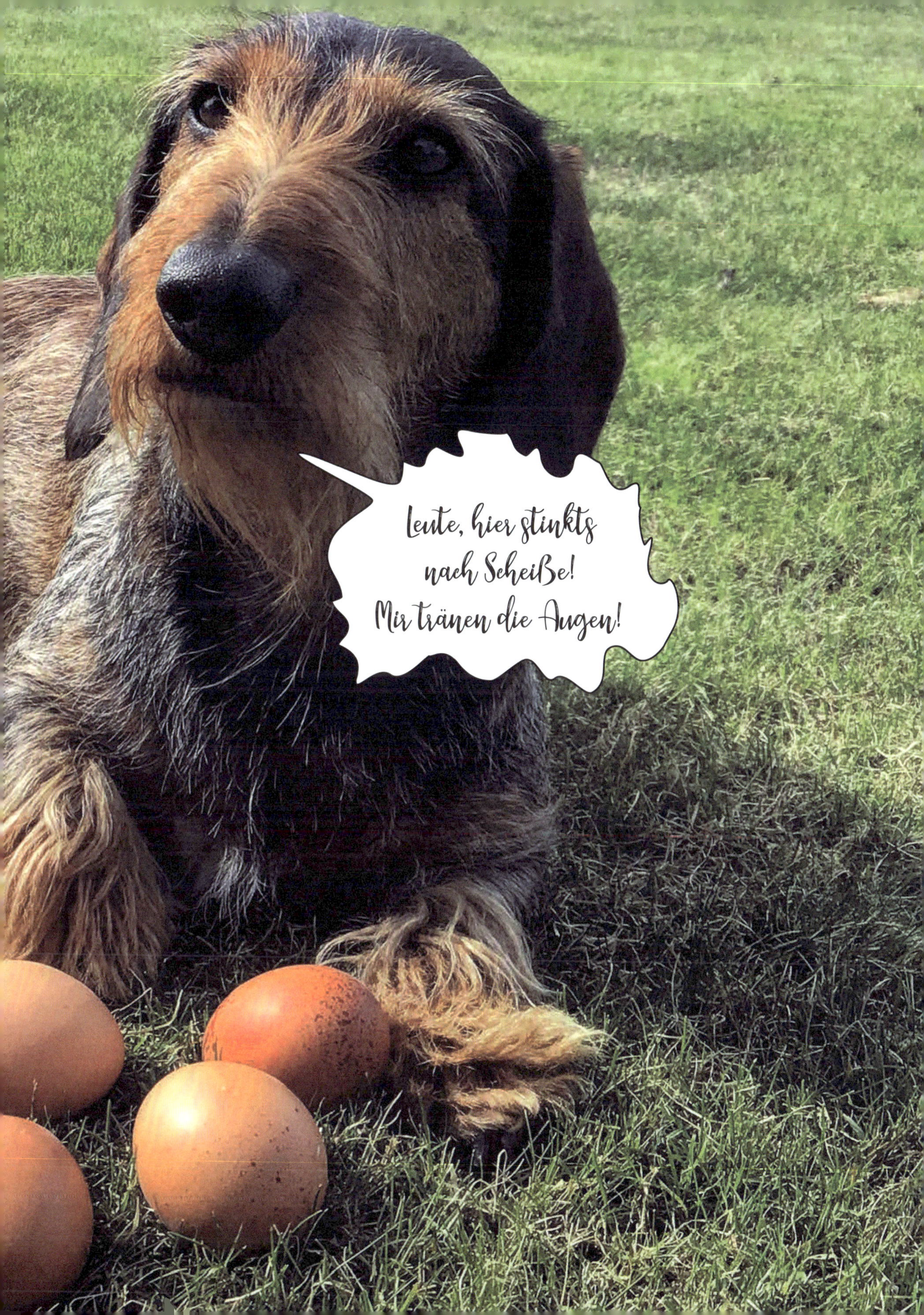
Leute, hier stinkts
nach Scheiße!
Mir tränen die Augen!

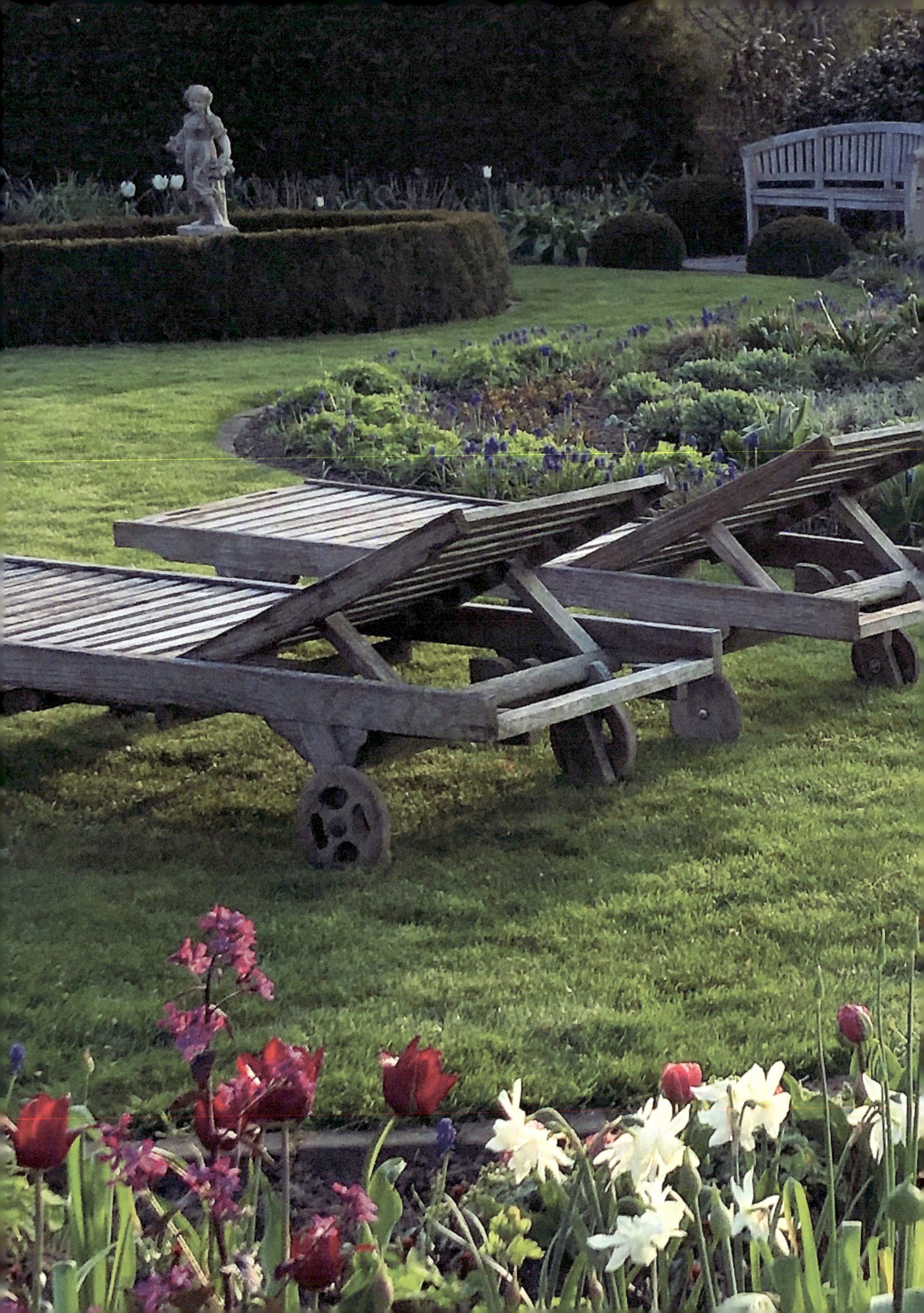

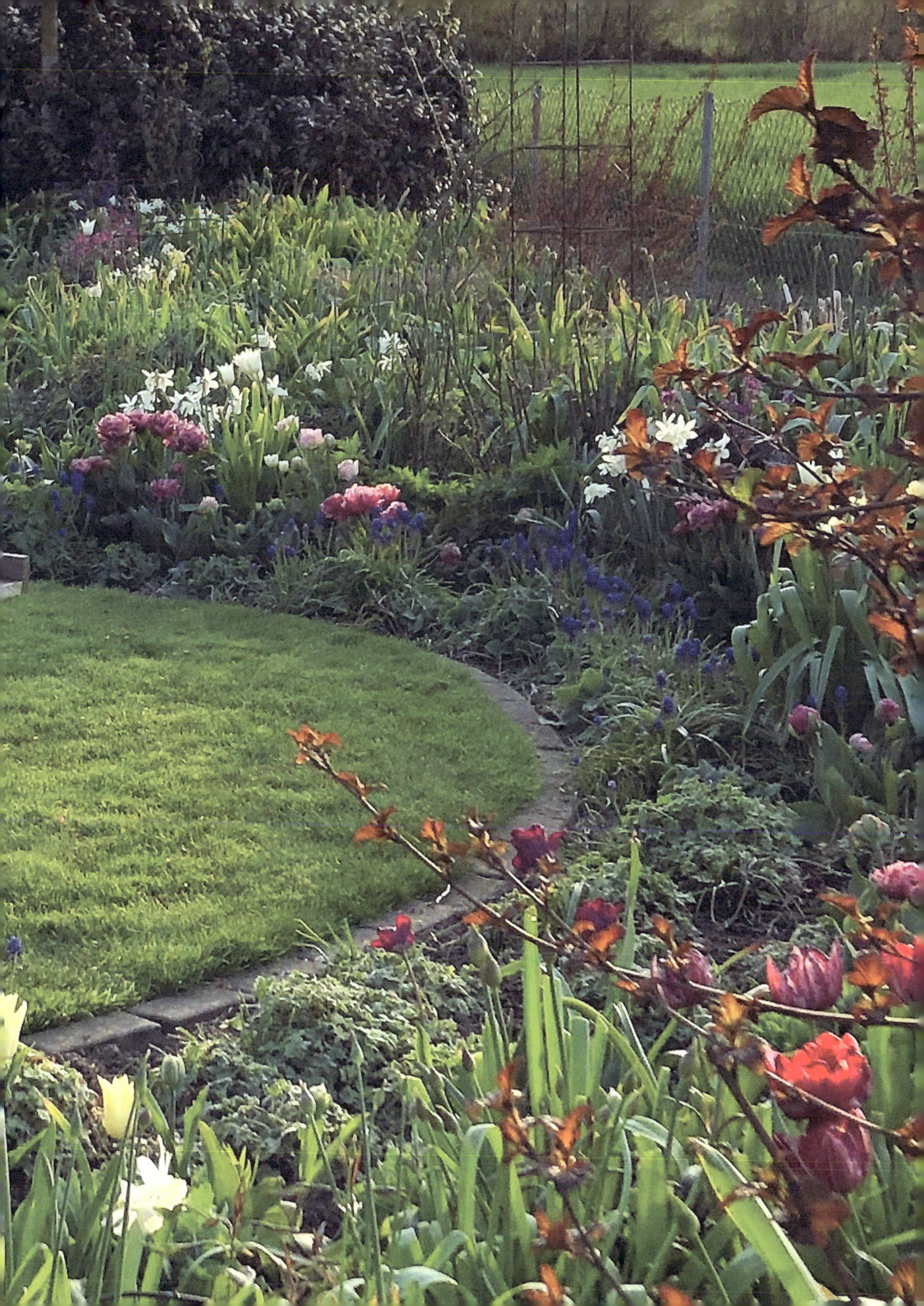

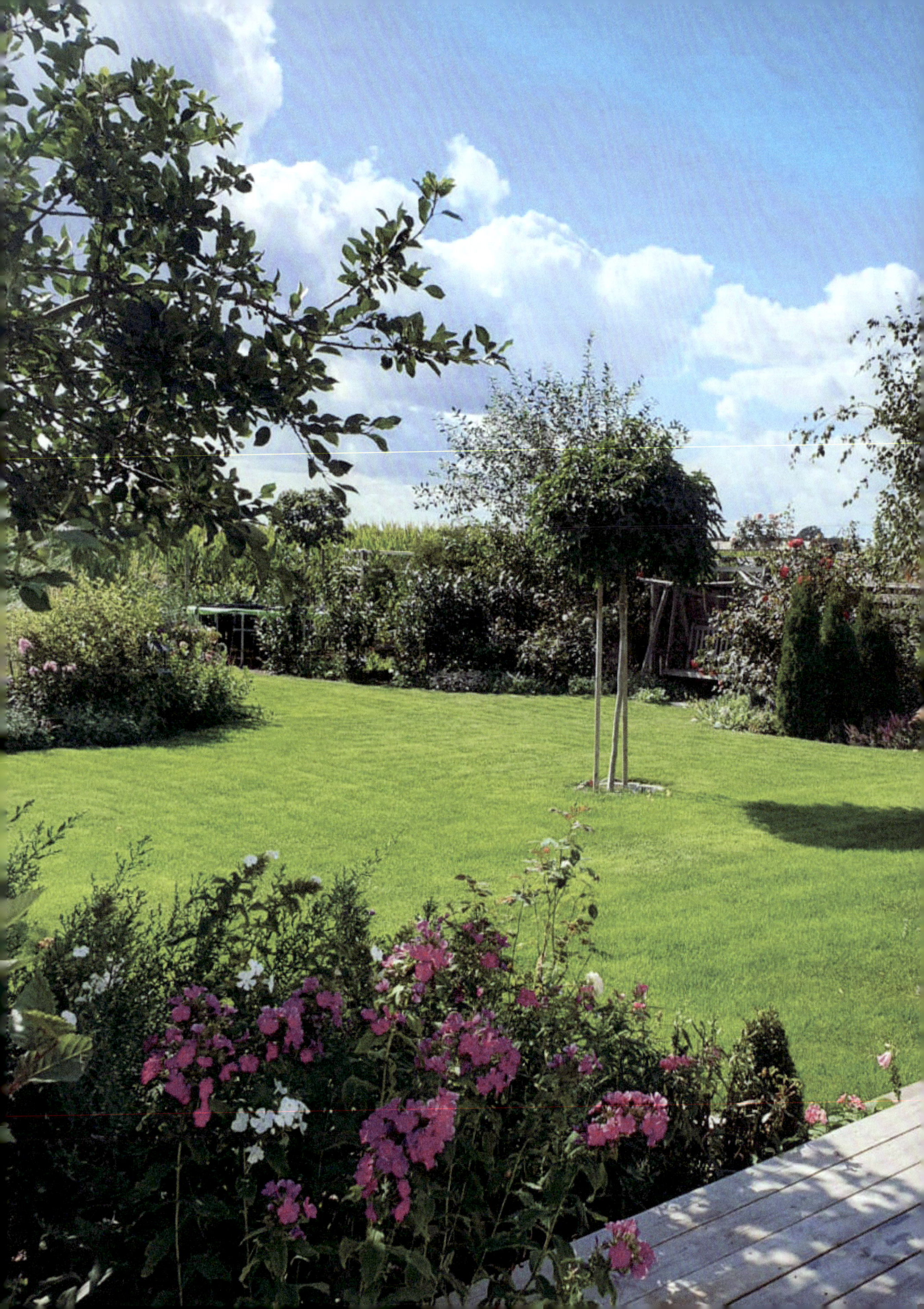

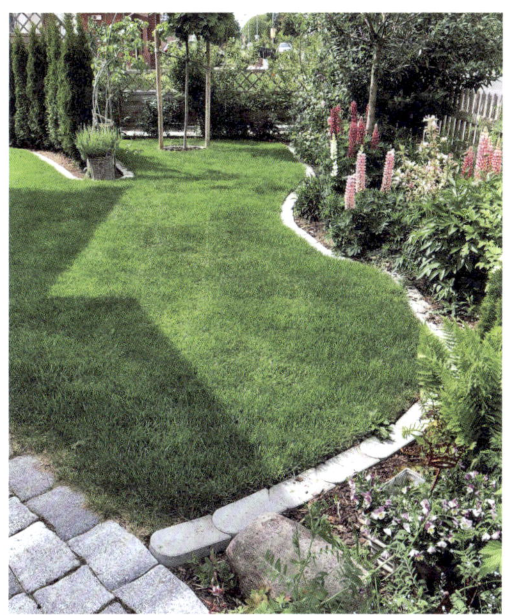

Ich habe die Mähsteine einfach mit einem Gummihammer in den Boden gesetzt, ohne sie zu betonieren. Damit bin ich später flexibel, falls ich die Beetform einmal ändern möchte. Bei der Wahl der Mähsteine achte ich immer darauf, dass sie farblich zu unseren Wegen und zur Hausfarbe passen, damit alles eine harmonische Einheit ergibt.

Rasen anlegen und pflegen

Sobald der Boden frostfrei und abgetrocknet ist, kommt die Rasenpflege an die Reihe. Wer noch keinen Rasen hat, kann jetzt damit beginnen, Grassamen auszusäen oder, wie wir es gemacht haben, Rollrasen auszulegen. Rollrasen hat den Vorteil, dass beim Verlegen durch die dichte Grasnarbe kein Unkraut durchkommt und man sofort eine fertige Rasenfläche hat. Die einzelnen Rollrasen-Bahnen dabei dicht an dicht zusammenfügen und anschließend mit der Walze gut andrücken, um das Anwachsen zu erleichtern. Zum Schluss kräftig gießen.

Ist eine Rasenfläche bereits vorhanden, wird nach dem Winter jetzt das erste Mal gemäht. Im Anschluss vertikutiert man den Rasen leicht, um das Moos herauszuholen und harkt ihn danach ab. So wird der Rasen gut durchlüftet und ist optimal für die Frühjahrsdüngung vorbereitet, die anschließend erfolgt. Ich persönlich verwende zunächst immer einen Frühjahrsdünger, damit die Nährstoffe dem Rasen sofort zur Verfügung stehen und bringe erst 4–6 Wochen später den Langzeitdünger aus. Für das gleichmäßige Ausbringen eignet sich am besten ein Düngewagen. Ich achte immer darauf, bei bedecktem Wetter – kurz vor einsetzendem Regen – zu düngen, damit der Rasen nicht verbrennt und sofort mit angegossen wird.

Verlegt man Mähsteine, um die Rasenfläche einzugrenzen, sieht das nicht nur optisch toll und sauber aus, sondern erleichtert auch ungemein das Mähen.

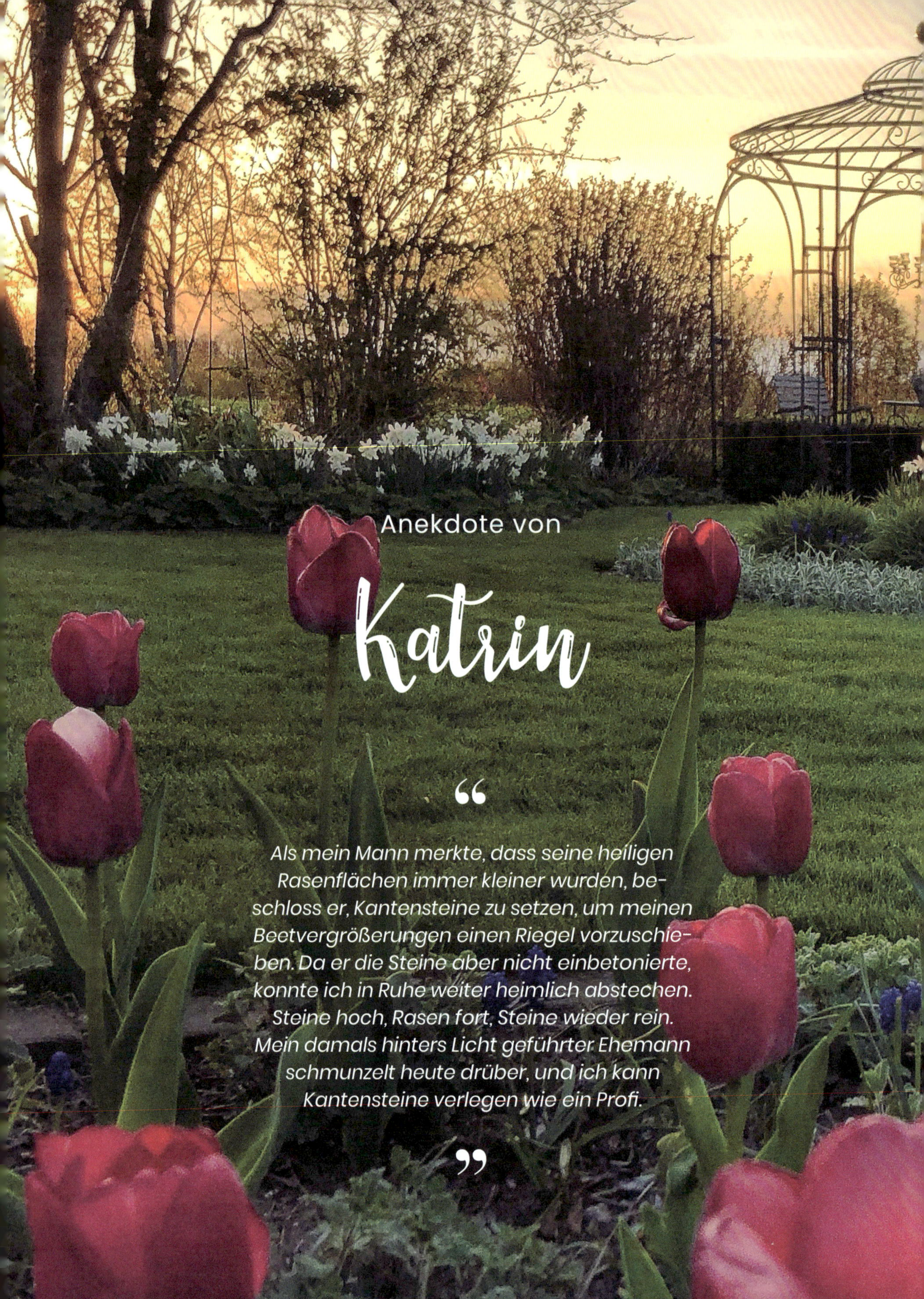

Anekdote von

Katrin

"

Als mein Mann merkte, dass seine heiligen Rasenflächen immer kleiner wurden, beschloss er, Kantensteine zu setzen, um meinen Beetvergrößerungen einen Riegel vorzuschieben. Da er die Steine aber nicht einbetonierte, konnte ich in Ruhe weiter heimlich abstechen. Steine hoch, Rasen fort, Steine wieder rein. Mein damals hinters Licht geführter Ehemann schmunzelt heute drüber, und ich kann Kantensteine verlegen wie ein Profi.

"

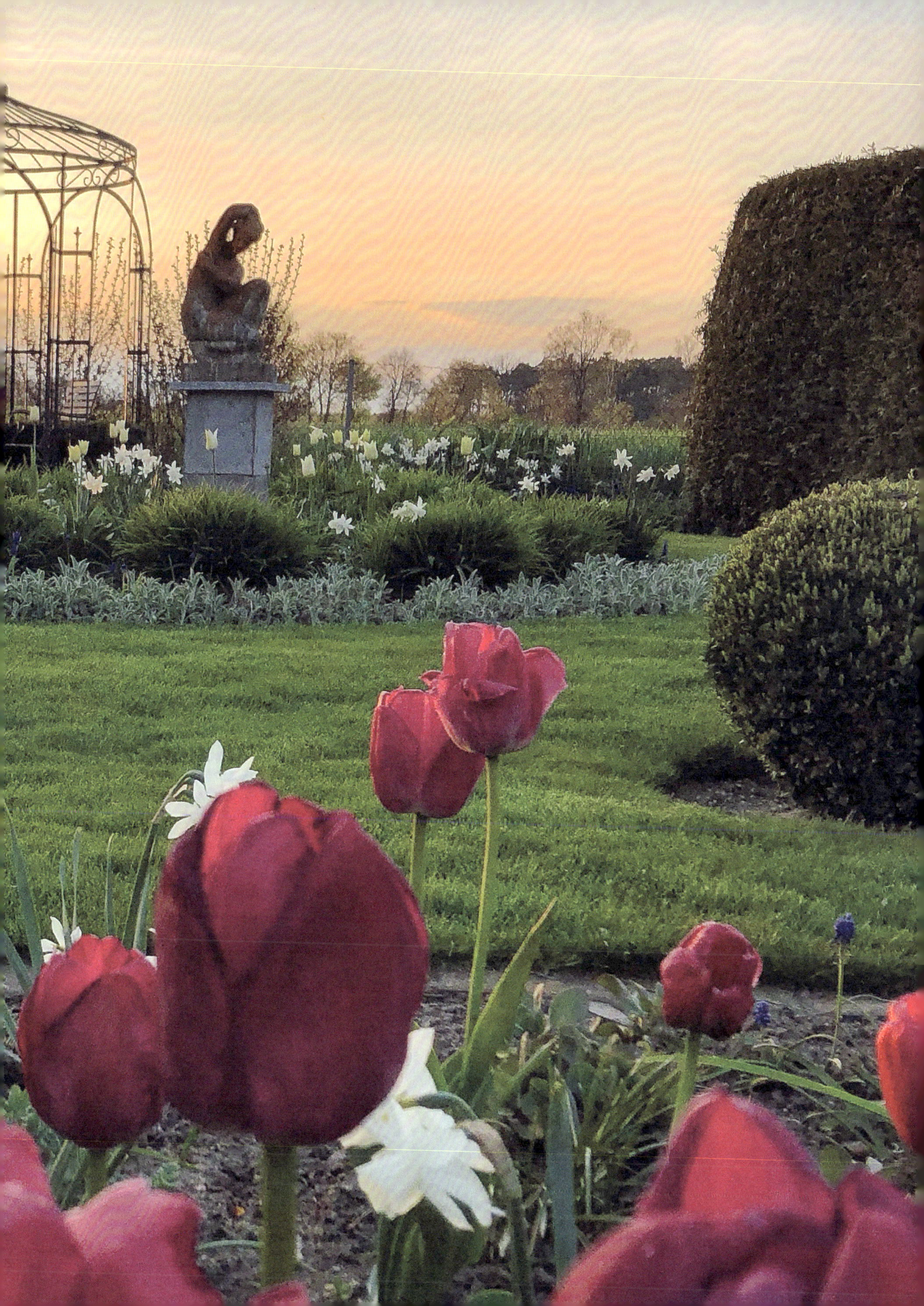

SCHÖNE BEETKANTEN

Möchtet Ihr geschwungene, gleichmäßige Beetverläufe wie hier im Bild? Dann nehmt am besten einen Wasserschlauch zur Hand und legt ihn so in Form, wie das Beet werden soll. Erst, wenn Ihr Euch ganz sicher seid, stecht Ihr am Rand des Schlauches mit dem Spaten die Rasensoden ab. Ich persönlich würde die Grassoden nicht einfach nur Umdrehen, sondern ganz entfernen. Es pflanzt sich später besser und die Gefahr, dass der Rasen oder Wurzelunkräuter wieder durchkommen, ist gebannt. Am besten mäht man den Rasen so kurz wie möglich und sticht dann Quadrate ab, die sich mit dem Spaten flach abheben lassen. Die Rasensoden kann man anschließend mit der grünen Seite nach unten stapeln und kompostieren. Eine Zugabe von Schnellkomposter beschleunigt die Verrottung.

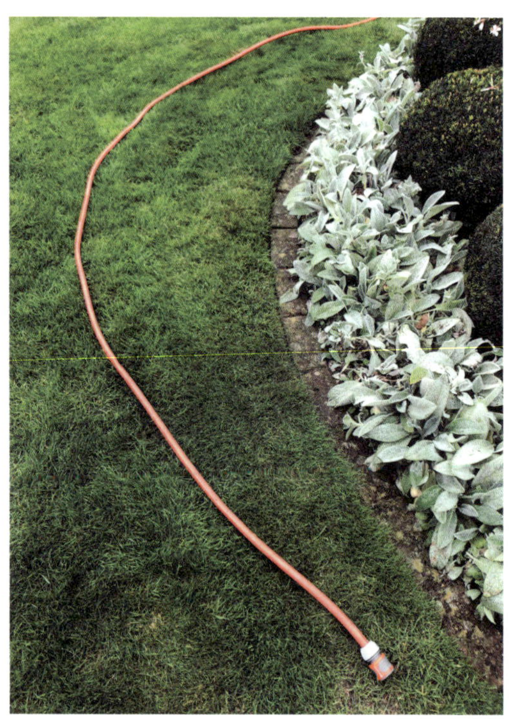

EXTRATIPP: FRÜHLINGSBLÜHER

- Nach der Blüte schneide ich die Blütenstände von Tulpen und Narzissen zurück, damit die Kraft nicht in die Samen geht. Alle grünen Pflanzenteile belasse ich, bis sie vergilbt sind, da die Zwiebeln aus diesen die Kraft für die nächste Saison ziehen.

- Anschließend versorge ich alle Zwiebelpflanzen noch mit Bodenaktivator. Dieser regt das Wurzelwachstum an und bewirkt eine bessere Nährstoffaufnahme der Pflanzen.

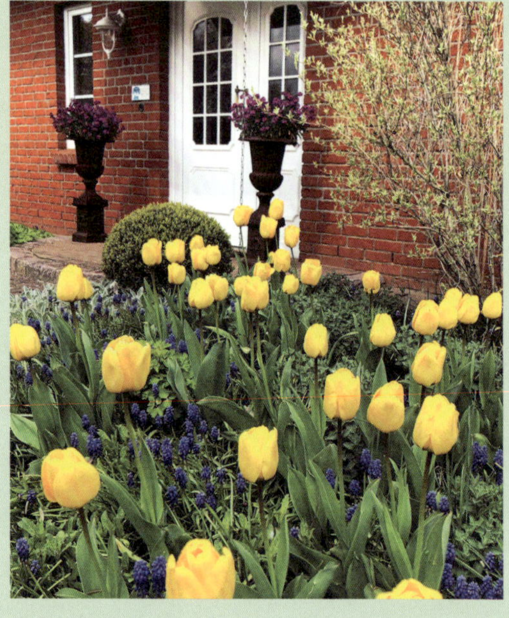

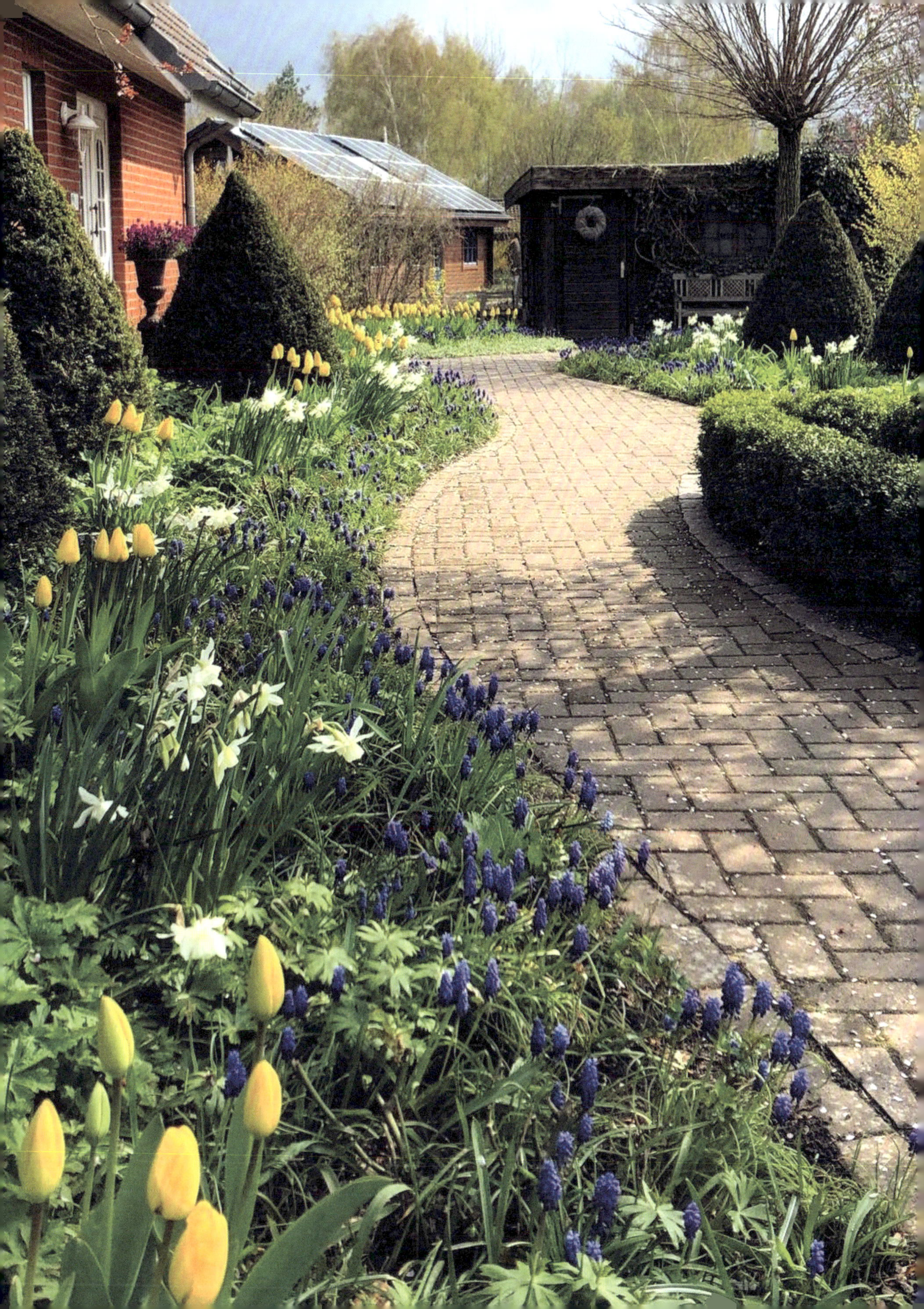

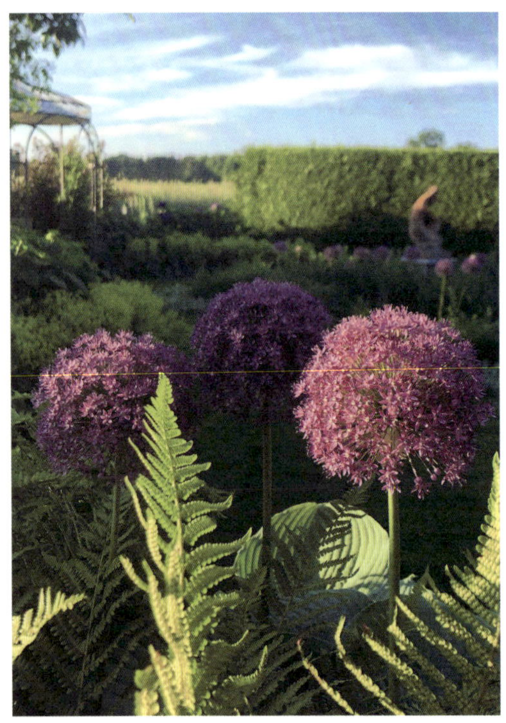

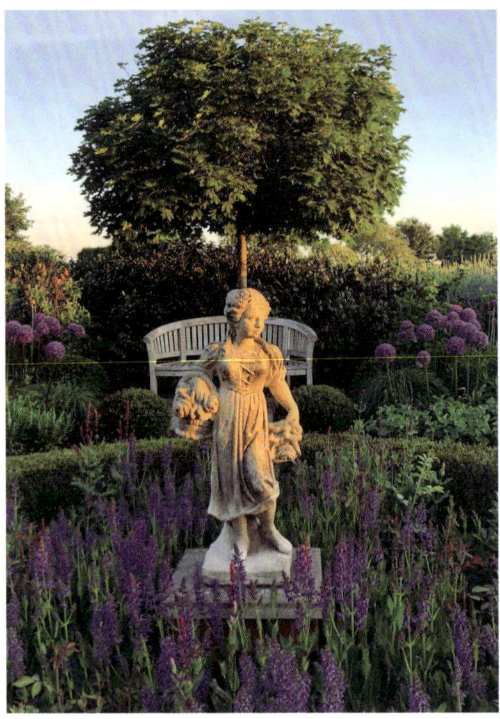

Lila Zeiten

Im Mai beginnen in meinem Garten die lila Zeiten. Der Zierlauch *(Allium)* hat seinen großen Auftritt. Etwa 1200 lila Bommeln stehen hier den Insekten zur Verfügung, denn *Allium* sind absolute Bienen- und Hummelmagneten!

Den Anfang machen Mitte Mai der Kugel-Lauch 'Purple Sensation', Riesen-Lauch 'Giganteum' und 'Gladiator'. Später gesellen sich *Allium* 'Globemaster', 'Ambassador' und 'Nigrum' dazu.

Die riesigen Blätter von *Allium* 'Globemaster' kürze ich wegen des optischen Aspektes mit der Schere um die Hälfte ein. Der Rest vom Laub reicht der Zwiebel immer noch aus, um genügend Nährstoffe zu ziehen.

Gleich nach der Blüte schneide ich alle Zierlauche runter und buddle bei den besonderen Sorten wie 'Globemaster' und 'Ambassador' die Tochterzwiebeln aus, um sie zu vermehren.

Allium mögen volle Sonne und fühlen sich bei mir im Sandboden pudelwohl. Meine Erfahrung zeigt, dass die Sorten Allium 'Ambassador' und 'Purple Sensation' aber auch im Halbschatten zurechtkommen.

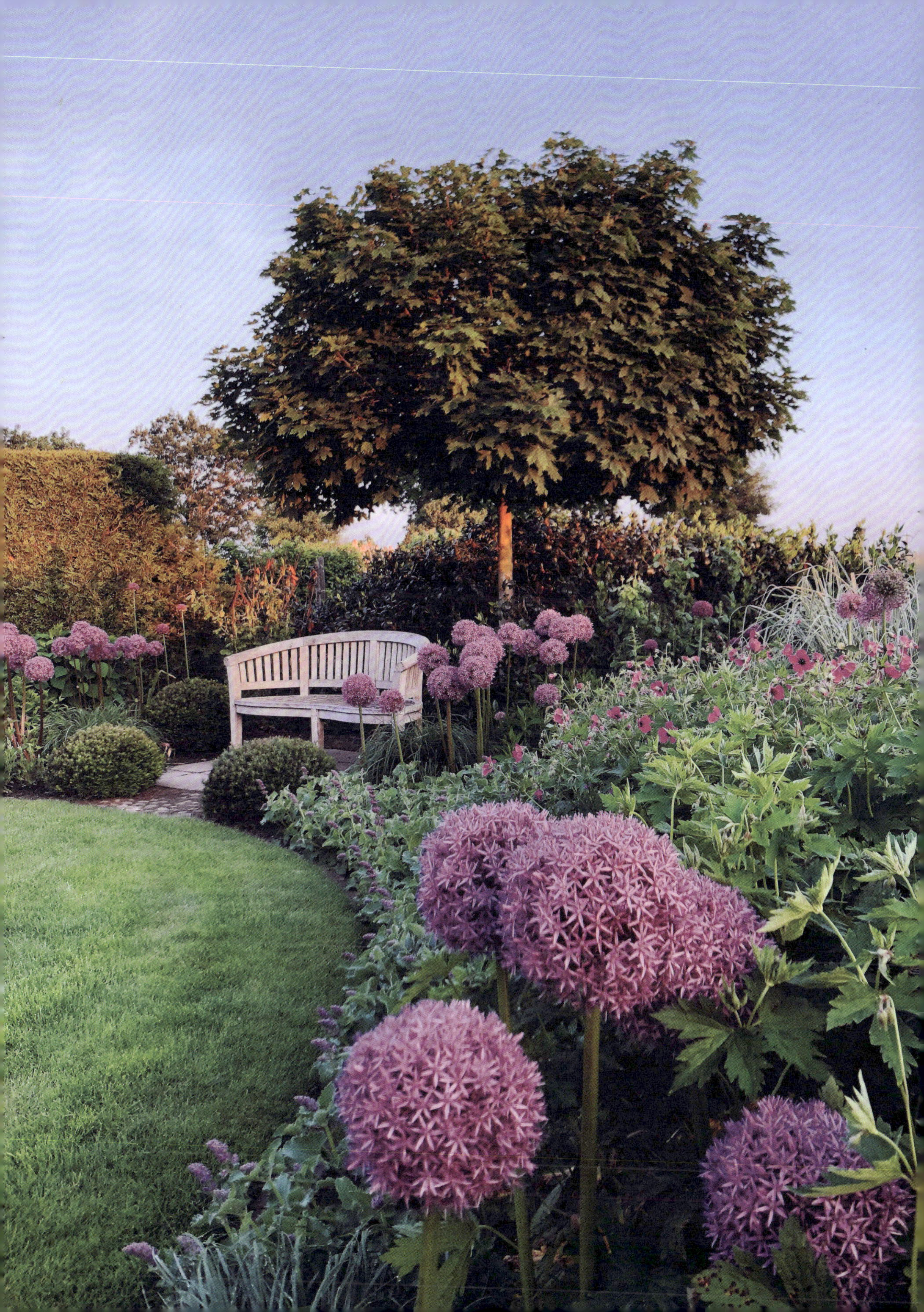

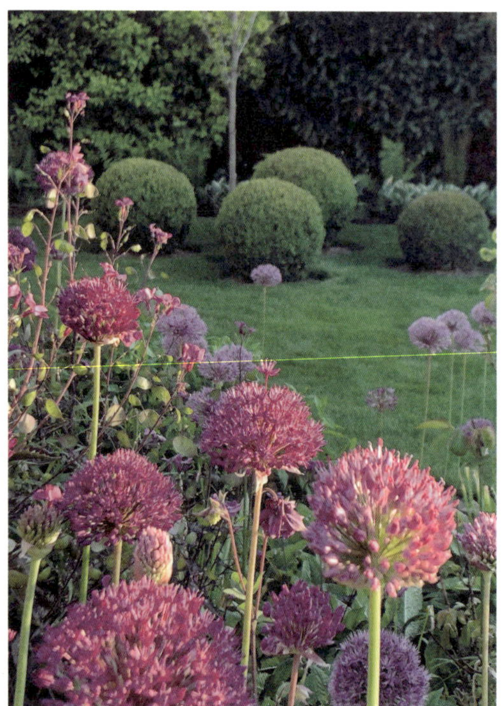

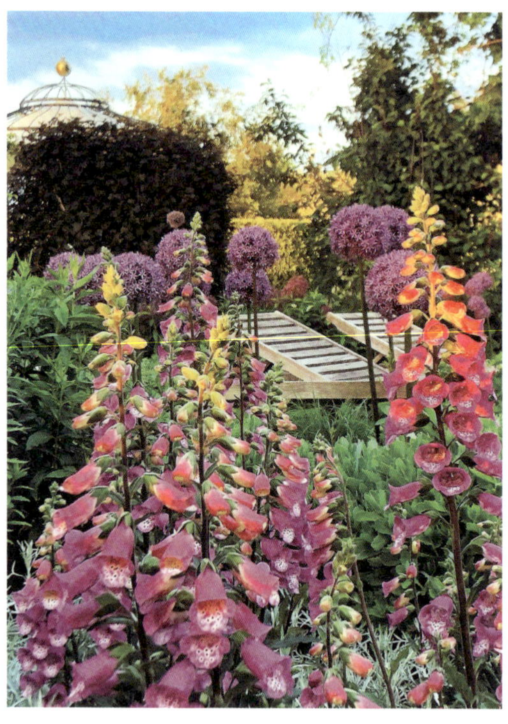

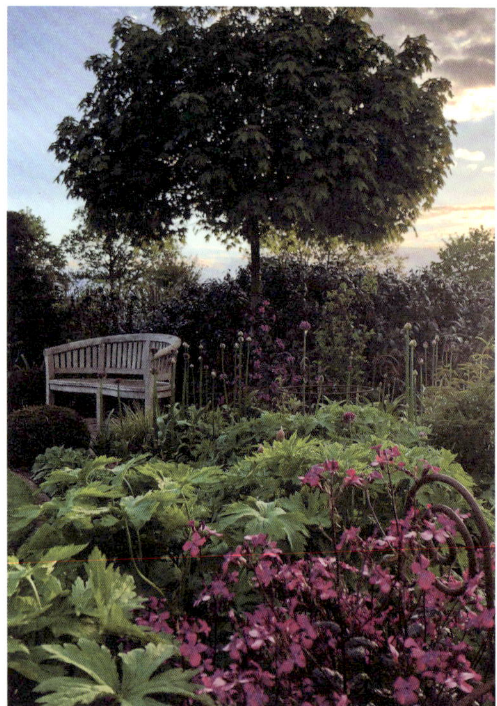

Die Blätter des Zierlauchs sind im Gegensatz zu den lila Blütenbällen eher unattraktiv und werden zuweilen sehr groß. Daher ist es sinnvoll, die Blumenzwiebeln im Hintergrund des Beetes zu setzen, damit die Blätter von den anderen Stauden verdeckt werden.

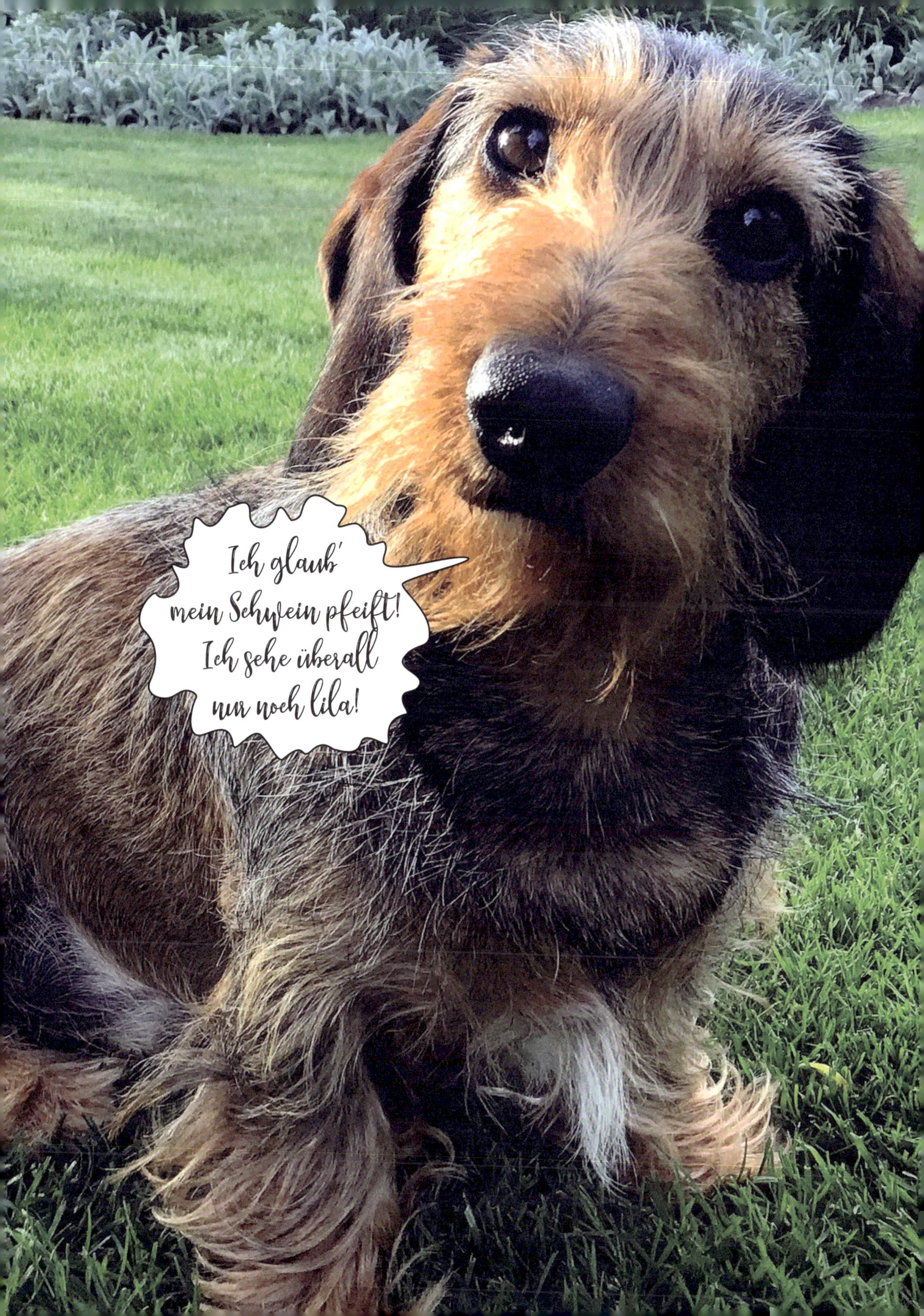
Ich glaub'
mein Schwein pfeift!
Ich sehe überall
nur noch lila!

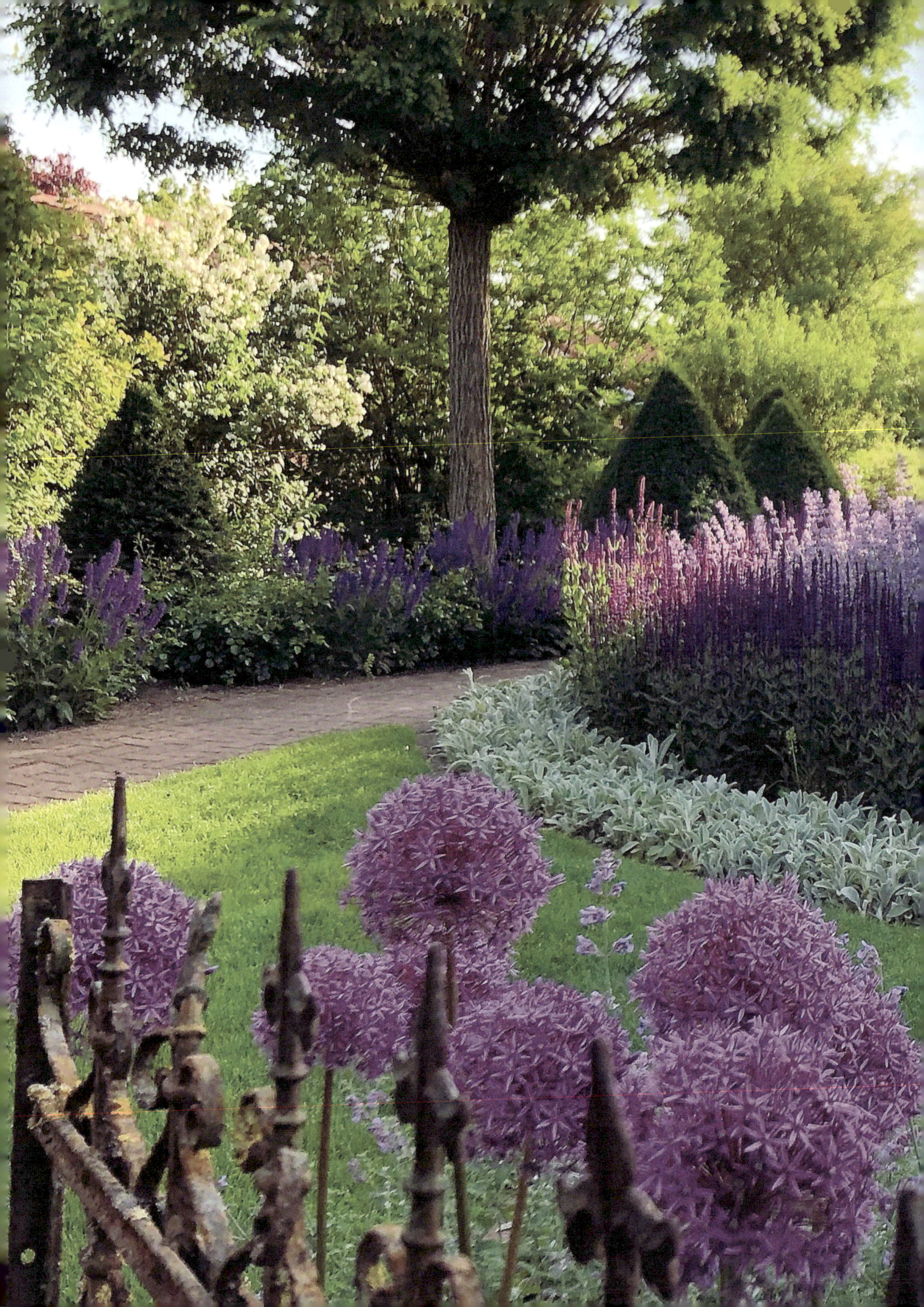

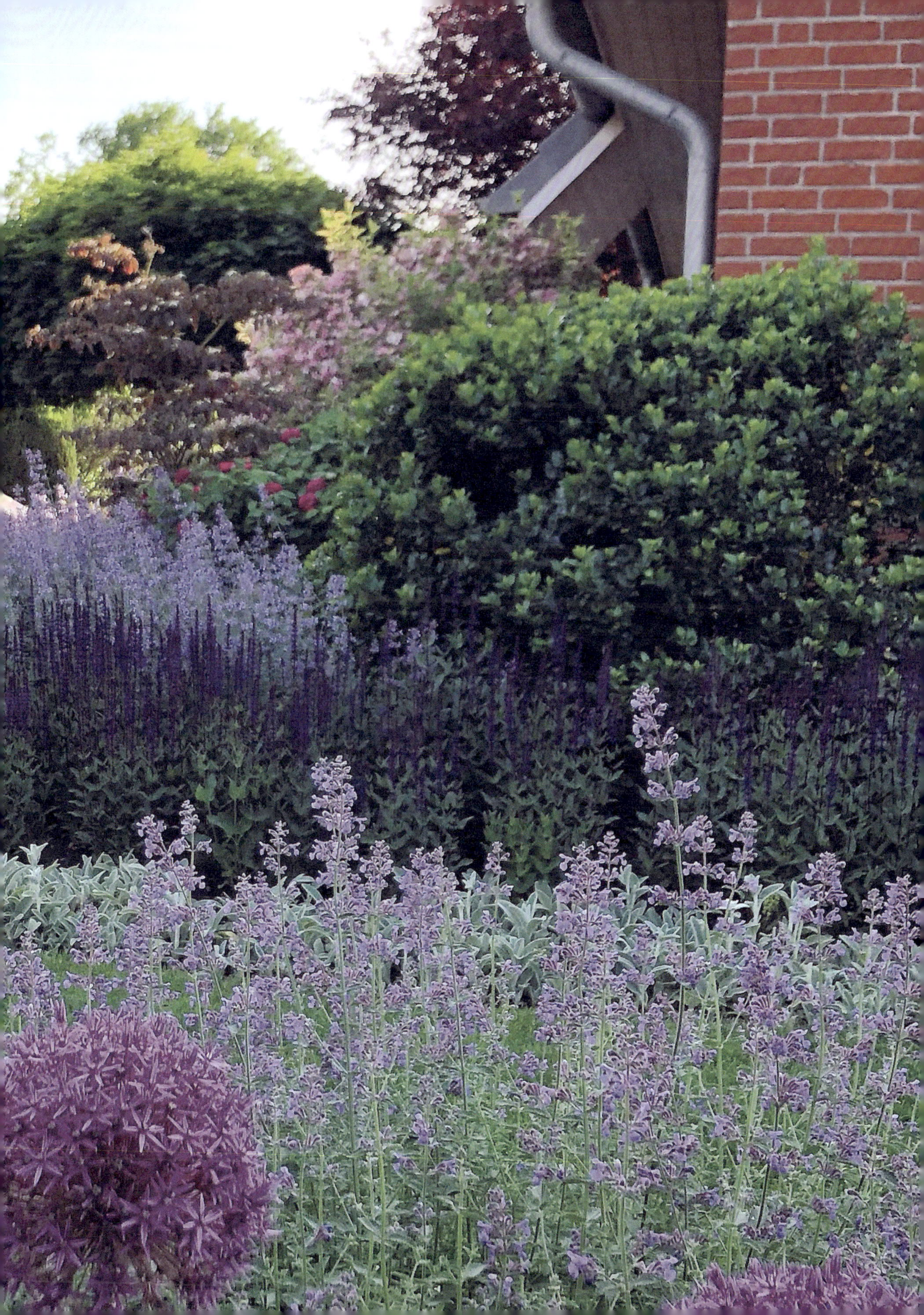

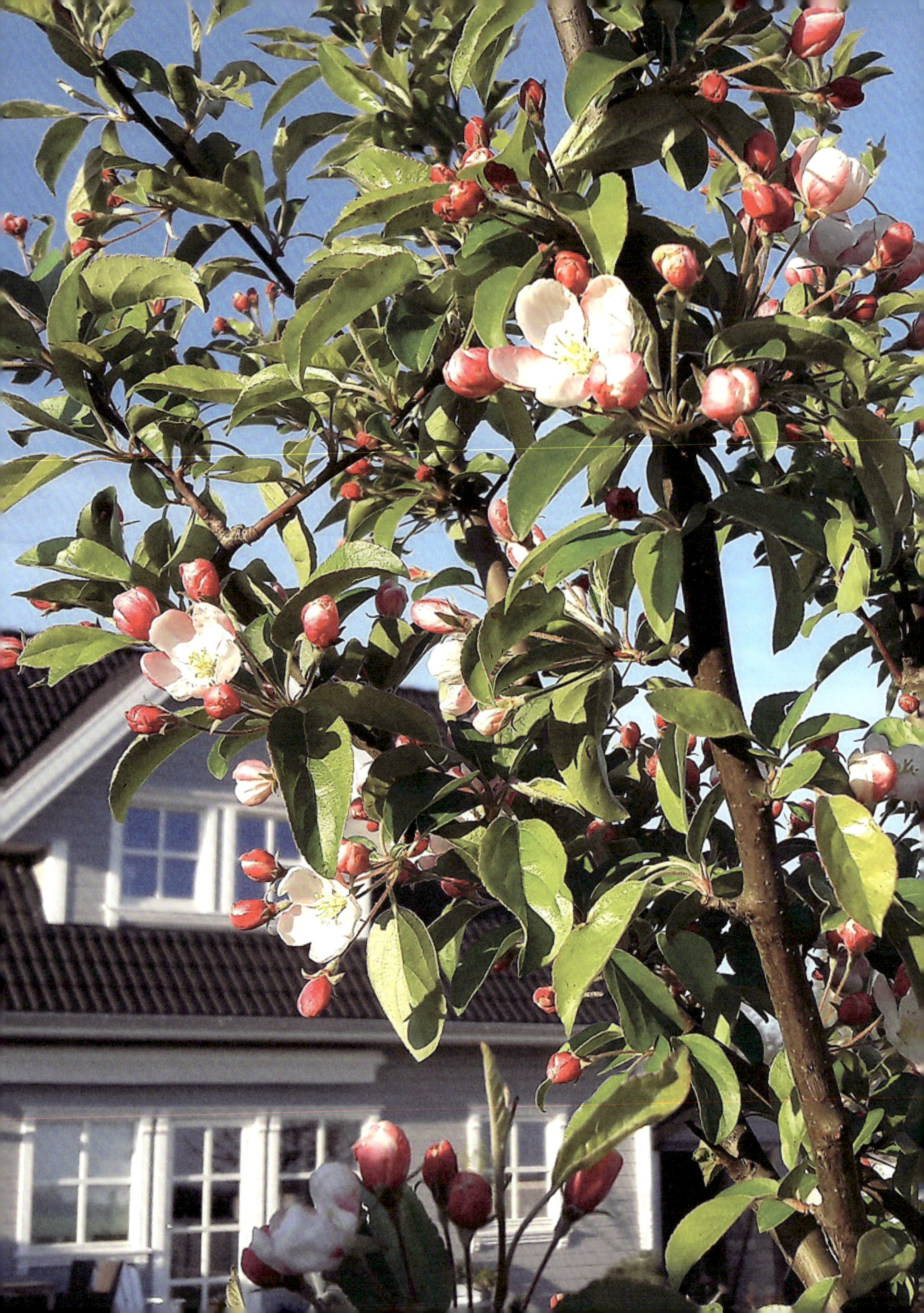

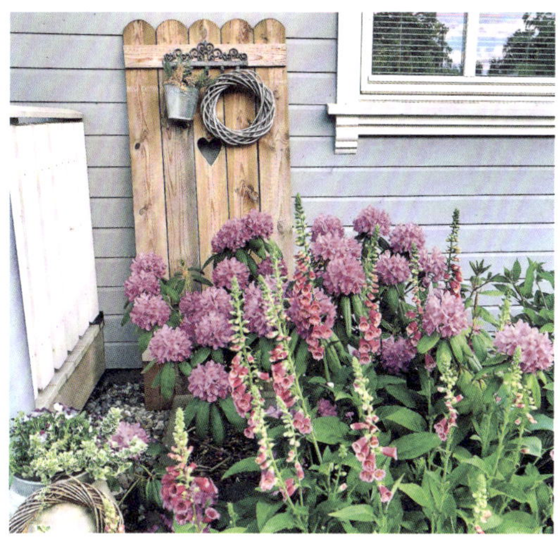

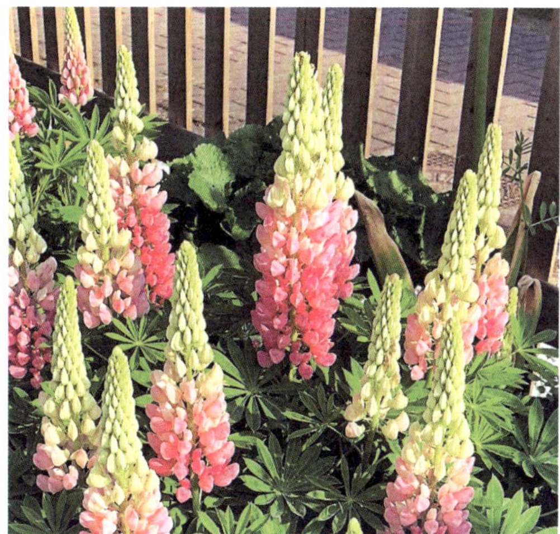

Farb-Kombinationen

Ich achte immer darauf, dass ich die Pflanzen so auswähle, dass das ganze Jahr etwas blüht. Wirkt an der einen oder anderen Ecke im Garten ein Beet kurzzeitig etwas kahl, bringe ich mit einem bepflanzten Topf oder Korb schnell ein bisschen Schwung und Farbe ins Beet.

Um ein harmonisches Gesamtbild zu erzielen, stimme ich die Blütenfarbe der unterschiedlichen Pflanzen aufeinander ab. Harmonisch wirken entweder verschiedene Schattierungen einer Farbe oder Komplementärfarben, also die in der Farbenlehre im Farbkreis jeweils gegenüberliegende Farbe – beispielweise blau und gelb oder grün und pink.

Pflanzen mit weißen Blüten kann man nicht nur mit jeder Blütenfarbe kombinieren, auch einzeln wirken sie sehr edel und leuchten regelrecht vor einem dunklen Hintergrund.

Ich beschränke mich in meinem Garten auf 2–3 Hauptfarben (rosa, lila und weiß) und wiederhole diese Farben in allen Pflanzungen. Das verbindet die Beete und erzeugt einen ruhigen Gesamteindruck.

Deko setze ich in meinem Garten nur ganz sparsam ein.

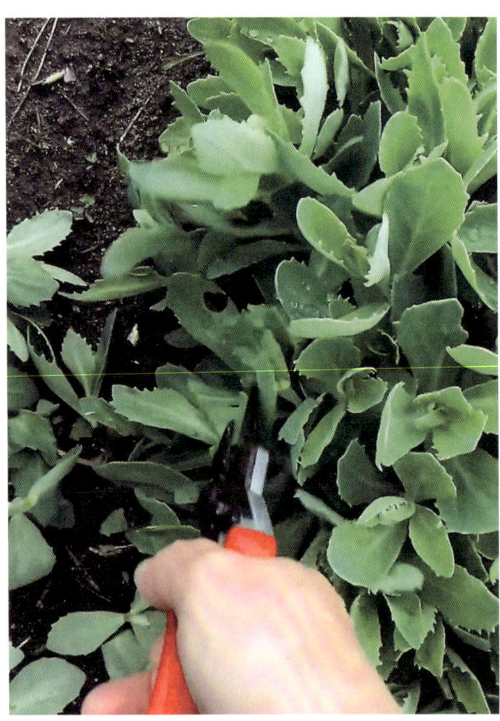

DER CHELSEA-SCHNITT

Mitte Mai ist der ideale Zeitpunkt für den sogenannten Chelsea-Schnitt. Bei Stauden wie Phlox oder Schönastern kann man so die Blütezeit verlängern.

Beim Chelsea-Schnitt werden die Außentriebe der Stauden um die Hälfte eingekürzt. Das sorgt gleichzeitig für Standfestigkeit. Besonders bei der Fetthenne (*Sedum*) ist das wichtig, da die Pflanze im Herbst sonst auseinanderfällt. Stellt man die abgeschnittenen Triebe der Fetthenne ins Wasser, bilden sie innerhalb kürzester Zeit Wurzeln und man kann sie im Anschluss auspflanzen.

Man kann die angeschnittenen Triebe sogar direkt in die Erde stecken. Auch so wachsen sie sehr gut an und man hat ganz unkompliziert kostenlosen Pflanzennachschub. Beate

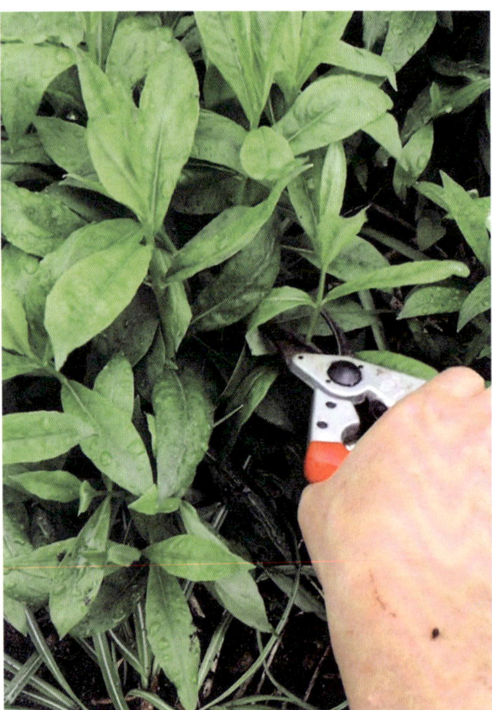

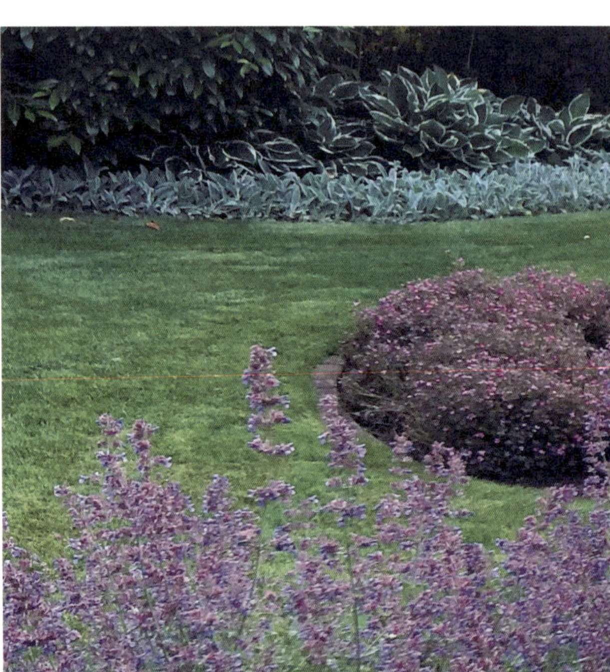

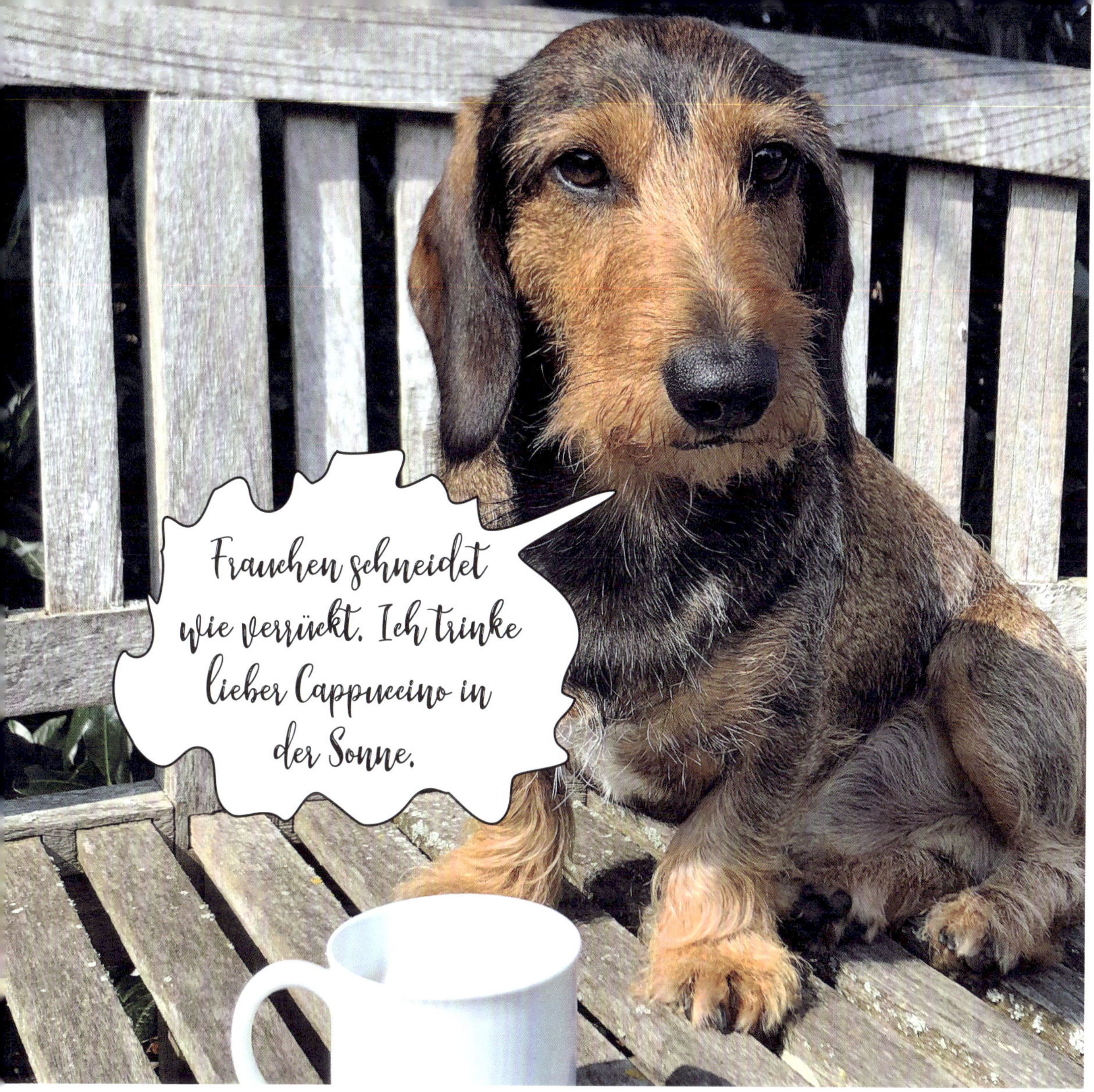

Frauchen schneidet
wie verrückt. Ich trinke
lieber Cappuccino in
der Sonne.

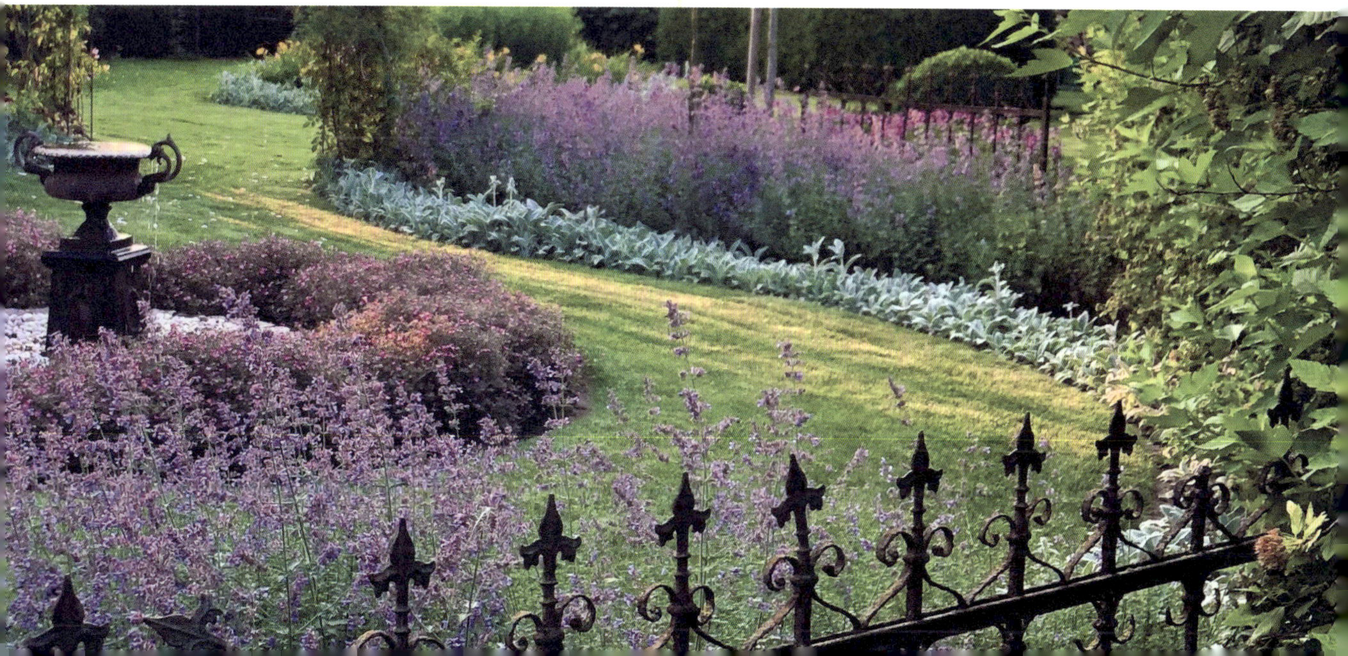

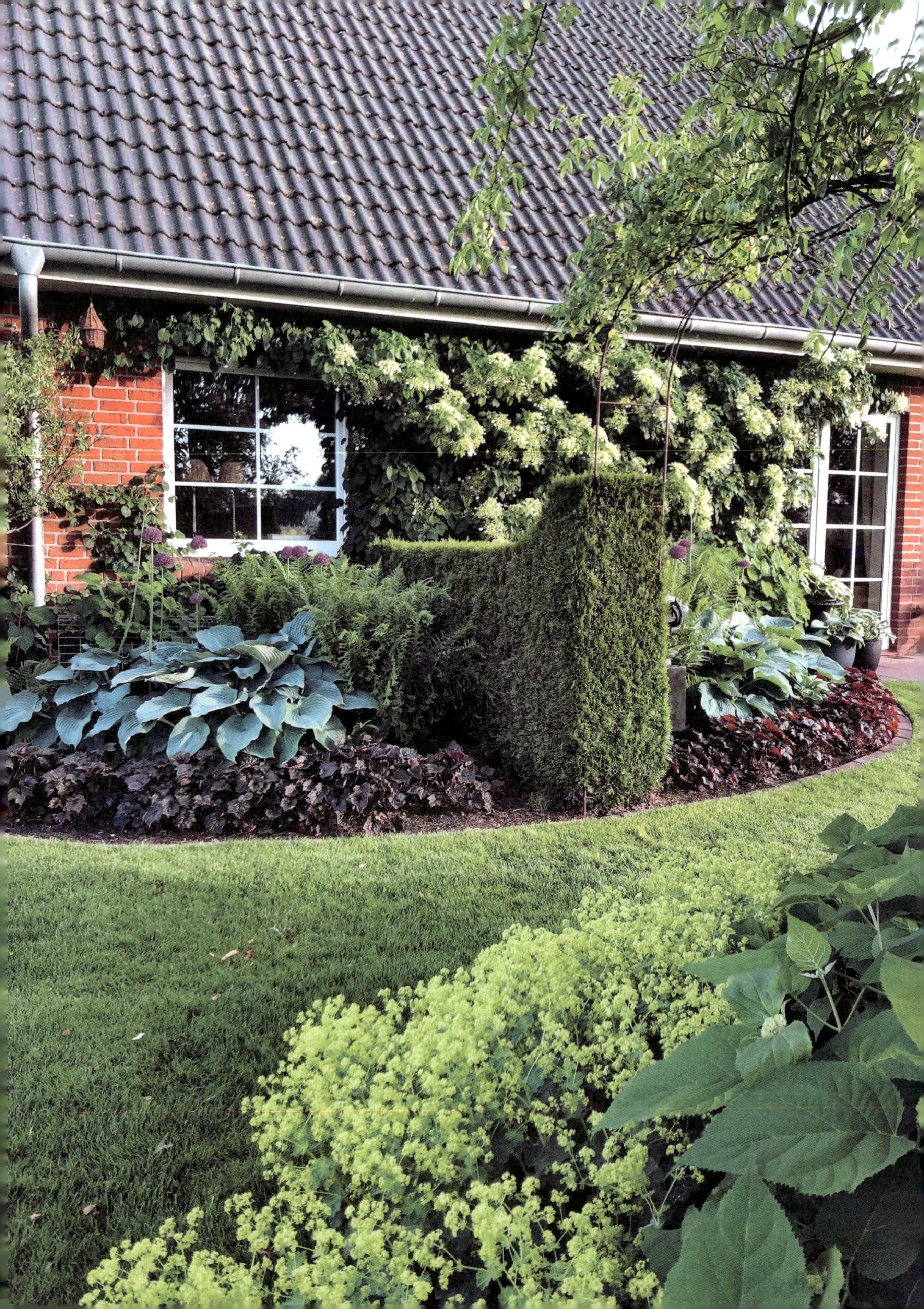

Pflanzplan #1

HALBSCHATTEN BIS SCHATTEN

Sonne vormittags

PFLANZENLISTE

1. Lebensbaum 'Smaragd' (*Thuja occidentalis*) als Hecke
2. Ballhortensie 'Annabelle' (*Hydrangea arborescens*)
3. Große Blaublatt-Funkie 'Big Daddy' (*Hosta sieboldiana*)
4. Horstig wachsender Farn, z. B. Schellenbaum-Wurmfarn (*Dryopteris filix-mas*)
5. Einfassung mit Purpurglöckchen 'Palace Purple' (*Heuchera micrantha*)
6. Christrose (*Helleborus niger*)
7. Riesen-Lauch 'Ambassador' (*Allium*-Hybride)

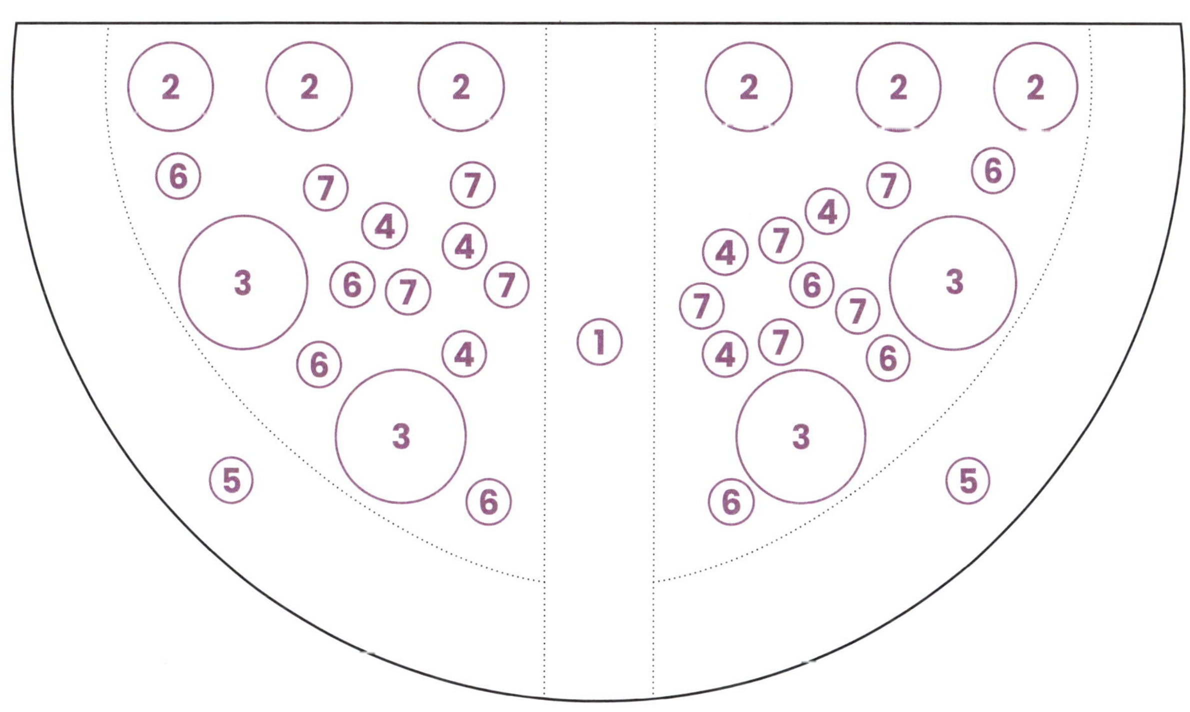

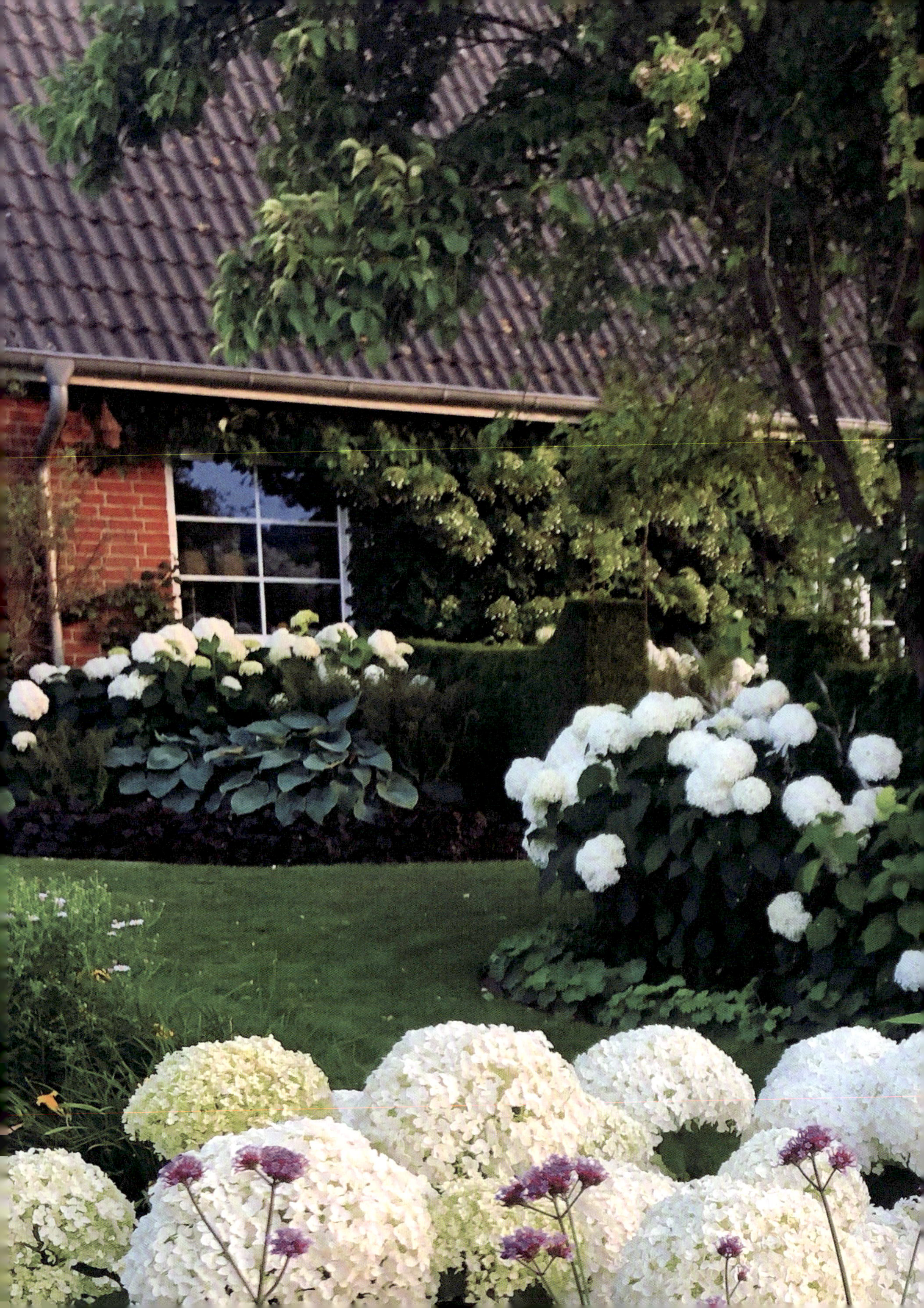

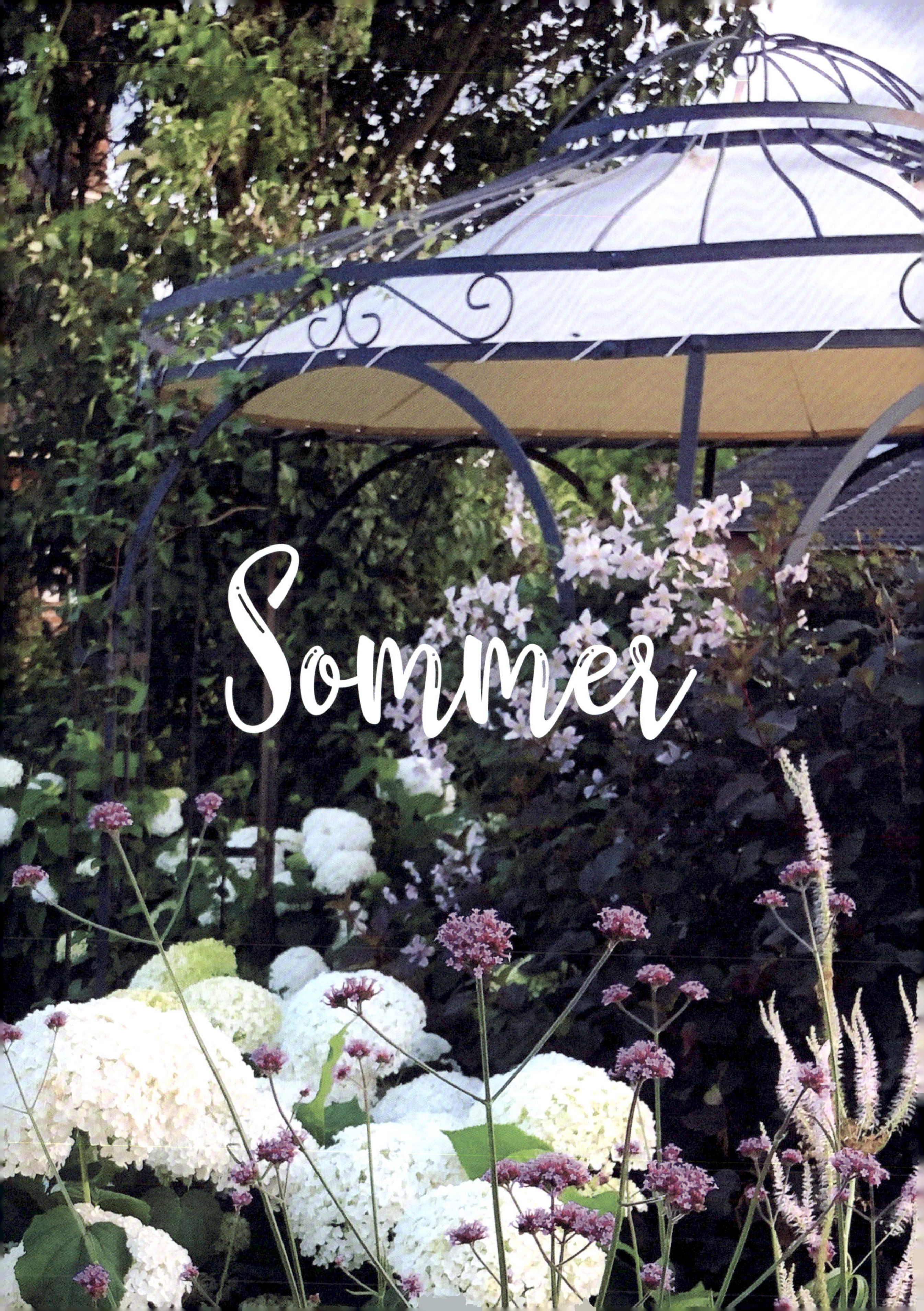
Sommer

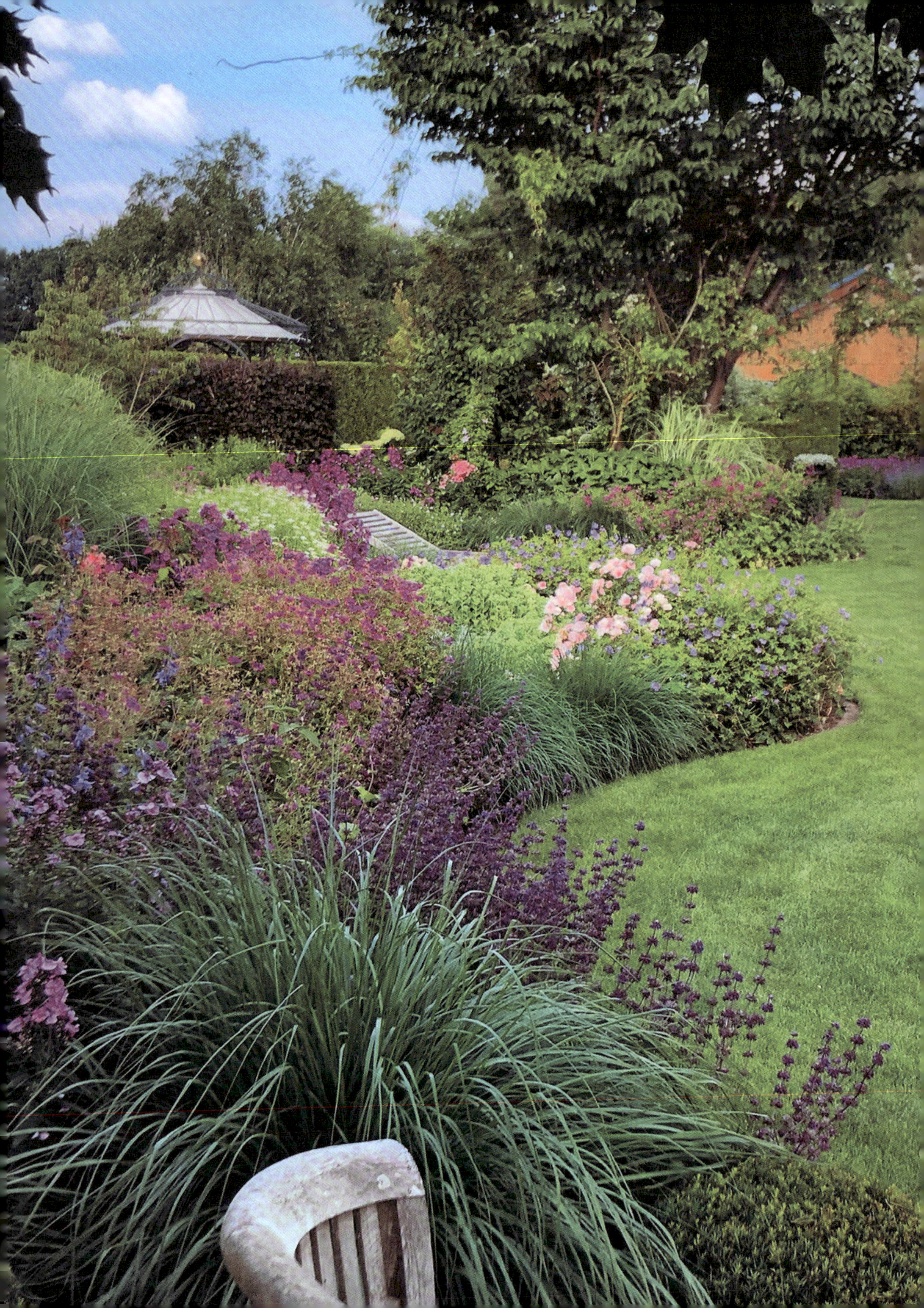

SOMMER

Arbeiten im Garten

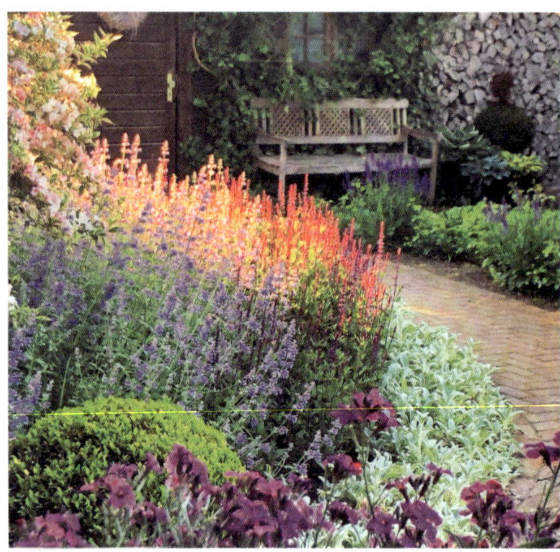

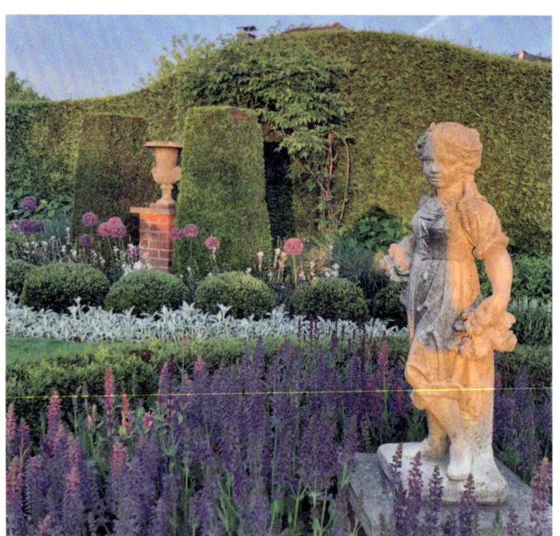

REMONTIERSCHNITT

Stauden wie Rittersporn, Frauenmantel, Ziersalbei und Katzenminze schneide ich zeitnah nach der ersten Blüte bis auf den Boden komplett zurück. Dieser sogenannte Remontierschnitt regt eine zweite Blüte der Stauden nach ca. 6 Wochen an. Anschließend versorge ich die Pflanzen mit einer Düngegabe in Form von Hornmehl oder Flüssigdünger. Hornspäne oder Rinderdungpellets sind ungeeignet, da sie sich viel zu langsam auflösen. Die Pflanzen benötigen jetzt eine Art Red Bull, um schnell wieder zu wachsen.

Ich schneide beherzt und ohne großes Geschiss die Stauden bis auf den Boden runter, denn die Pflanzen wachsen genauso wieder nach, wie die Haare an den Beinen!

EXTRATIPP: REZEPT FÜR KUHSCHEISSE-DÜNGER

- Den Boden eines Zement-Eimers mit Rinderdungpellets (Kuhscheiße) bedecken und anschließend mit Wasser bis zum Rand füllen. Das Ganze mehrmals umrühren, bis sich die „Kacke“ aufgelöst hat.
- Nun kann man eine kleine Menge (50 ml) der wohlriechenden Brühe auf eine gefüllte 10-Liter-Gießkanne geben. Mit dieser Spezialmischung habe ich schon so manche totgeglaubte Pflanze wieder zum Leben erweckt.
- Ein Deckel wäre gut für den Eimer, damit es im Sommer nicht blubbert. Und der Aufbewahrungsort sollte nicht gerade in der Nähe der Terrasse liegen.

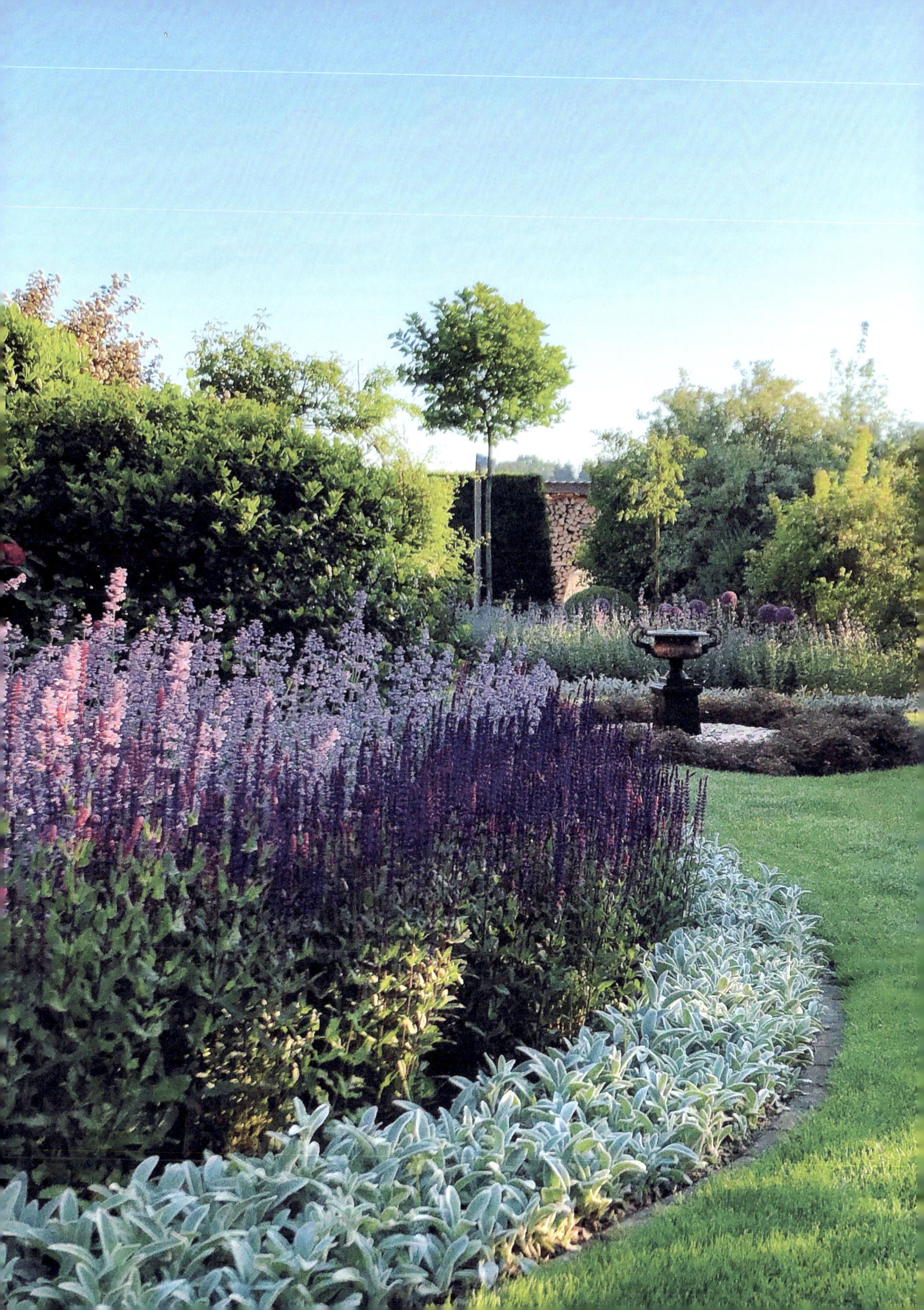

SOMMERSCHNITT DER EIBENKUGELN

An bedeckten Tagen, Ende Juni, bringe ich meine immergrünen Eibenkugeln mit der manuellen Heckenschere in Form. Dabei schneide ich stets nach Gefühl und ohne Schablone. Die Übung im Laufe der Jahre machte aus Eiern irgendwann ansehnliche Kugeln.

Die Eibenkugeln sind vor einigen Jahren als Ersatz für den Buchsbaum eingezogen. Dieser wurde hier vom aggressiven Buchsbaumpilz – *Cylindrocladium buxicola* – heimgesucht. Dunkle Streifen an den Trieben und braune Blätter sind sein Erkennungszeichen. Da ich ungern gegen Windmühlen kämpfe, flog der Buchs kurzerhand aus meinem Garten. Der mittlerweile aktive Buchsbaumzünsler – ein Schmetterling, dessen Raupen den Buchs auf dem Speiseplan haben – hat bei mir somit auch kein Buffet mehr.

Allerdings ziehen Eiben erfahrungsgemäß in trockenen und heißen Sommern Schildläuse an. Die Triebspitzen der Pflanze werden braun, da die mit einem speziellen Panzer ausgestatteten Läuse den Pflanzensaft saugen. Hier arbeite ich erfolgreich mit dem hömöopathischen Mittel Petroleum C30.

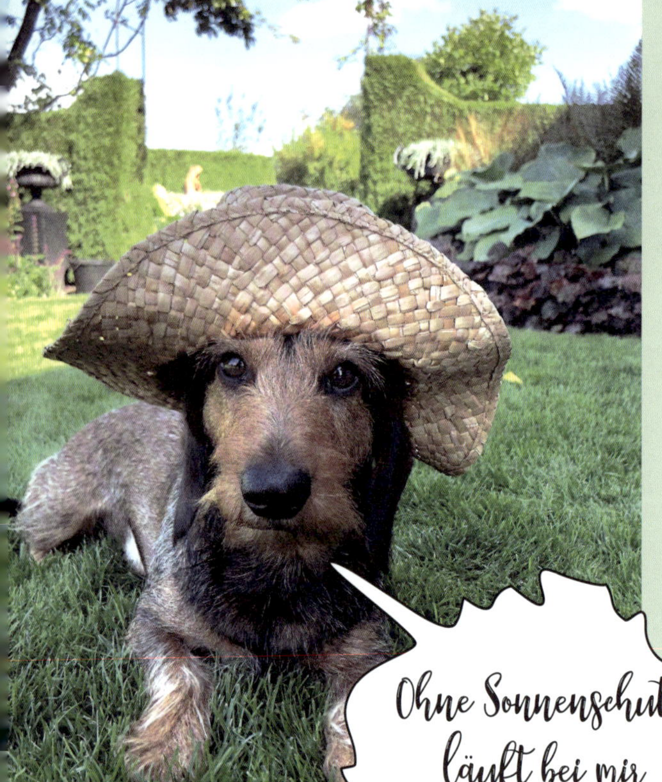

Ohne Sonnenschutz läuft bei mir hier gar nichts.

EXTRATIPP: REZEPT GEGEN SCHILDLÄUSE

- 25–30 Globuli in einer Tasse Wasser über Nacht auflösen und anschließend in einer 10-Liter-Gießkanne mit Wasser verdünnen und über die Eiben gießen.
- Eine Spritze ist ebenfalls effektiv und man kommt mit ihr direkt an die Schildläuse. Das Prozedere wiederhole ich nach 14 Tagen noch einmal, um eventuell geschlüpfte Eier mit zu behandeln.
- Diese Mischung verwende ich auch erfolgreich bei Wollläusen und Spinnmilben!

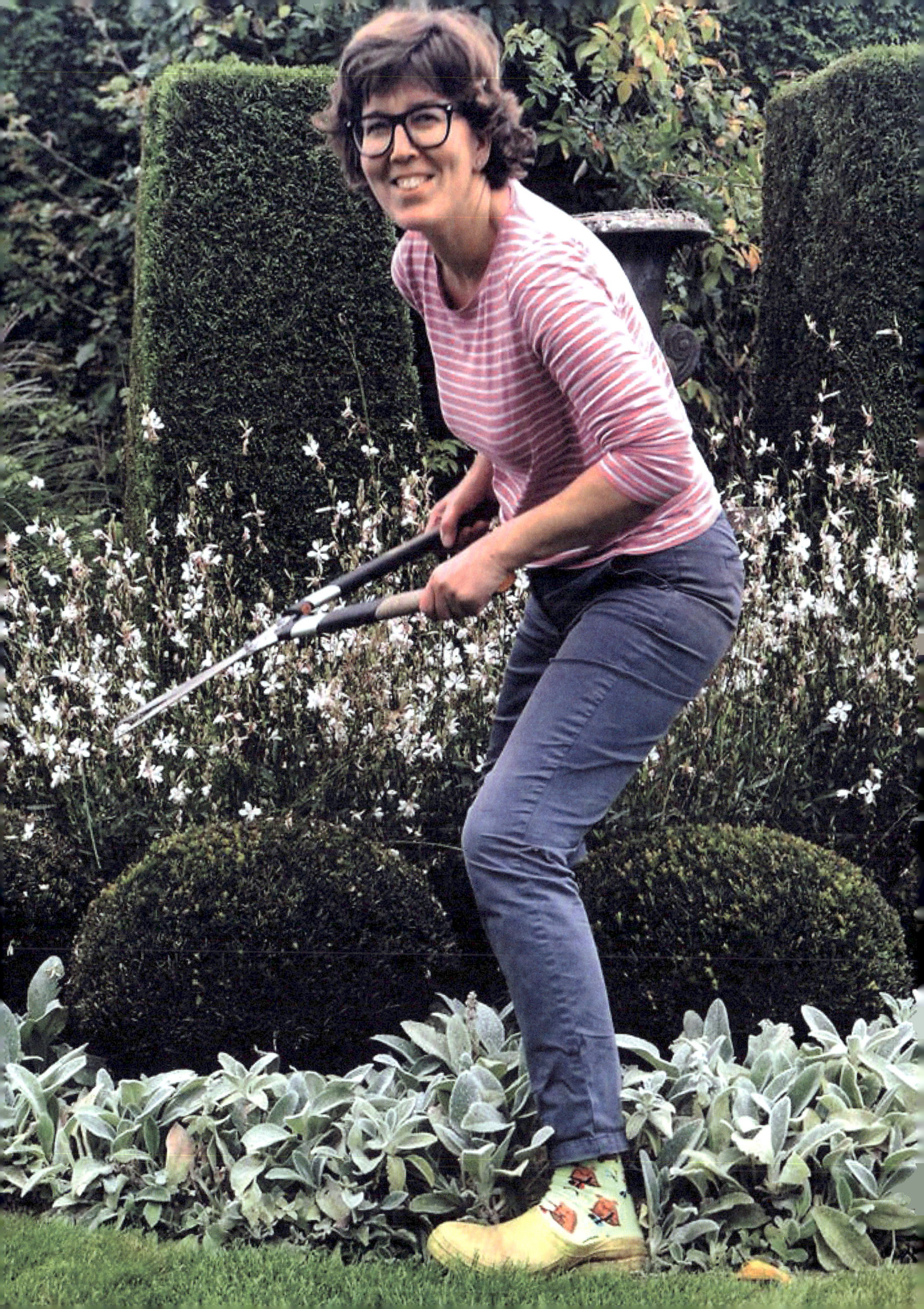

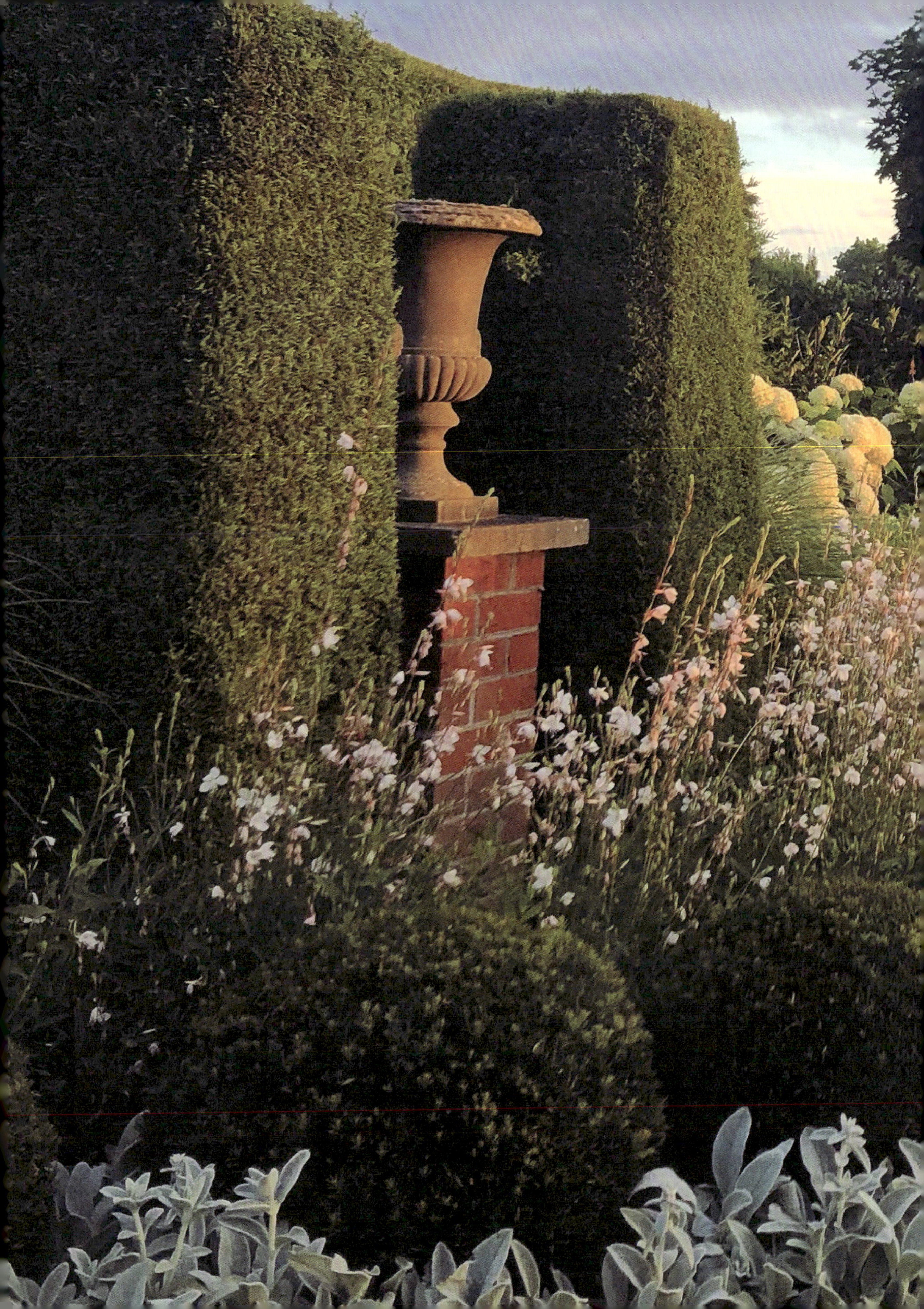

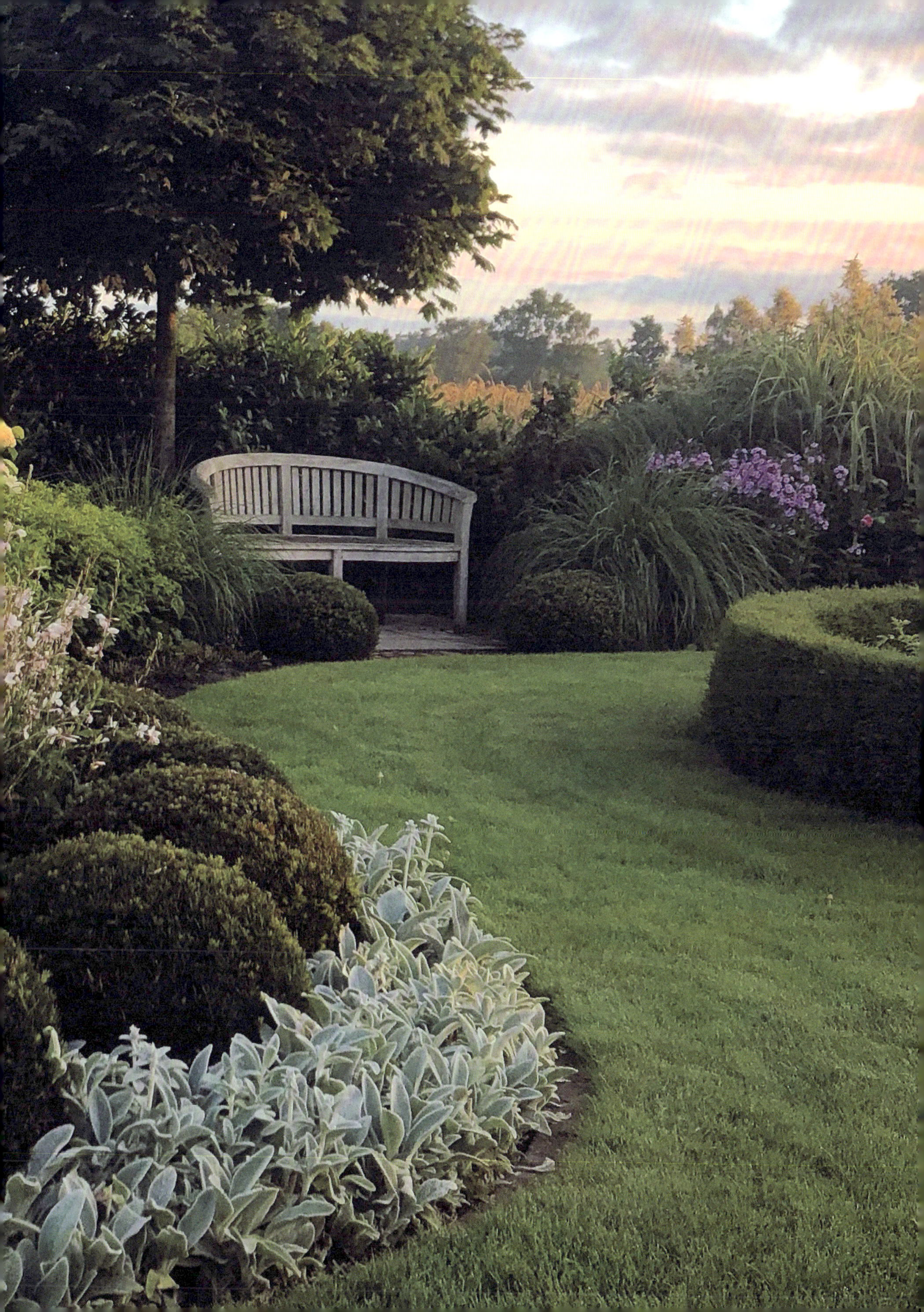

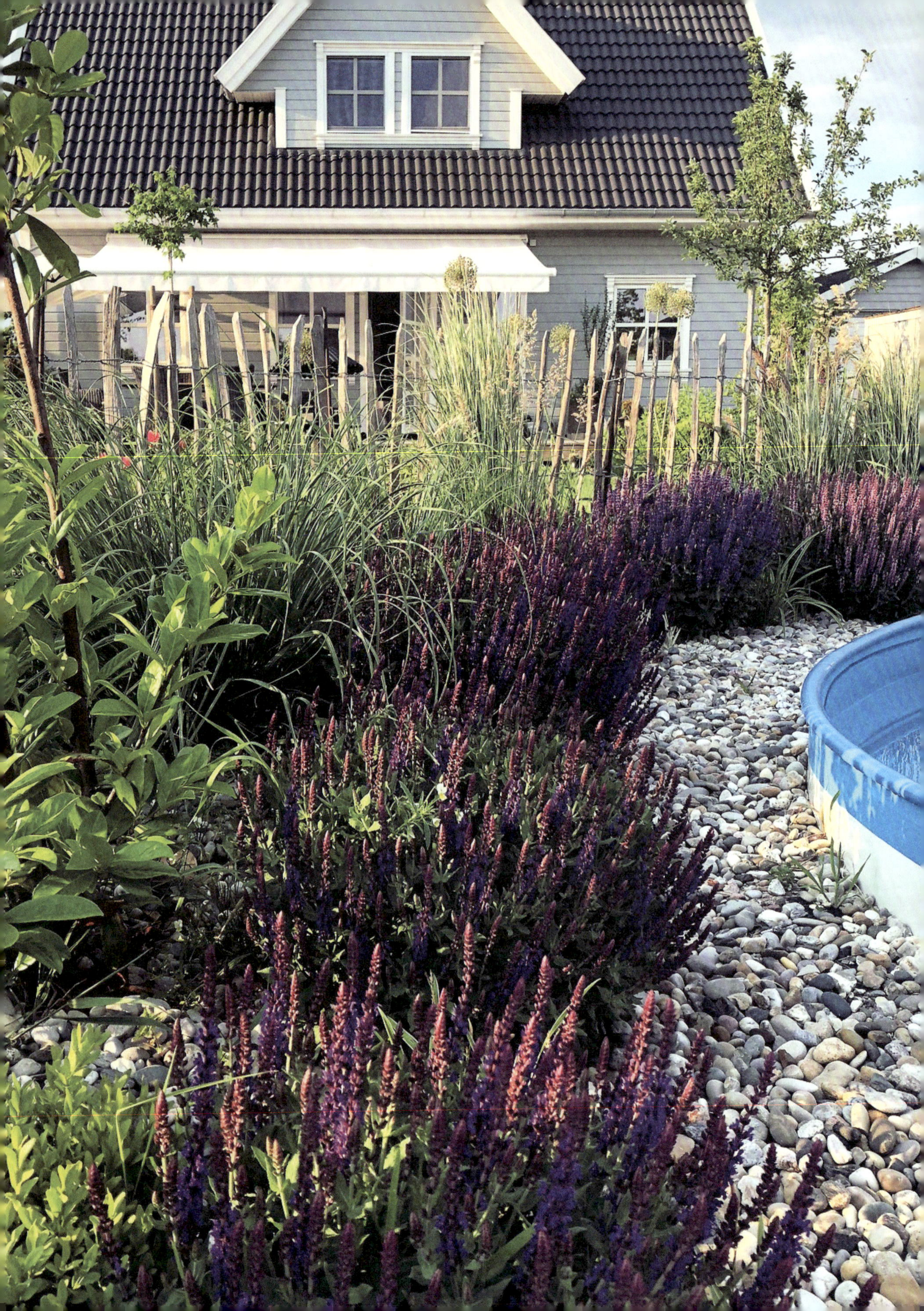

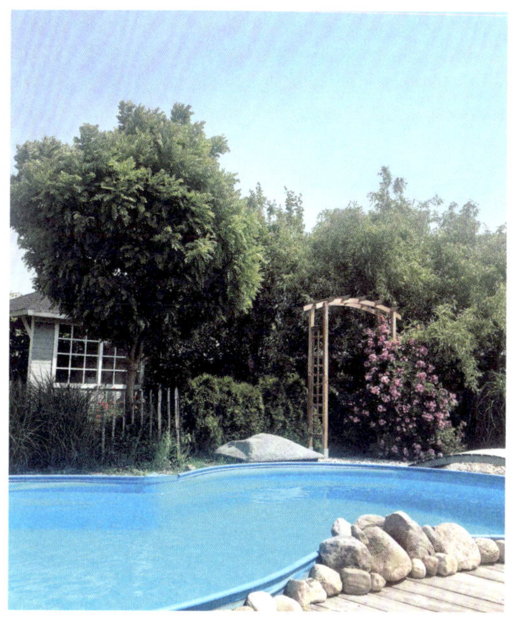

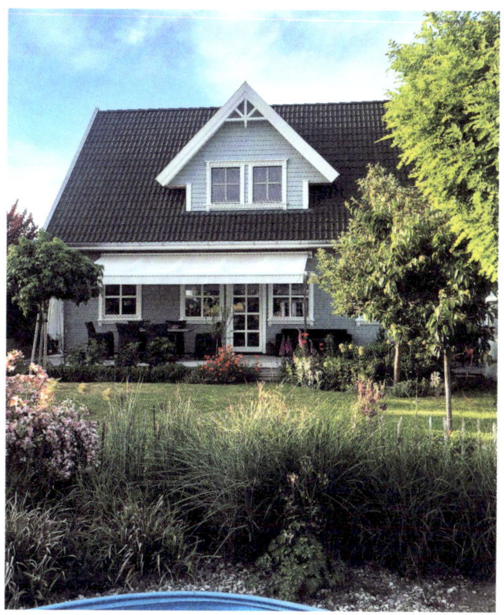

Pool im Garten

UNSER POOL

Ein Pool im eigenen Garten ist das i-Tüpfelchen für einen Wohlfühlgarten, besonders wenn man Kinder hat. Wir haben uns für einen Achtformpool als vollversenkbaren Stahlwandpool entschieden, um die harmonisch geschwungenen Beete auch in der Poolform aufzugreifen. Mit einer Länge von 6,30 m, einer Breite von 3,60 m und einer Tiefe von 1,50 m hat der Pool für uns die ideale Größe für ausgelassenen Badespaß mit der ganzen Familie und wirkt trotzdem nicht zu wuchtig. Das Becken steht auf einem Betonfundament und die Wände sind mit Magerbeton hinterfüllt, um ein Absacken des Erdreichs oder das Ausbeulen der Stahlwand beim Ablassen des Wassers zu verhindern.

SAUBERES WASSER

Die Filtertechnik ist unauffällig neben dem Pool in einem eingelassenen Technikschacht versteckt, dessen Deckel als nachgebildeter Felsstein auch gleich wieder einen dekorativen Aspekt erfüllt. Den Skimmer haben wir mit einer kleinen Brücke ebenfalls kaschiert, die von den Kindern zusätzlich als Sprungbrett genutzt wird.

Wir reinigen unser Poolwasser mit Chlor, weil wir vom Feld viel Eintrag in den Pool haben, aber eine Reinigung mit Aktivsauerstoff ist auch möglich. Das A und O bei der Wasserreinheit ist der pH-Wert von 7,0, damit chemische Mittel wirken. Ein digitales pH-Wert-Messgerät hat sich für uns

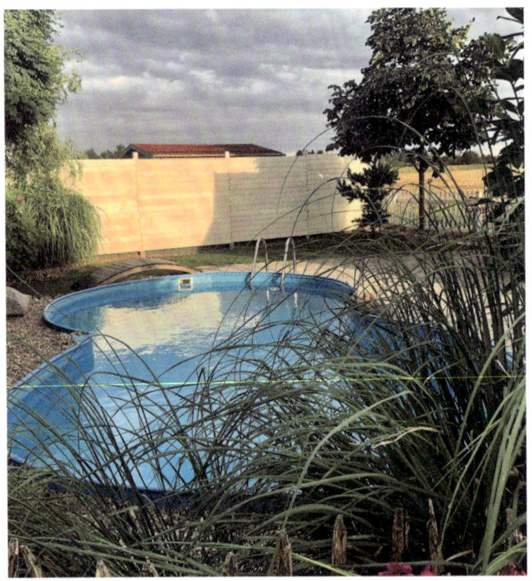

bewährt, weil es viel genauer misst als irgendwelche Teststreifen oder Röhren zum Ablesen. Im Herbst lassen wir gut ein Drittel des Poolwassers ab, um die Düsen freizulegen, damit sie keinen Frostschaden nehmen. Zudem geben wir ein Überwinterungsmittel ins verbleibende Wasser und decken den Pool ab. Im Frühling wird mit frischem Wasser wieder aufgefüllt und der Badespaß kann erneut beginnen.

Eine Poolheizung haben wir übrigens nicht … frei nach dem Motto „Nur die Harten kommen in den Garten".

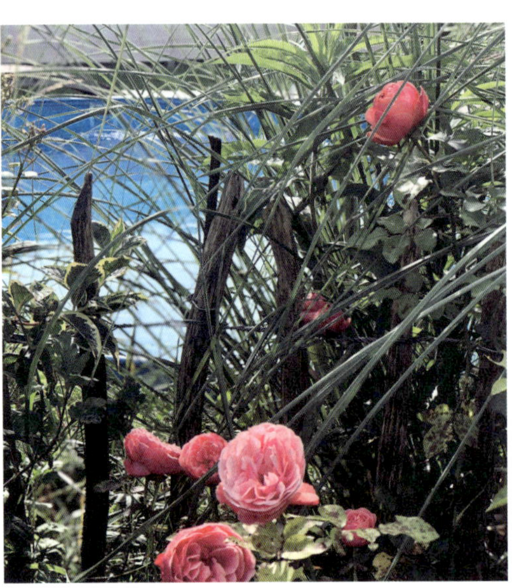

STRANDFEELING MIT PFLANZEN

Als Poolbepflanzung habe ich verschiedene Gräser gewählt – für ein bisschen Strandfeeling – aber auch Kirschlorbeer, Gartensalbei und einen Staketenzaun als dekorative Abtrennung dieses Gartenraumes.

WICHTIG

- Den Pool unbedingt einzäunen, wenn man kleine Kinder hat, damit der Garten sicher ist.

- Bei der Poolbepflanzung darauf achten, dass nur Pflanzen gewählt werden, die kein oder erst spät im Jahr das Laub abwerfen.

- Große Bäume oder Sträucher nicht zu dicht an den Pool pflanzen, da die Wurzeln der Pflanzen die Poolwand beschädigen können.

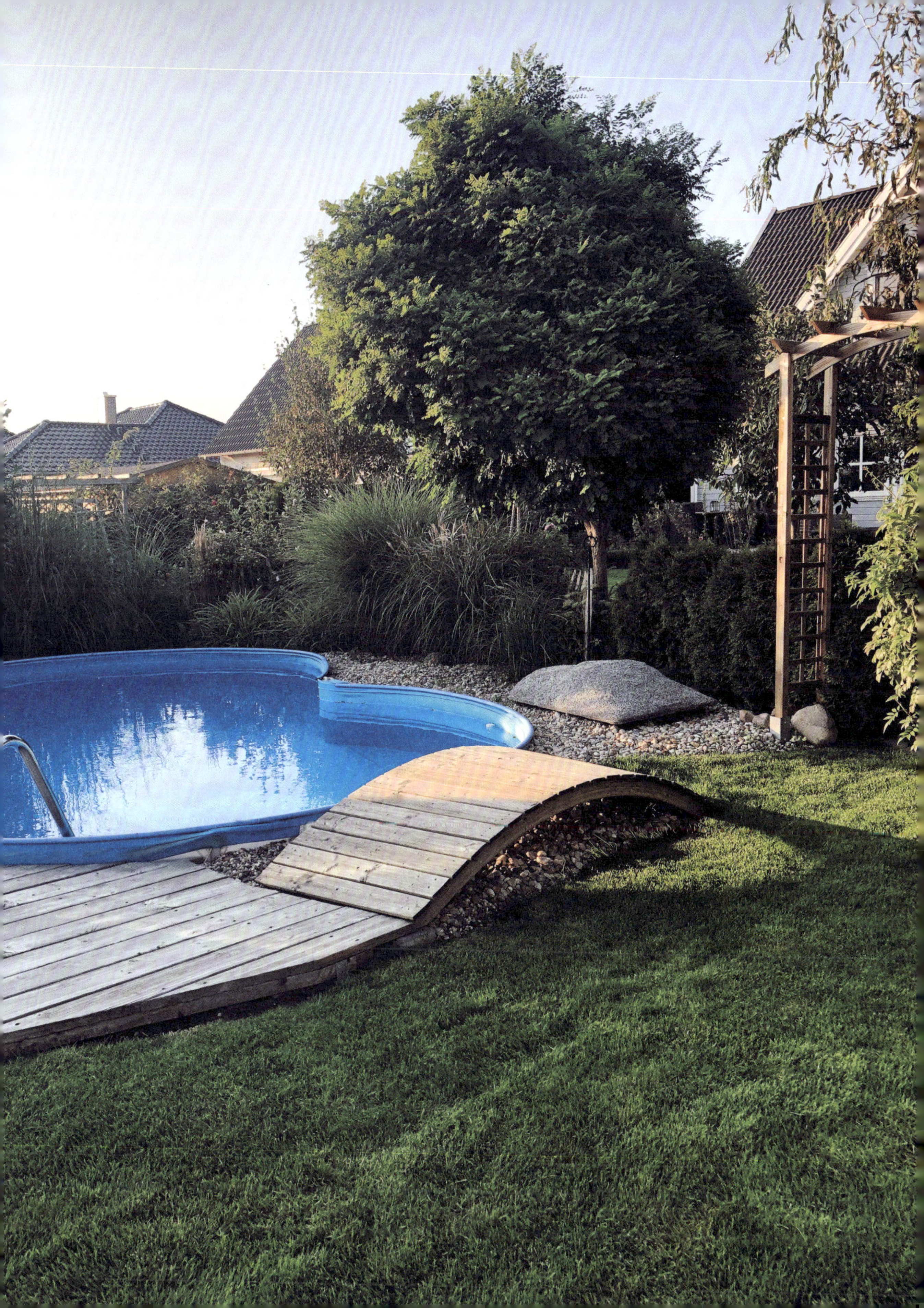

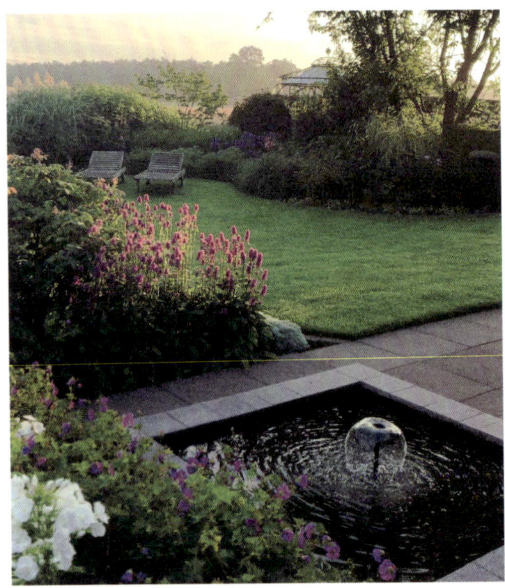

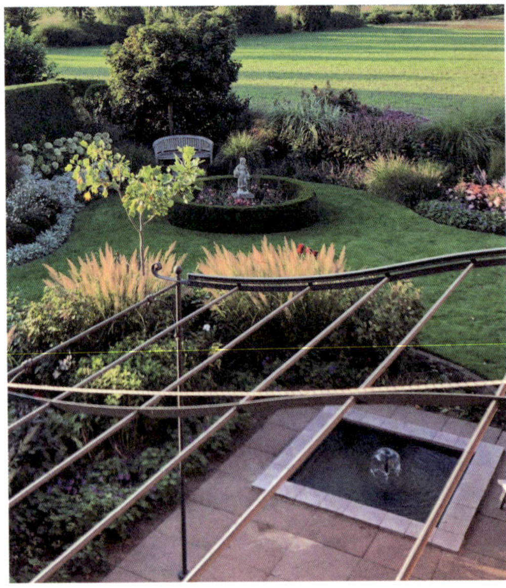

Wasserspiele

Plätschernde Wasserspiele im Garten sind nicht nur gut fürs tägliche Blasentraining, sie sind auch eine Wohltat fürs Auge. Des Weiteren sagt man ihnen eine beruhigende Wirkung nach – von welcher ich persönlich allerdings noch nichts bemerkt habe. Auf jeden Fall aber bereichern sie jeden Garten und bringen Leben in langweilige Gartenecken.

AMPHORENBRUNNEN UND TERRASSENBECKEN

Wir haben zwei Wasserspiele im Garten integriert. Einen selbstgebauten Amphorenbrunnen, der täglich von den Vögeln im Garten als Tränke und Wasserbad genutzt wird. Unter dem Brunnen ist eine 200-Liter-Regentonne tief in der Erde versenkt, in die regelmäßig Regenwasser vom Hausdach nachläuft. Mit Hilfe einer Pumpe wird das Wasser 24 Stunden am Tag aus der Tonne nach oben befördert. Im Sommer, wenn es lange nicht regnet, wird das Wasser von uns ohne chemische Zusätze in der Tonne aufgefüllt.

Des Weiteren haben wir ein eingelassenes Wasserbecken auf der Terrasse, welches täglich vom Chefgärtner Tyson als Erfrischungsquelle genutzt wird. Hierfür wurde eine GFK-Fertigteichwanne von uns in die Terrasse eingelassen. Eine Wasserpumpe mit Filter in der Mitte des Beckens sorgt dafür, dass das Wasser in Bewegung bleibt und mit Sauerstoff angereichert wird. Da Tyson hier regelmäßig schlabbert, verzichten wir auch dort auf chemische Zusätze.

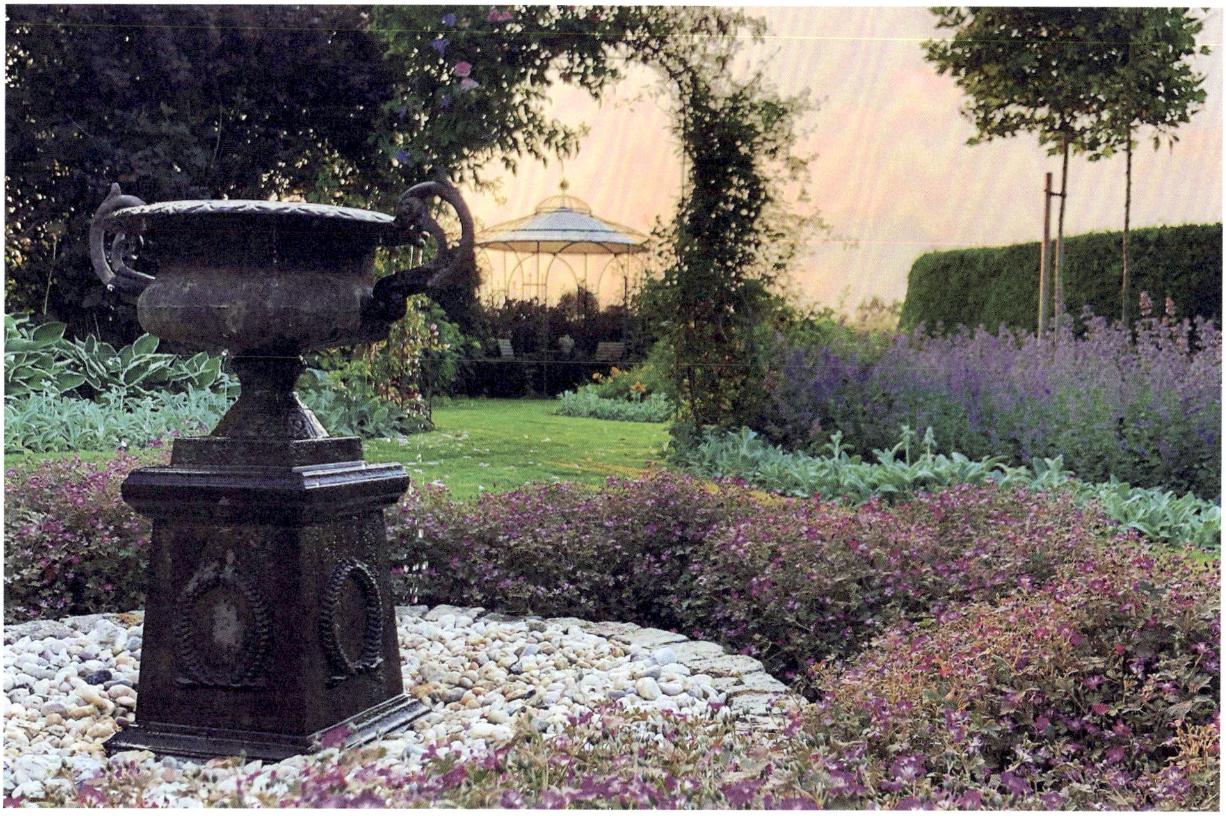

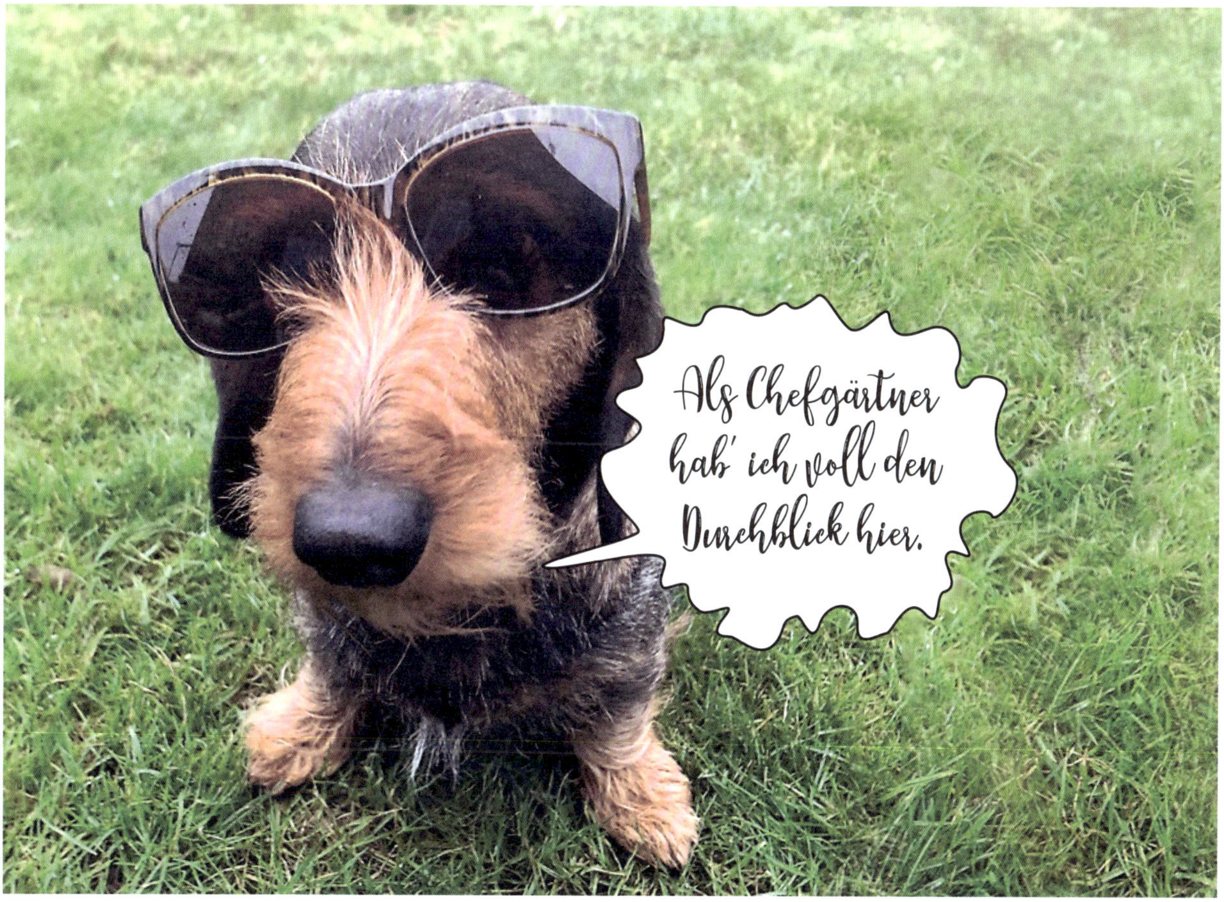

Als Chefgärtner
hab' ich voll den
Durchblick hier.

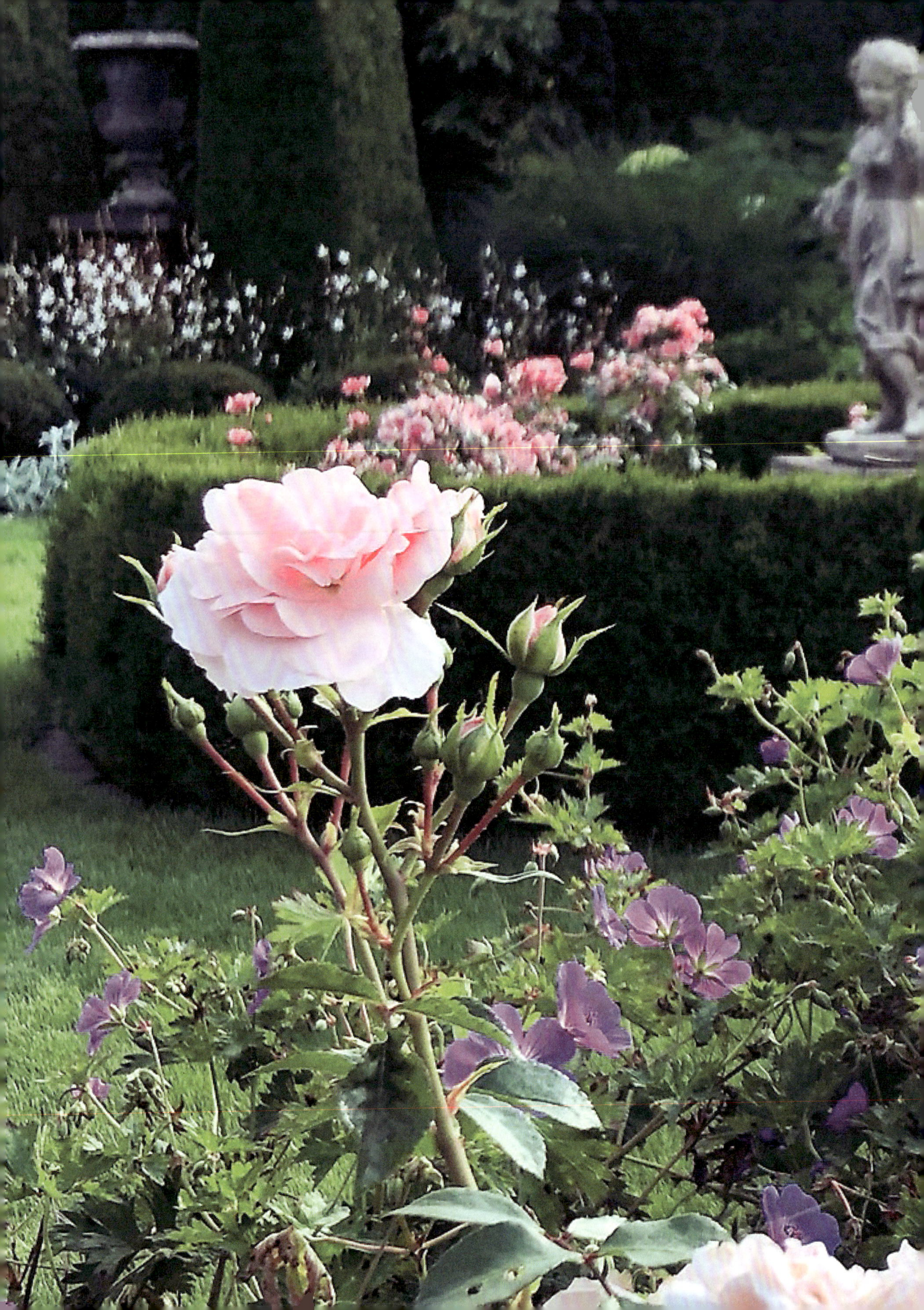

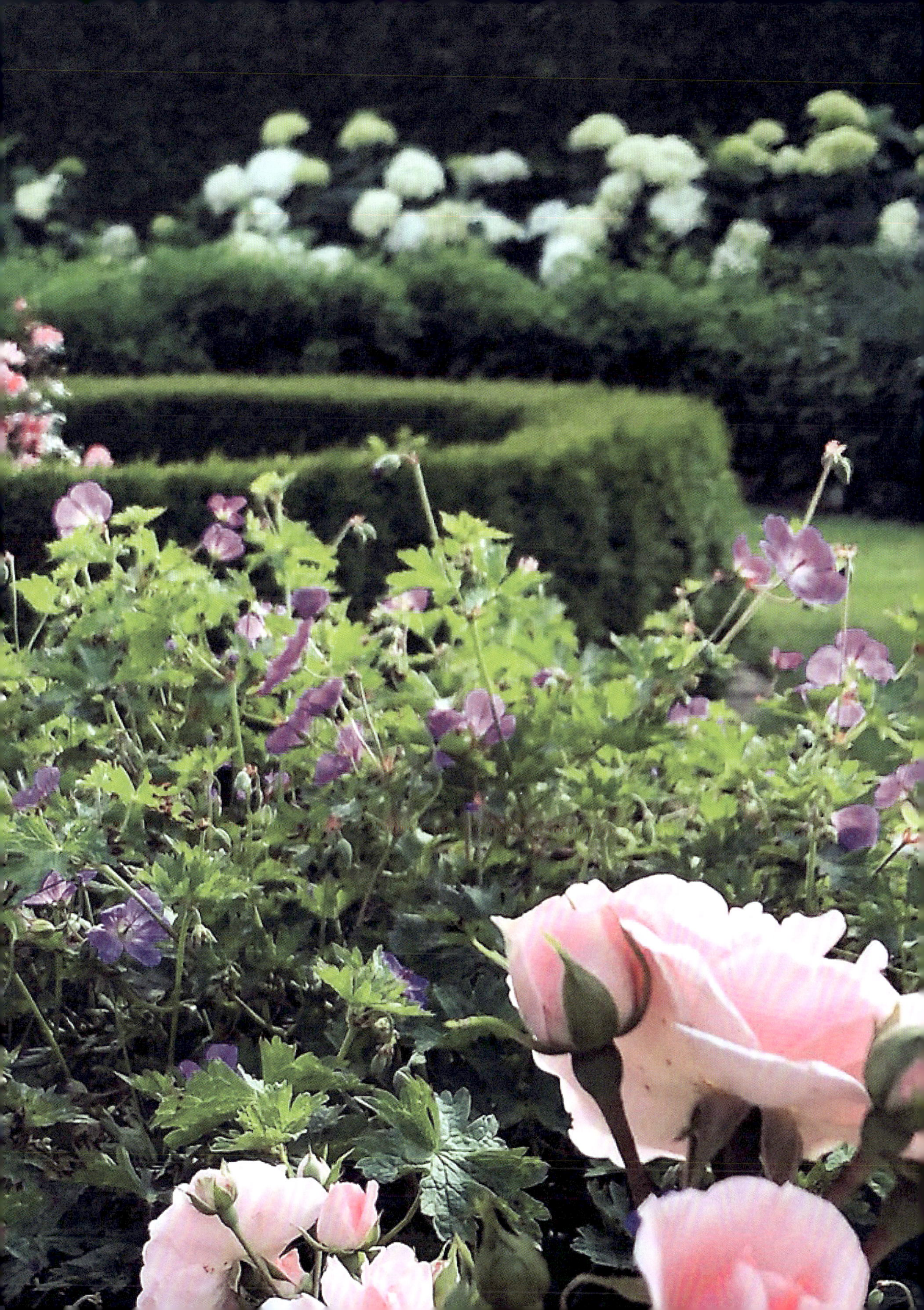

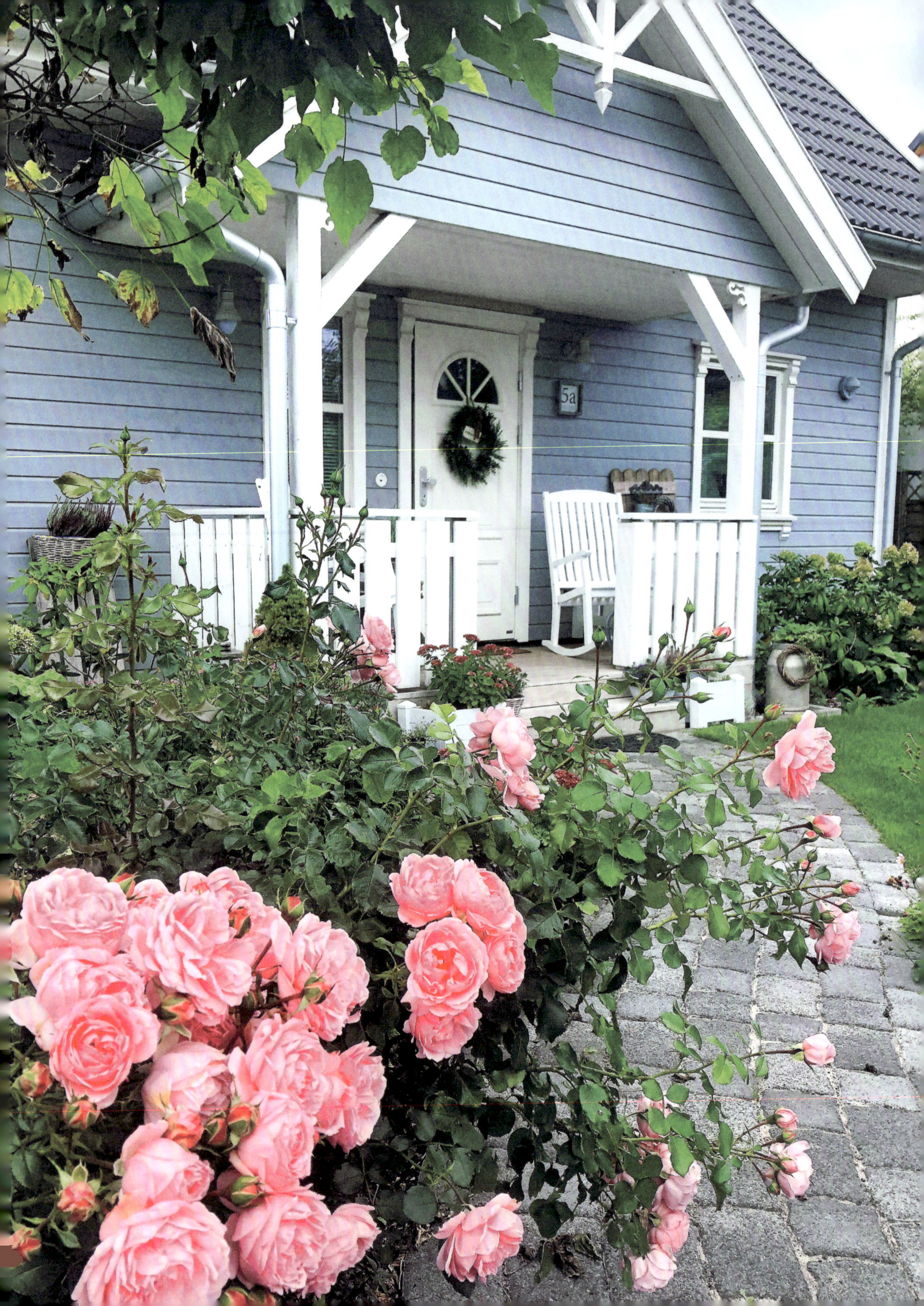
5a

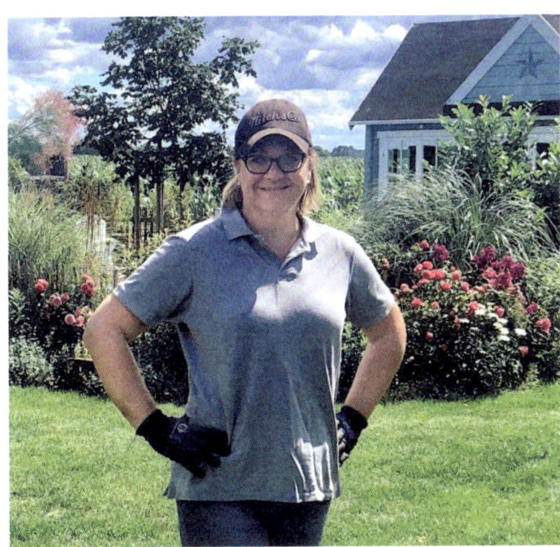

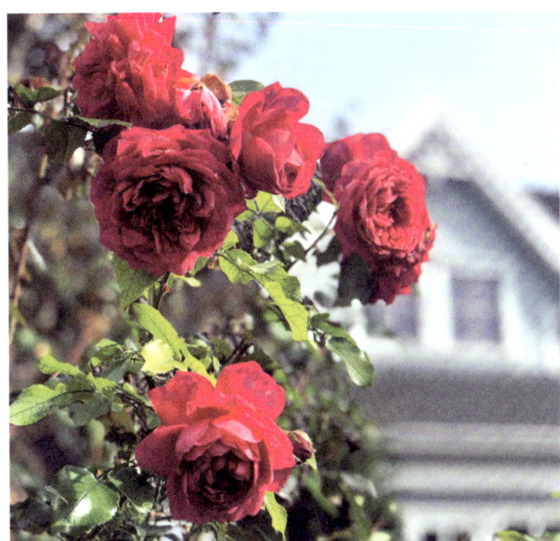

Rosen im Garten

Rosen sind die Königinnen unter den Blumen! Sie können aber kleine Diven sein. Um möglichst viel Freude an den Pflanzen zu haben, verwende ich in meinem Garten viele Rosen-Sorten mit ADR-Prädikat. Hierbei handelt es sich um besonders widerstandsfähige, gesunde Rosen, mit denen man viel Freude hat. Die Kletterrose 'Laguna' mit ihren kräftig pinkfarbenen, duftenden und gefüllten Blüten ist so eine ADR-Rose, die gegen Krankheiten wie Mehl- und Sternrußtau resistent ist. Auch bei historischen oder englischen Rosen achte ich immer darauf, dass sie pflegeleicht, regen- und hitzebeständig und möglichst öfterblühend sind, zudem sollten sie duften.

MEINE FAVORITEN

- **'Laguna'** – Kletterrose, pinkfarben, duftend, gefüllte Blüten
- **'Louise Odier'** – Historische Rose, kräftiges Rosa, intensiv duftend
- **'Jasmina'** – Kletterrose mit ADR-Prädikat, öfterblühend, rosa, duftend, pflegeleicht
- **'Giardina'** – romantische Kletterrose, mehltauresistent, rosa, duftend, öfterblühend
- **'Sebastian Kneipp'** – Edelrose, cremeweiß, duftend, öfterblühend
- **'Leonardo da Vinci'** – Beetrose, dunkelrosa, sehr gesund, öfterblühend
- **'Pomponella'** – Beetrose mit ADR-Prädikat, dunkelrosa, sehr gesund, runde Blütenbälle
- **'Rosarium Uetersen'** – Kletterrose, pinkfarben, sehr gesund, öfterblühend, duftend

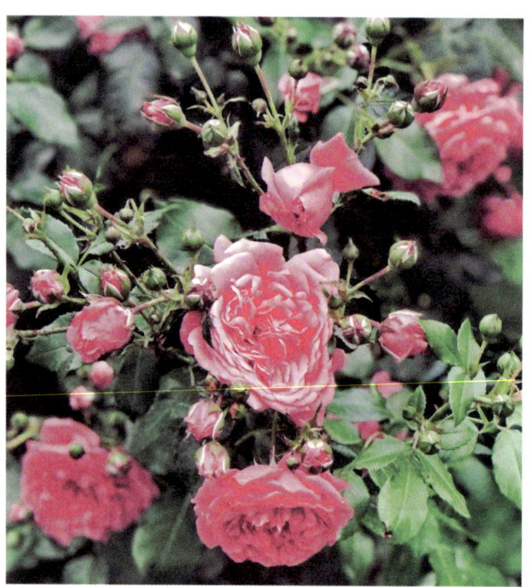

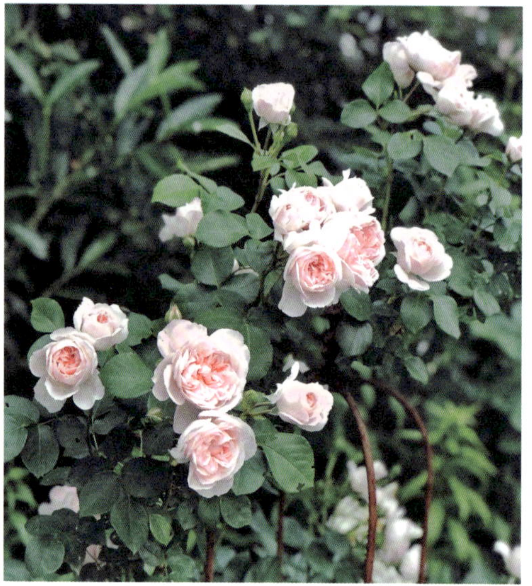

ROSEN- UND STAUDENPFLEGE

Im Sommer gehört zu den regelmäßigen Aufgaben das Ausputzen der Blüten. Zum einen aus optischen Gründen und zum anderen, damit sich manche Stauden nicht versamen. Das raubt der Pflanze sonst ordentlich Kraft.

Schneidet man beispielsweise Phlox direkt unterhalb der Blüte zurück, bilden sich innerhalb kürzester Zeit neue Seitentriebe, die dann im Spätsommer noch einmal blühen. Würde man ihn nicht schneiden, gäbe es keine zweite Blüte.

Bei den Rosen schneide ich verwelkte Blüten immer bis zum ersten vollständig ausgebildeten Blatt zurück. Die Pflanze dankt es mit vielen neuen Blüten. Generell achte ich immer darauf, möglichst bei bedecktem Wetter bzw. abends Verblühtes auszuputzen, damit die Schnittränder nicht gelb werden oder die Pflanzen zu sehr „ausbluten".

Rosen lieben nahrhaften Boden, besonders Lehmboden, weil er das Wasser gut speichert. Ich gebe bei jeder Rose, die ich pflanze, eine Hand voll Lehm als Unterlage mit ins Pflanzloch. Lehm kann man in kleinen Eimern in der Baumschule oder der Gärtnerei kaufen.

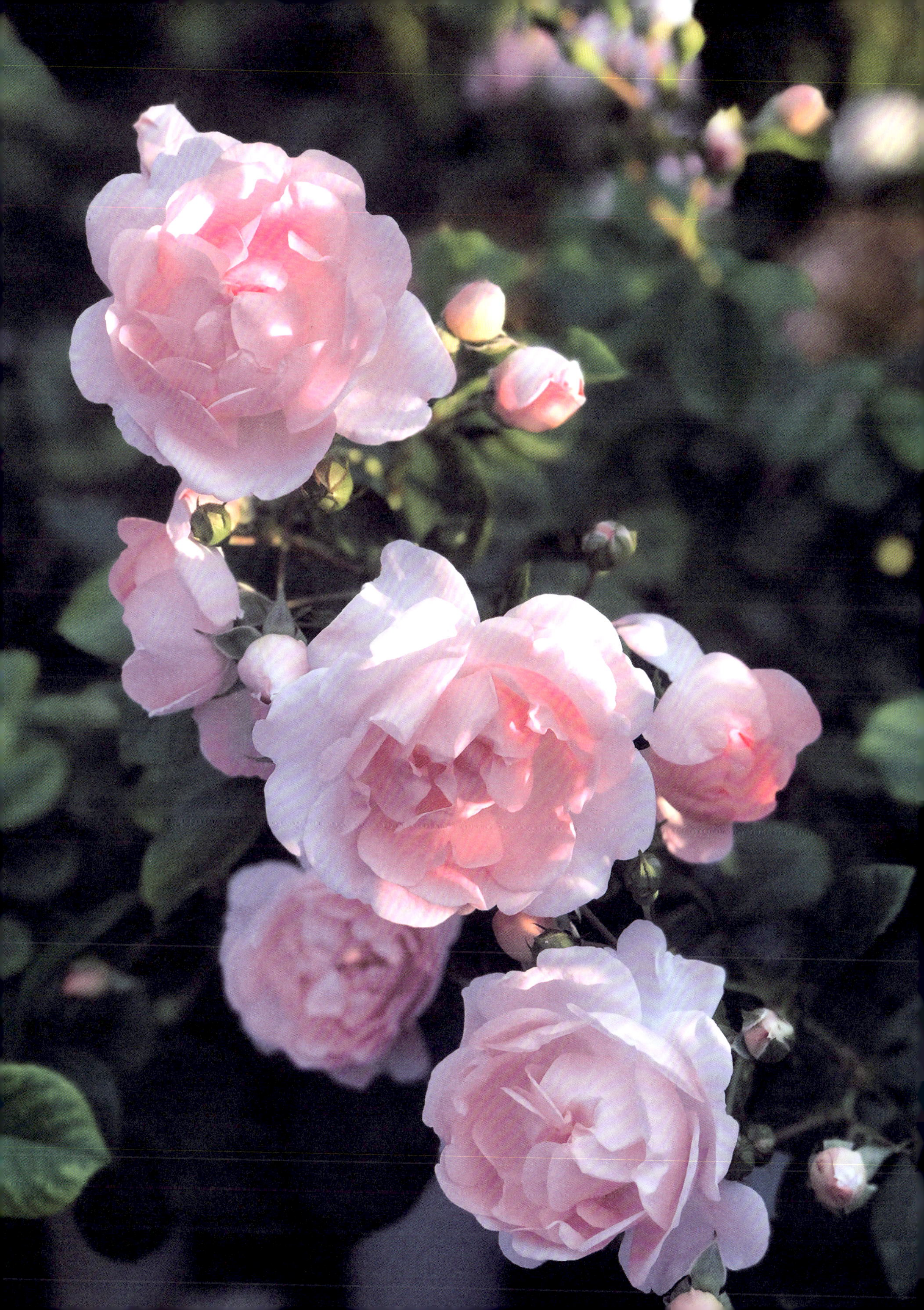

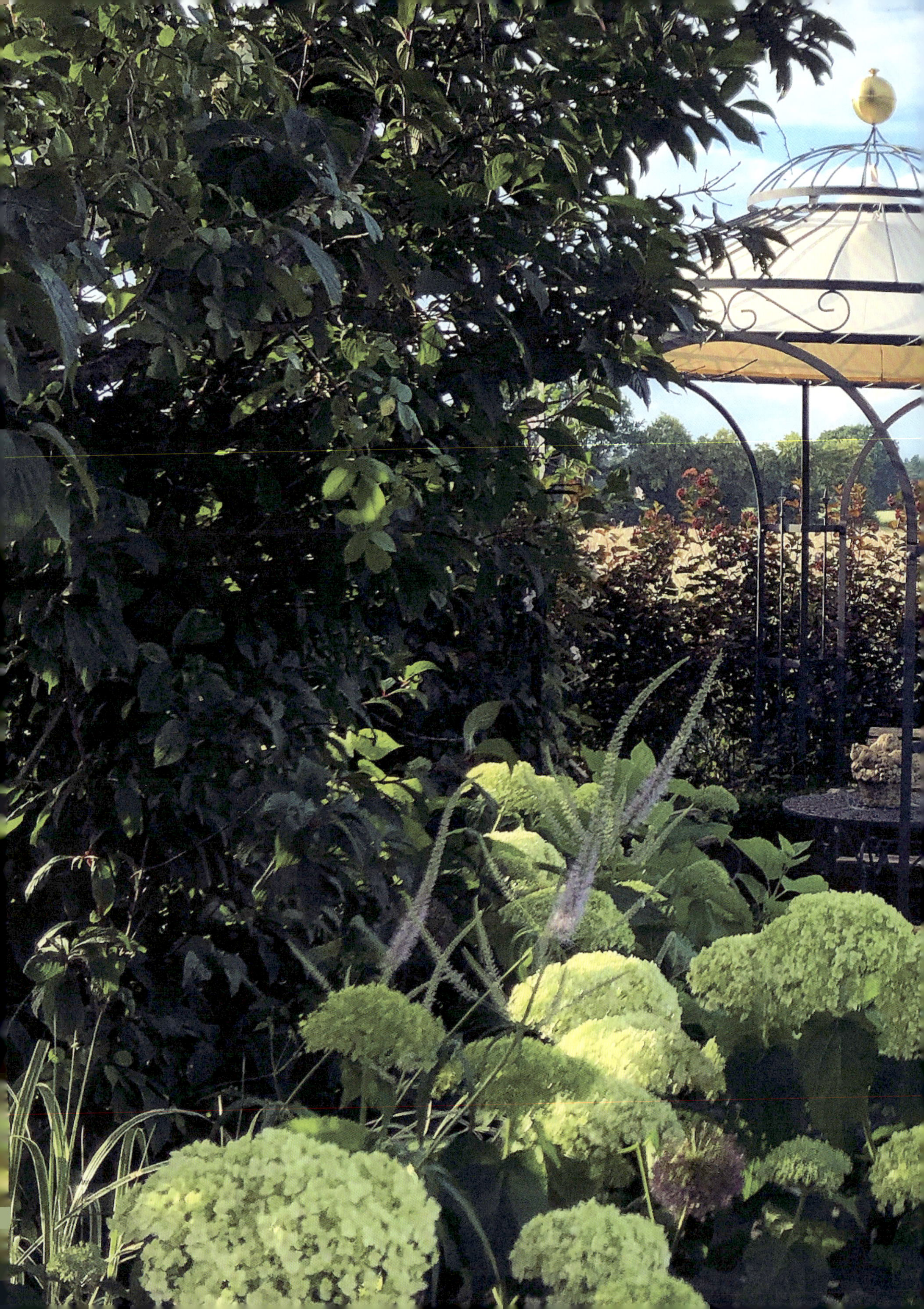

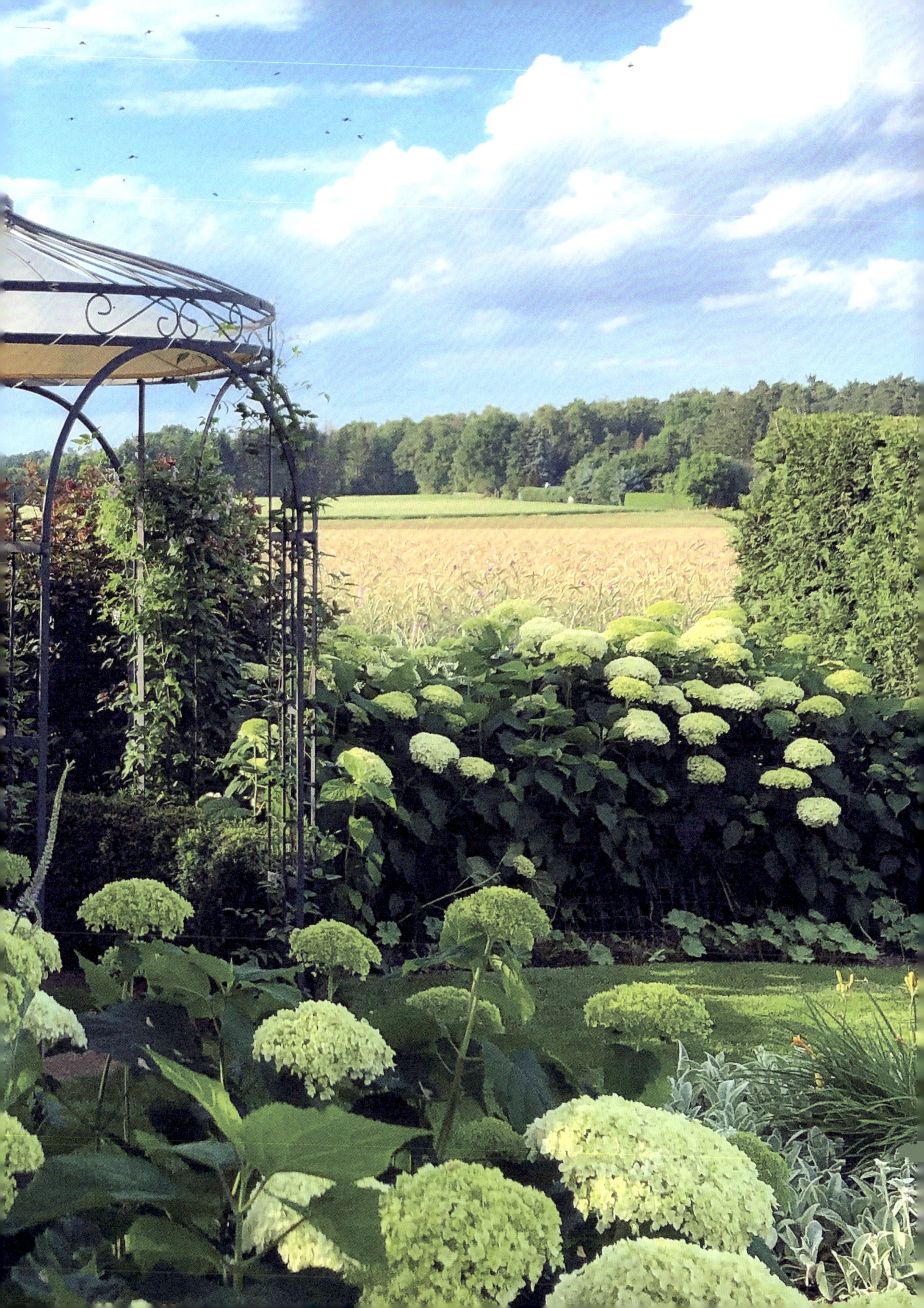

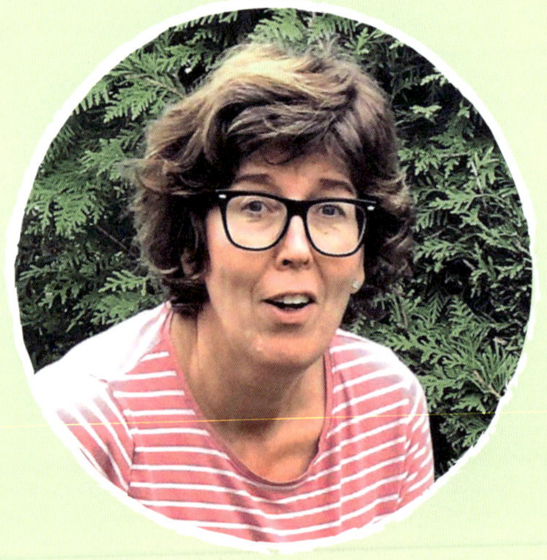

KATRINS METHODE

„Ganzjährig schneide ich seit 15 Jahren mit einer zweckentfremdeten Heckenschere meine Rasenkanten. Zum einen für ein optisch besseres Bild und zum anderen, um blühende Saat der Rasenkanten nicht in die Beete gelangen zu lassen. Die Schere schleife ich ca. alle 8 Wochen mit einem Schleifstein. Dabei führe ich den Stein immer nur in eine Richtung, von oben nach unten.“

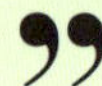

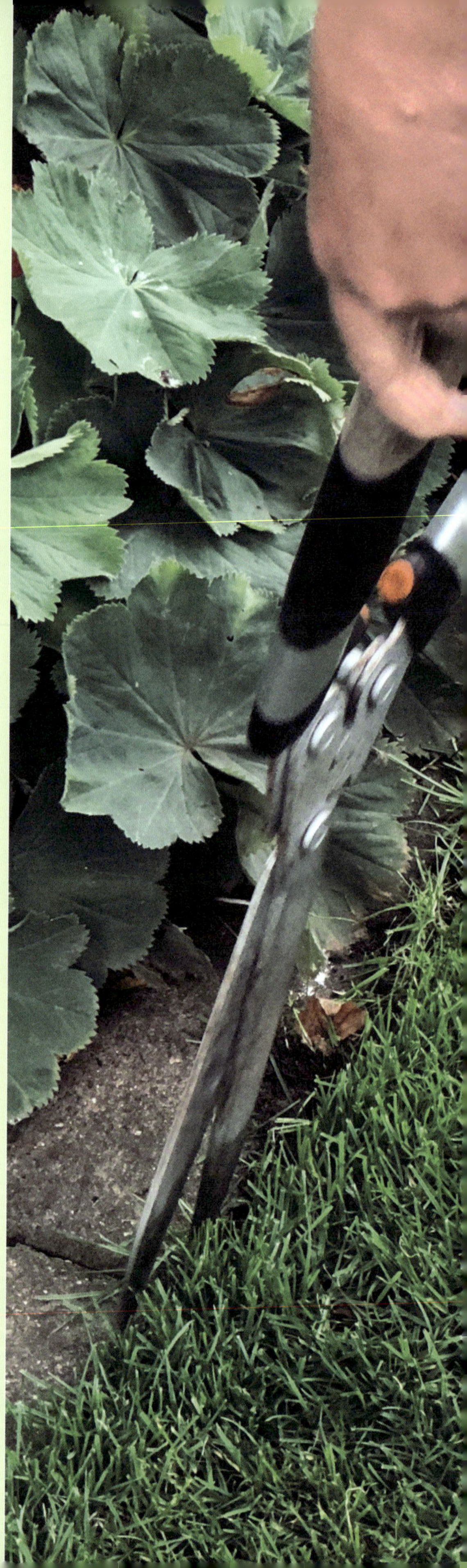

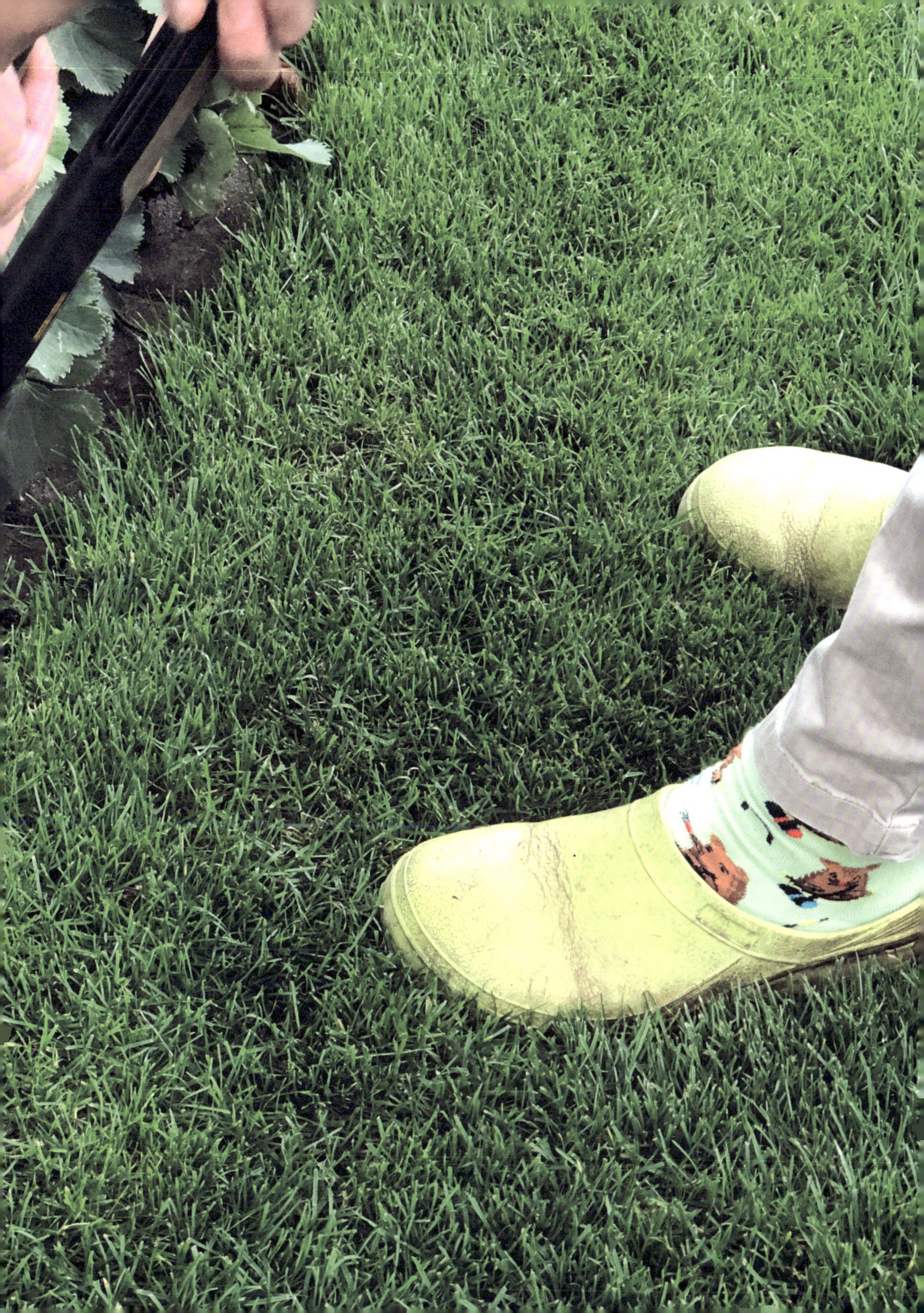

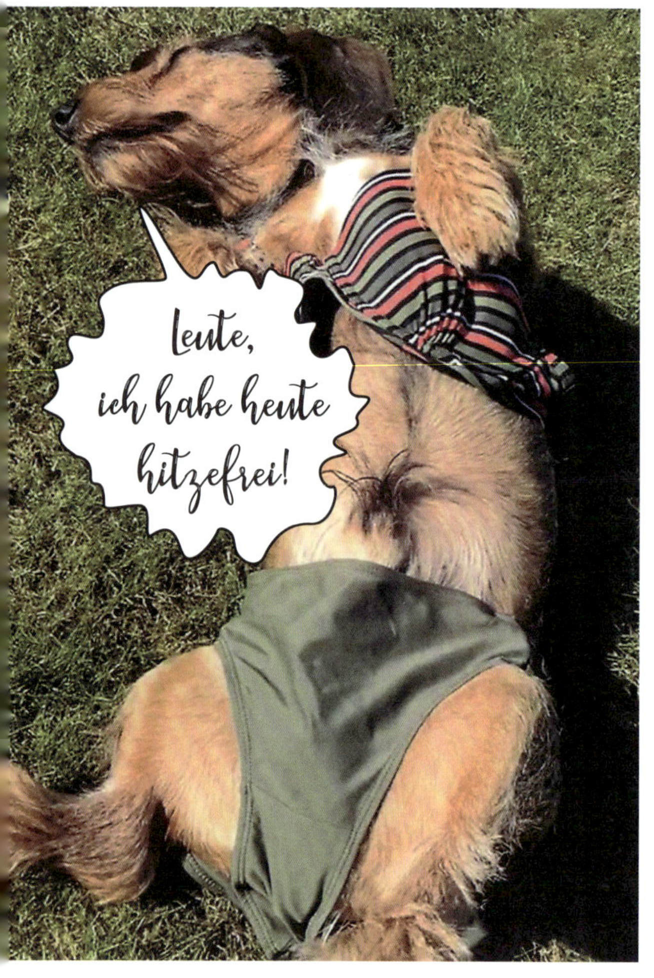

RASENPFLEGE

Unser 22 Jahre alter Rasen wird Mitte April und Anfang Juli mit einem Langzeitdünger versorgt. Um diesen gleichmäßig auf der Rasenfläche zu verteilen, nutze ich einen Streuwagen.

Im Laufe der Saison wird dann zweimal wöchentlich mit einem Auffangkorb auf 4,5 cm gemäht. Dabei wechsele ich bei jedem Mähvorgang die Schnittrichtung. So entsteht eine schöne, dichte Grasnarbe.

Bei starker Hitze lasse ich den Rasen hochstehen und mähe ihn nicht, um dem Verbrennen der Grasnarbe vorzubeugen. Das hohe Gras beschattet so den Boden. Dieser trocknet nicht so schnell aus, und die Wurzeln der Halme werden nicht so schnell geschädigt.

Sobald sich die Temperaturen normalisiert haben, wird der Rasen in zwei Etappen wieder auf Normalhöhe runtergeschnitten.

In trockenen Perioden wird unser Rasen zweimal wöchentlich ausgiebig bewässert. Hierfür nutze ich zum großen Teil das Regenwasser aus der Zisterne.

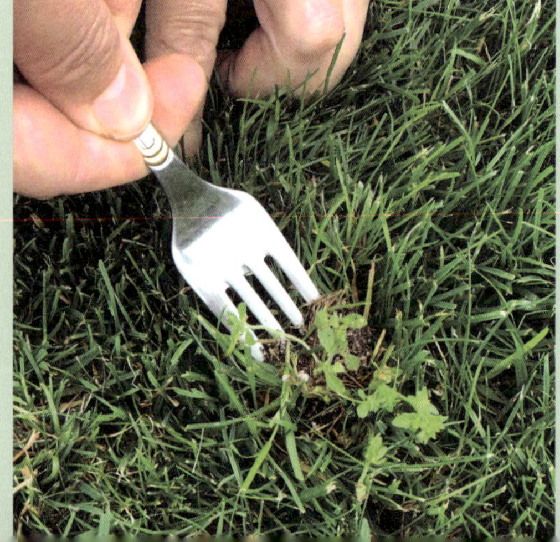

EXTRATIPP: UNKRAUT ENTFERNEN

- Ganzjährig entferne ich Unkraut aus dem Rasen mit einer Gabel. Das geht auf meinem Sandboden wunderbar, und ich habe die Wurzel der Unkräuter immer gleich mit aufgegabelt.

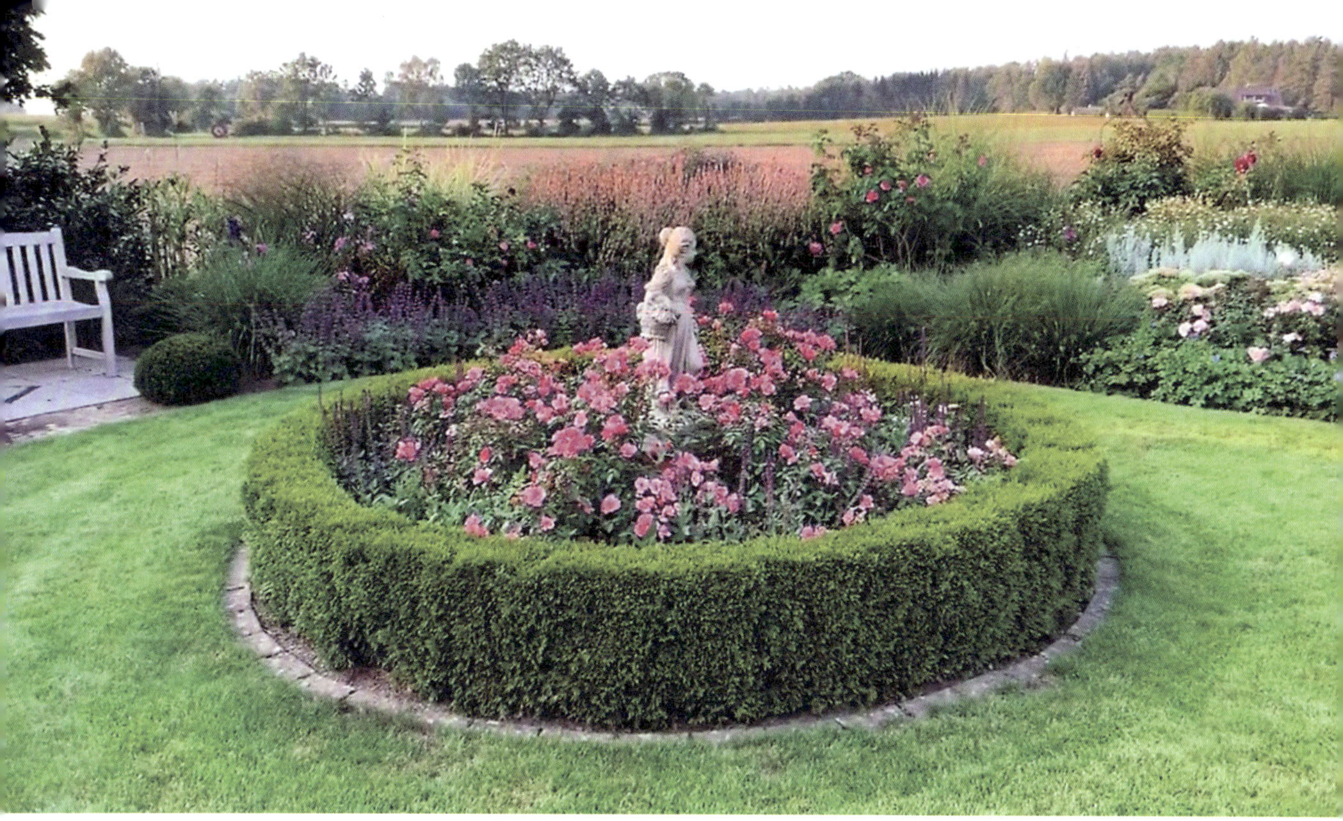

INSELBEET ANLEGEN

Ihr möchtet eine langweilige Rasenfläche auflockern und ein Rondell anlegen? Dann hier mein Tipp, damit kein Osterei im Rasen entsteht.

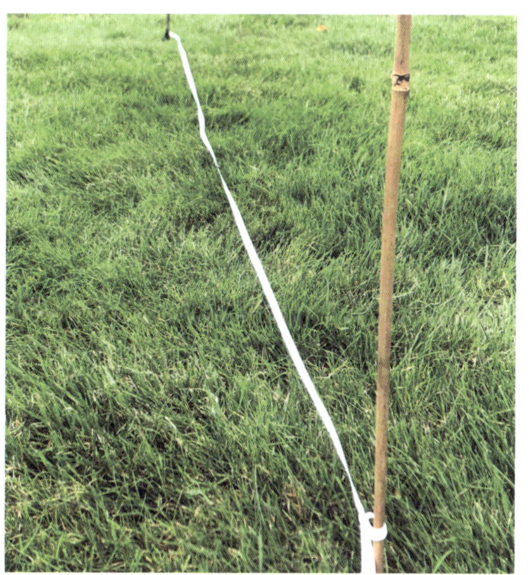

1. Markiert Euch den Mittelpunkt des Beetes mit einem Stock. Nun bindet Ihr eine Schnur mit Eurem Wunschradius so um den Stock, dass diese locker um 360 Grad zu führen ist.

2. Schritt für Schritt führt Ihr Faden oder Schnur nun gleichmäßig gespannt um die Mitte und markiert das Ende. Ich habe dafür Gabeln verwendet, hat man immer im Haus und lassen sich super in die Erde stecken.

3. Wenn alle Eure Gabeln aus der Besteckschublade im Rasen stecken, legt Ihr abschließend am besten einen Wasserschlauch um den entstandenen Gabelkreis. Nun könnt Ihr gleichmäßig am Außenrand des Schlauches die Rasensoden abstechen.

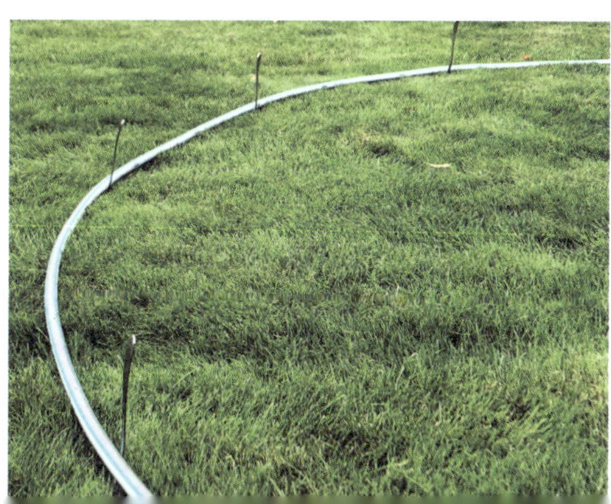

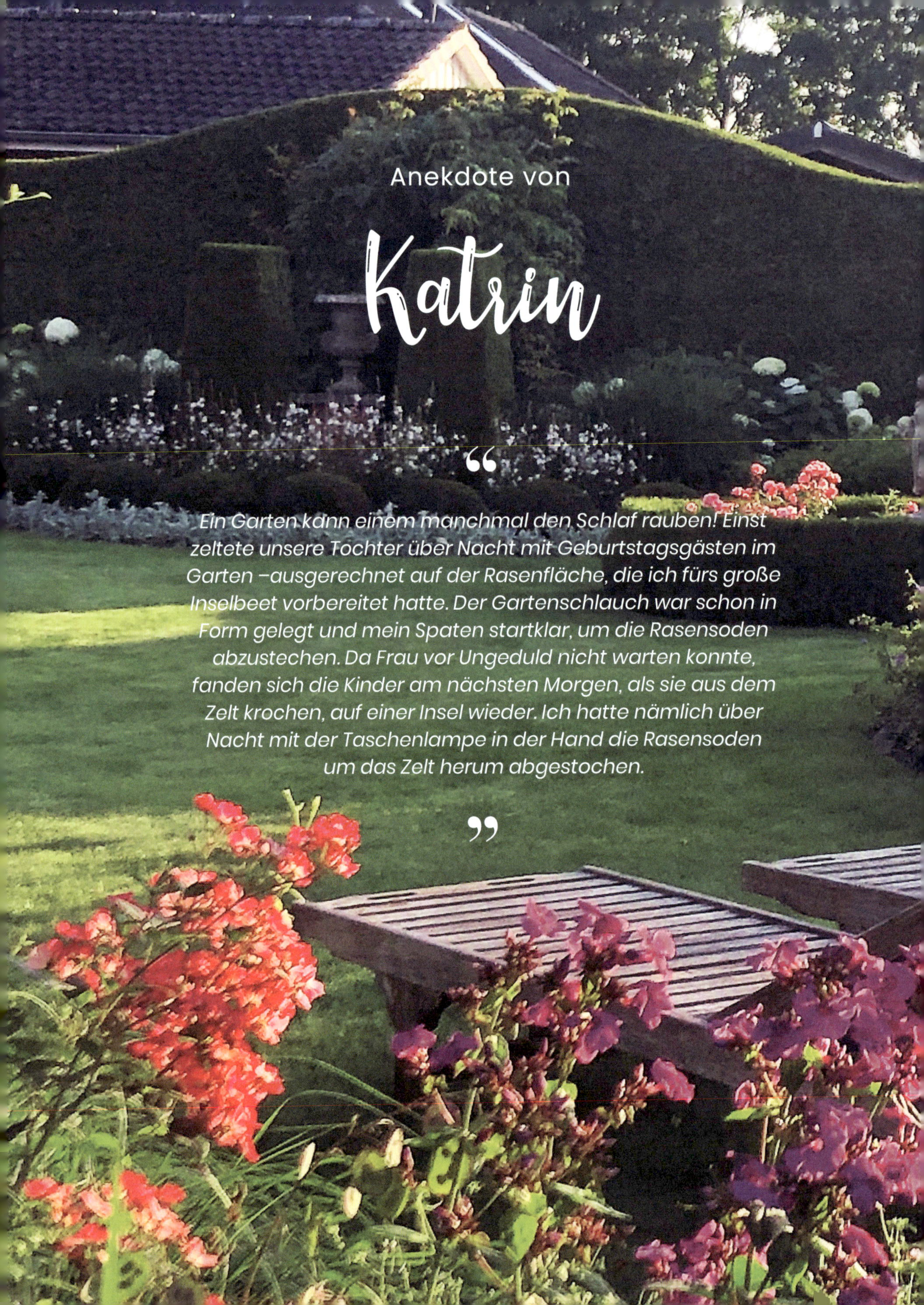

Anekdote von

Katrin

“

Ein Garten kann einem manchmal den Schlaf rauben! Einst zeltete unsere Tochter über Nacht mit Geburtstagsgästen im Garten –ausgerechnet auf der Rasenfläche, die ich fürs große Inselbeet vorbereitet hatte. Der Gartenschlauch war schon in Form gelegt und mein Spaten startklar, um die Rasensoden abzustechen. Da Frau vor Ungeduld nicht warten konnte, fanden sich die Kinder am nächsten Morgen, als sie aus dem Zelt krochen, auf einer Insel wieder. Ich hatte nämlich über Nacht mit der Taschenlampe in der Hand die Rasensoden um das Zelt herum abgestochen.

”

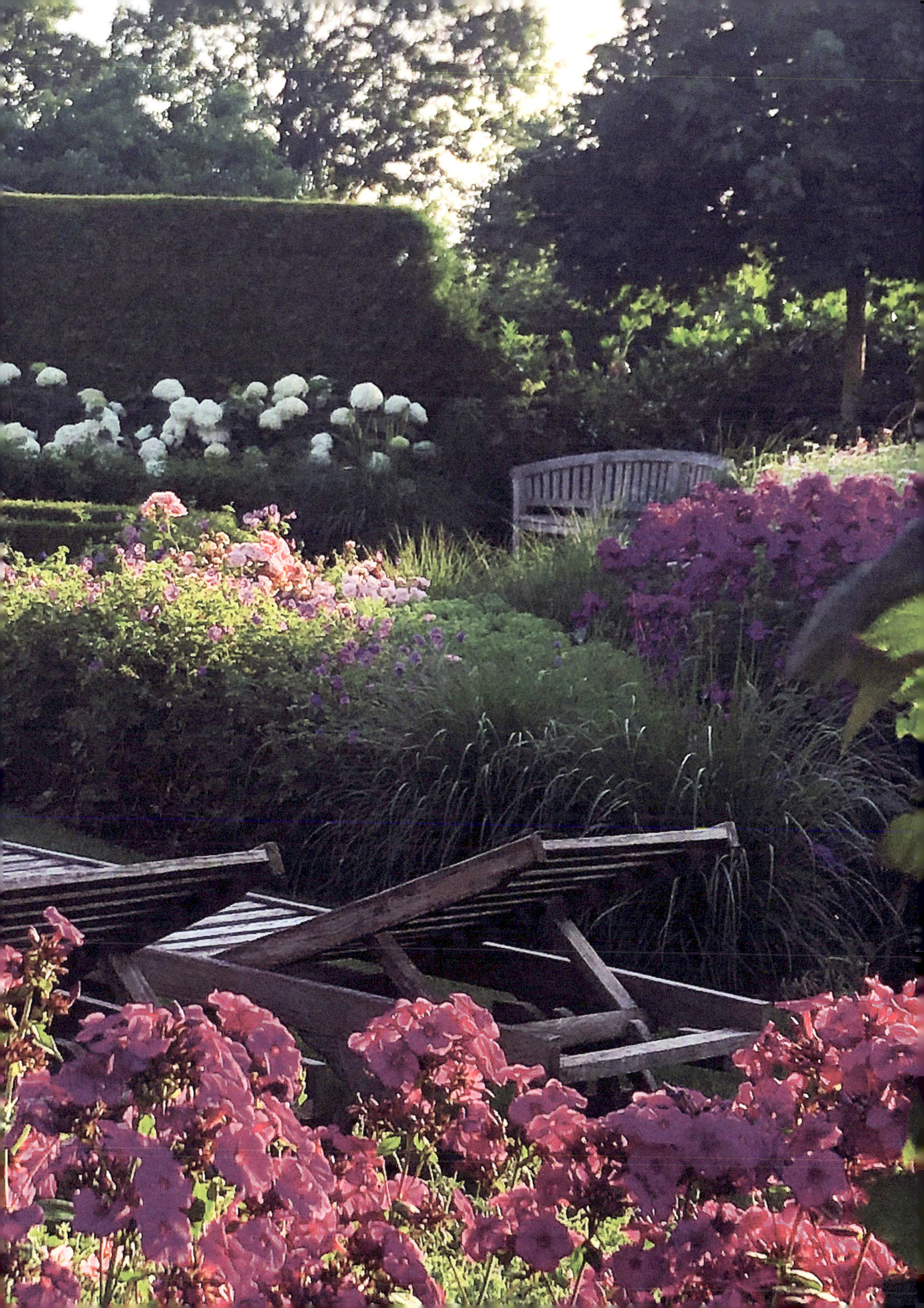

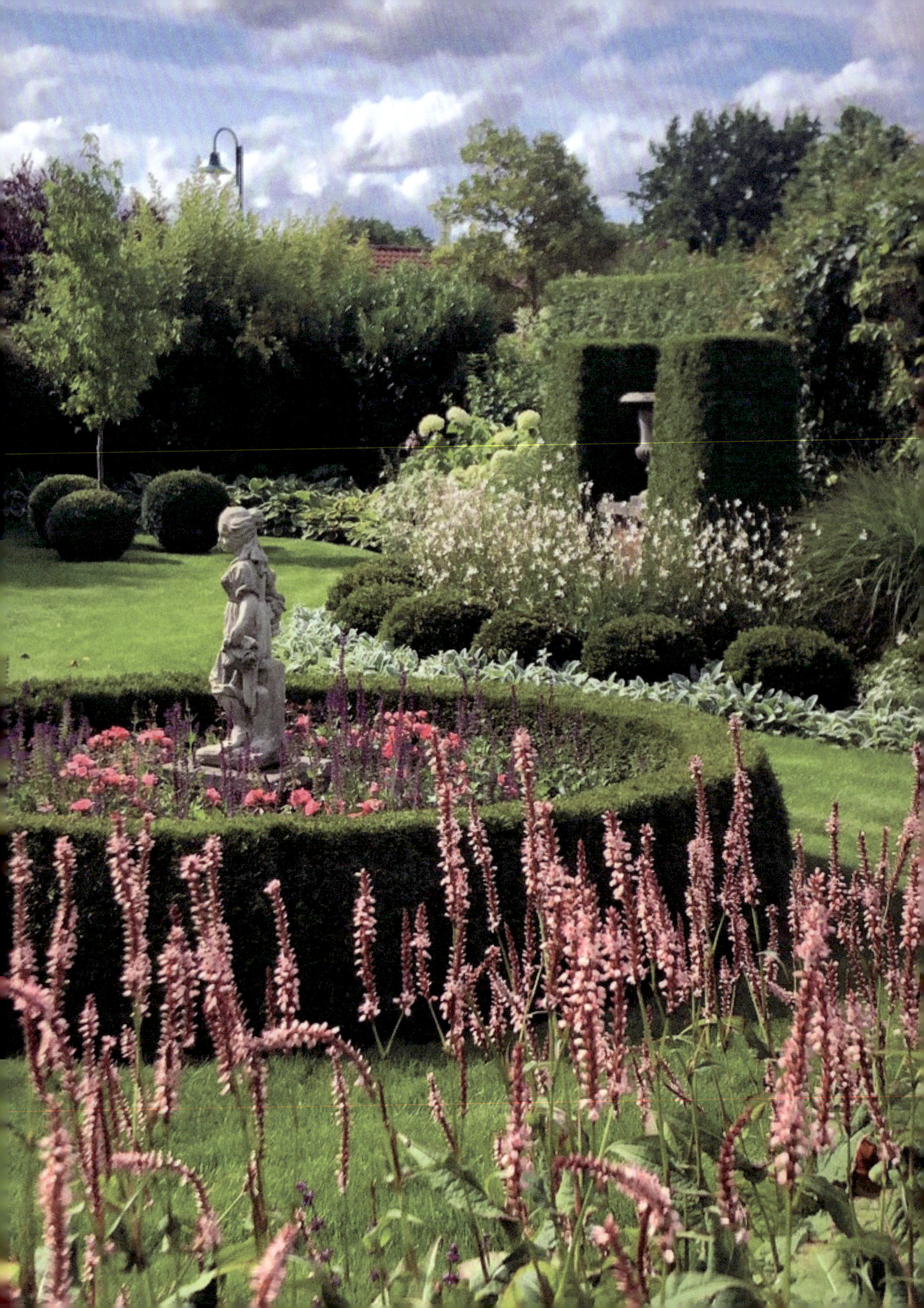

Pflanzplan #2

INSELBEET

Sonne

PFLANZENLISTE

① Einfassung aus Jungpflanzen von Thuja 'Brabant' *(Thuja occidentalis)*

② Öfterblühende Beetrose 'Schöne Dortmunderin' *(Rosa)*

③ Masse vom Steppen-Salbei 'Mainacht' *(Salvia nemorosa)*.
Im Frühling findet man hier Tulpen im Rondell.

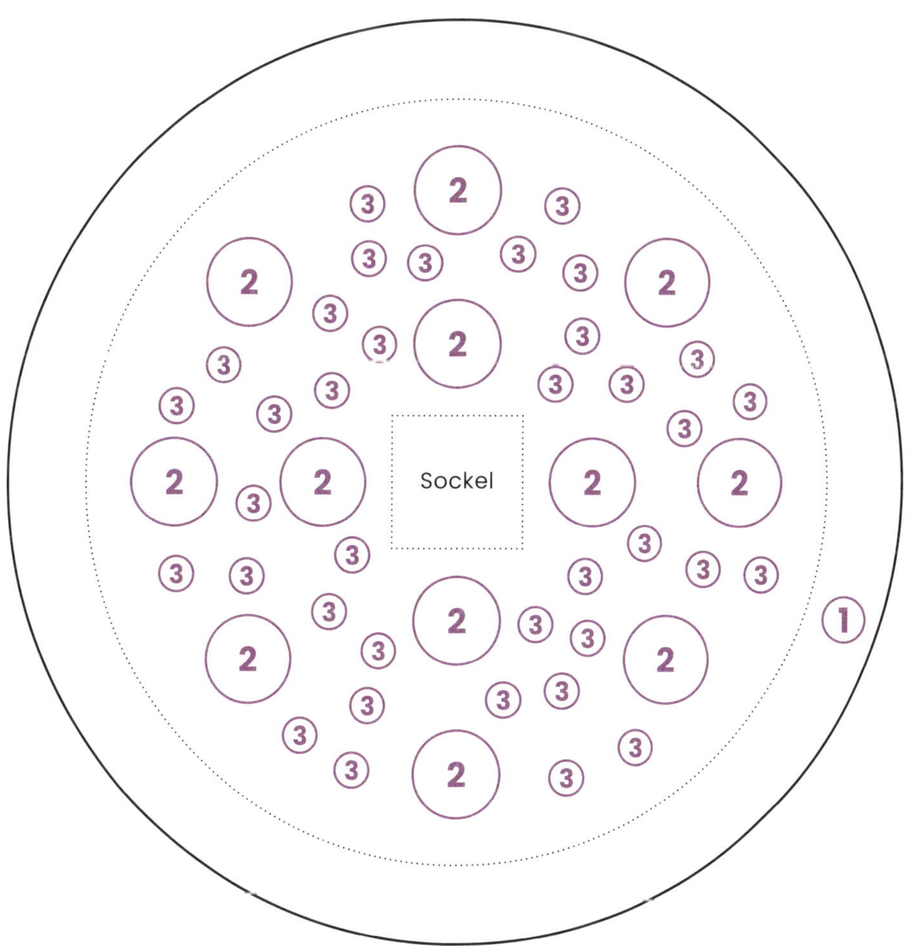

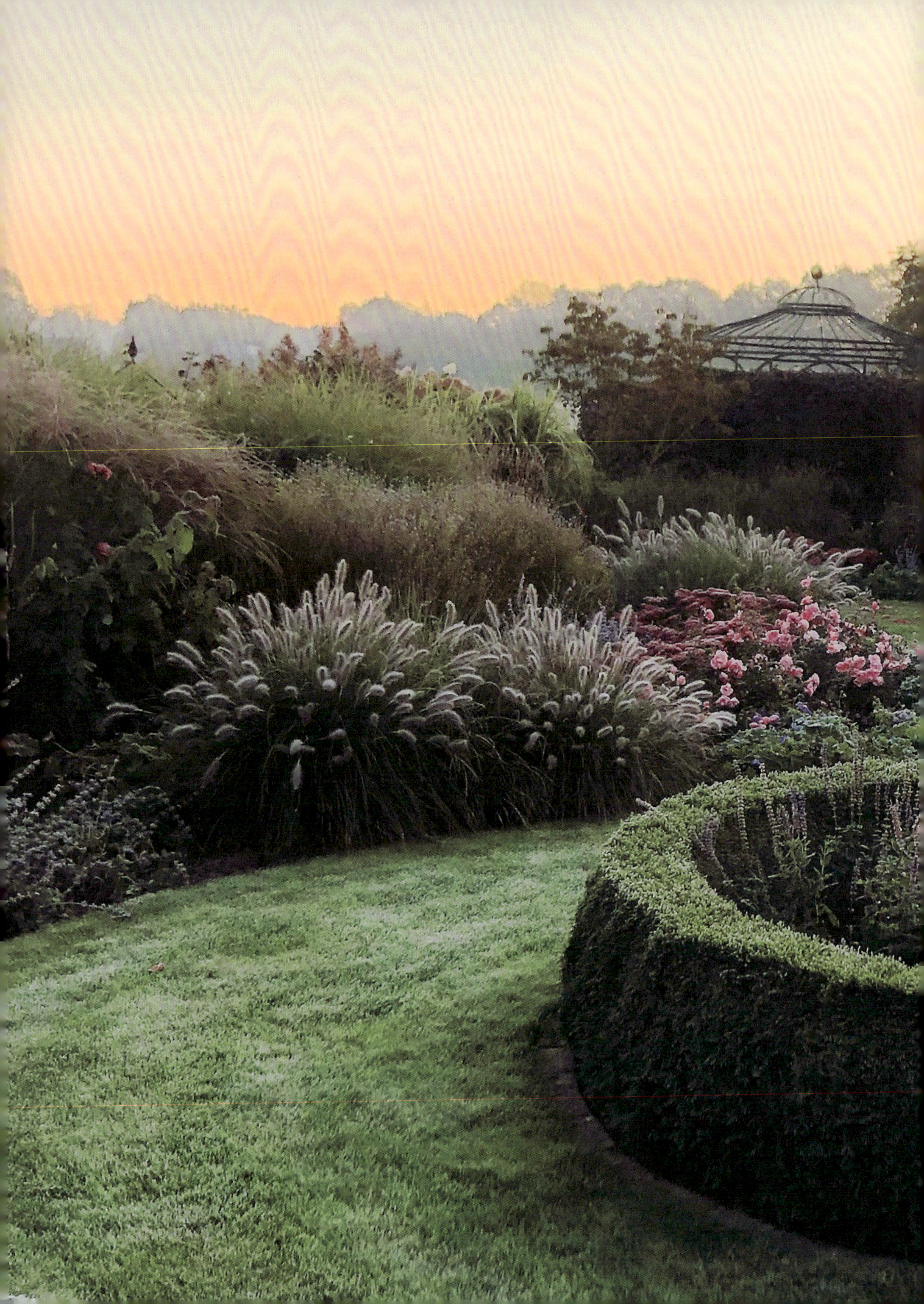

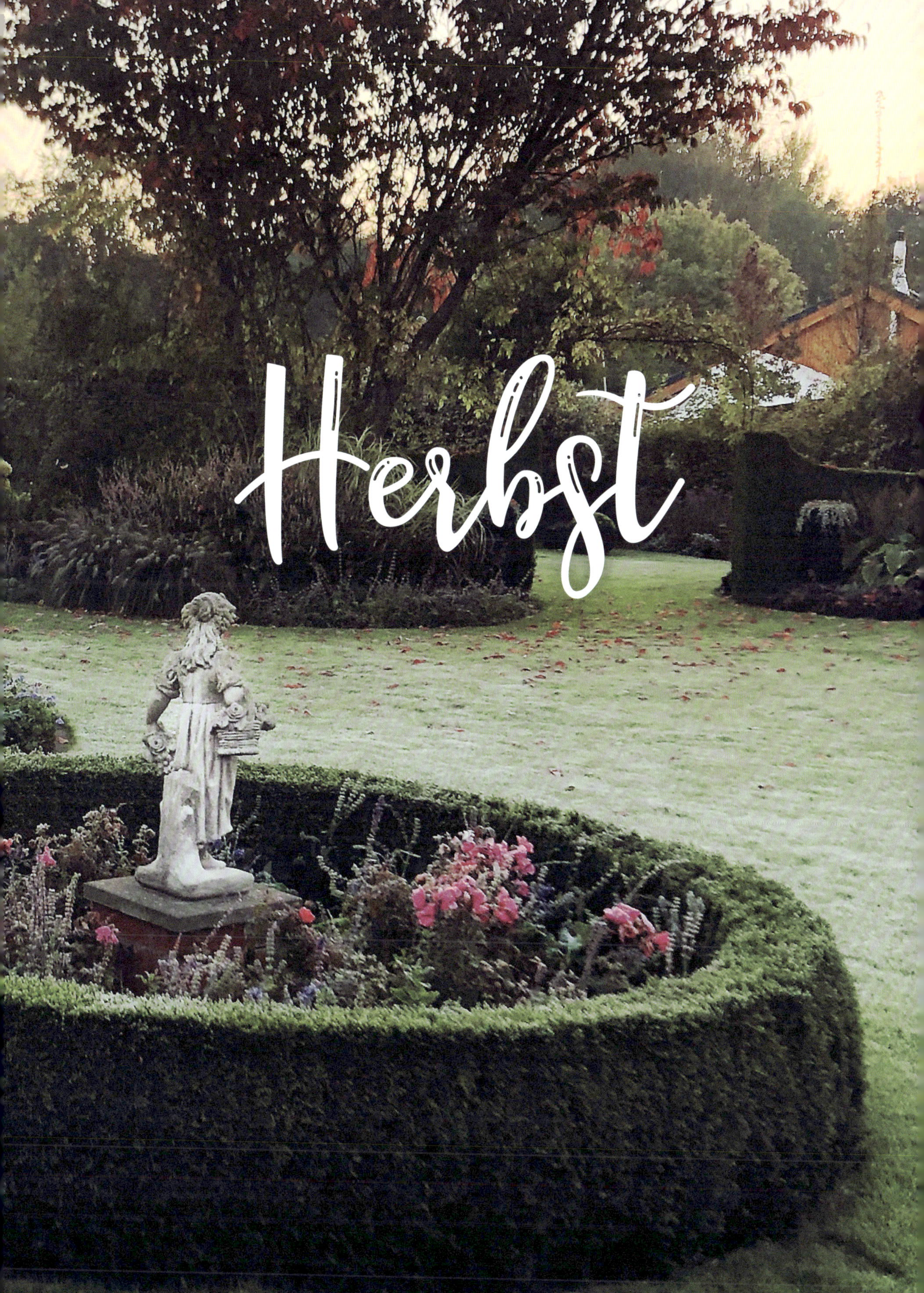

Herbst

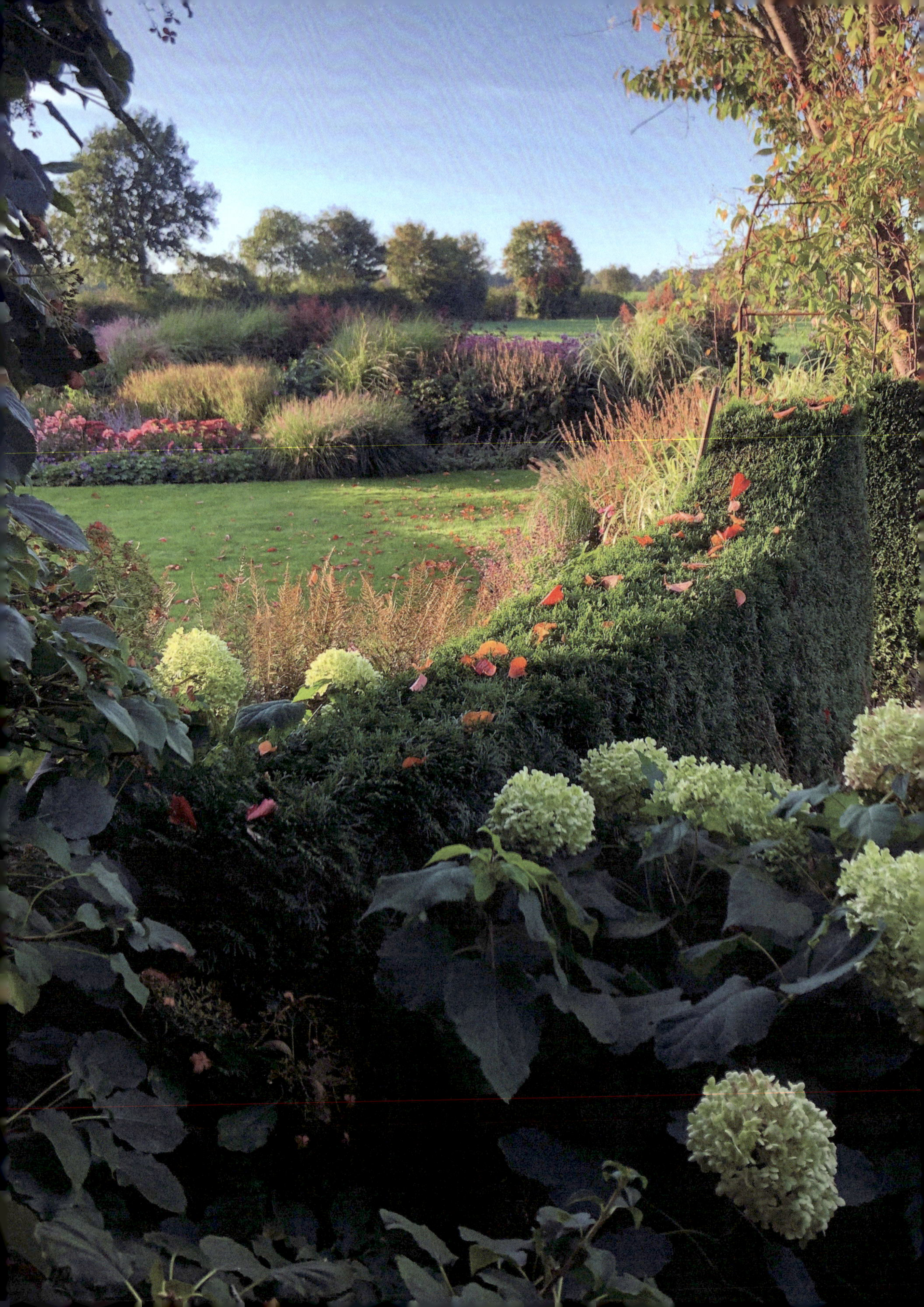

HERBST

Arbeiten im Garten

BLUMENZWIEBELN

Damit im noch kahlen Frühjahr meine Staudenbeete üppig blühen, setze ich jährlich verschiedene Sorten von Blumenzwiebeln. Angefangen von Krokussen und Winterlingen bis über Blausterne, Tulpen, Narzissen und Zierlauch *(Allium)*, blüht es so von Februar bis Juni.

Aber nicht nur der Optik wegen sind Blumenzwiebeln im Frühling im Garten ein Muss. Gerade im zeitigen Frühling, wenn das Nahrungsangebot für Bienen und andere Insekten in der Natur noch sehr gering ist, sind die Frühlingsblüher eine wichtige Nektarquelle!

ZWIEBELTIEFE

Eine Faustregel beim Zwiebelsetzen besagt: je größer die Zwiebel, desto tiefer muss sie in die Erde. Im Durchschnitt zwei- bis dreimal so tief, wie die Zwiebel hoch ist.

Anhand des Bildes kann man schön sehen, dass sich auf unterschiedlichen Höhen Massen an Zwiebeln sowohl im Beet, als auch im Topf versenken lassen. Nektarinen stellen z. B. *Allium* dar, Eier könnten Tulpen sein und die Tomaten sind Krokusse. Nach diesem Prinzip lassen sich auch in kleinen Beeten Massen von Zwiebeln unterbringen.

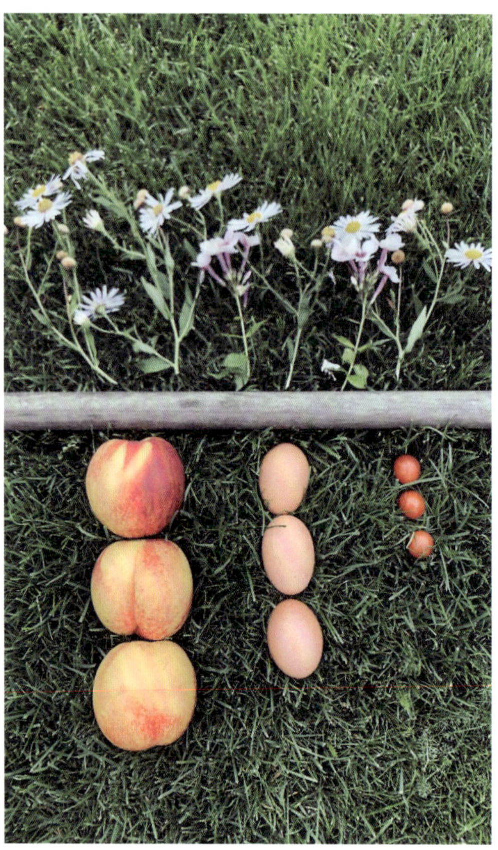

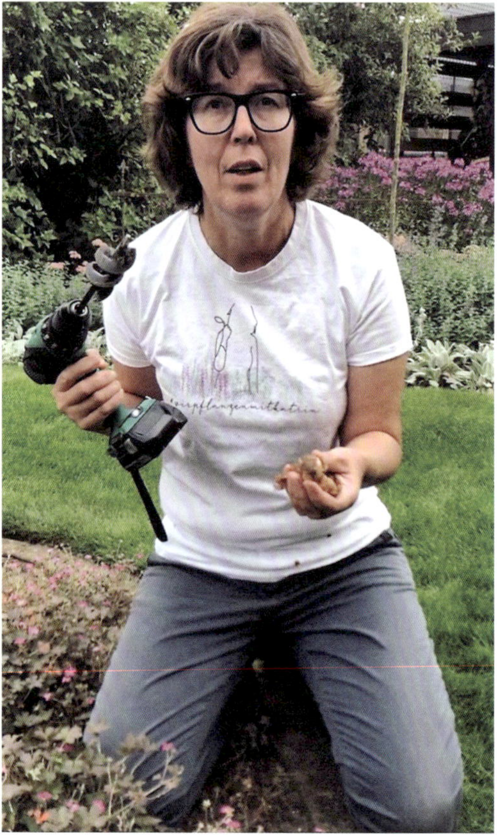

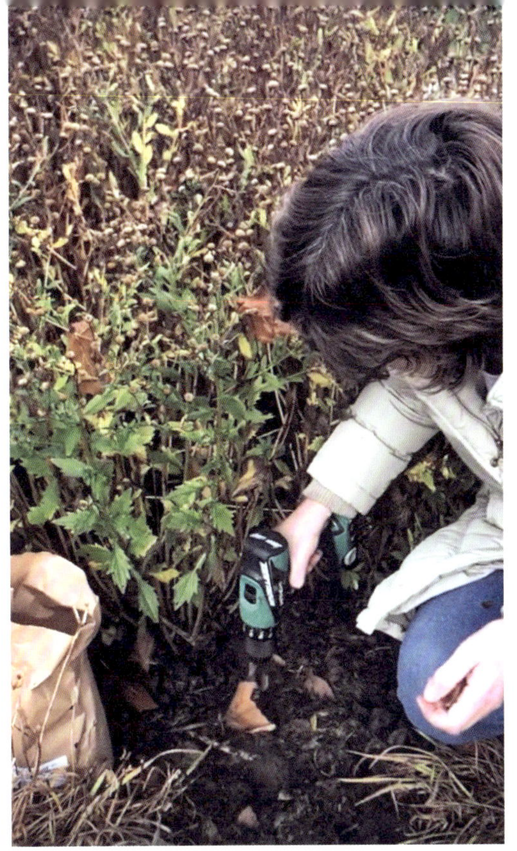

BLUMENZWIEBEL-BOHRER

Zum Setzen der Zwiebeln verwende ich seit letztem Jahr, neben dem Spaten, vorrangig einen Blumenzwiebel-Bohrer. Dieser Aufsatz passt auf jede Akkubohrmaschine. Mit ein wenig Gefühl habe ich so im Handumdrehen jede Menge Zwiebeln eingebohrt und komme auch zwischen nicht so breite Staudenlücken. Denn mein Motto bei den Blumenzwiebeln lautet: klotzen statt kleckern.

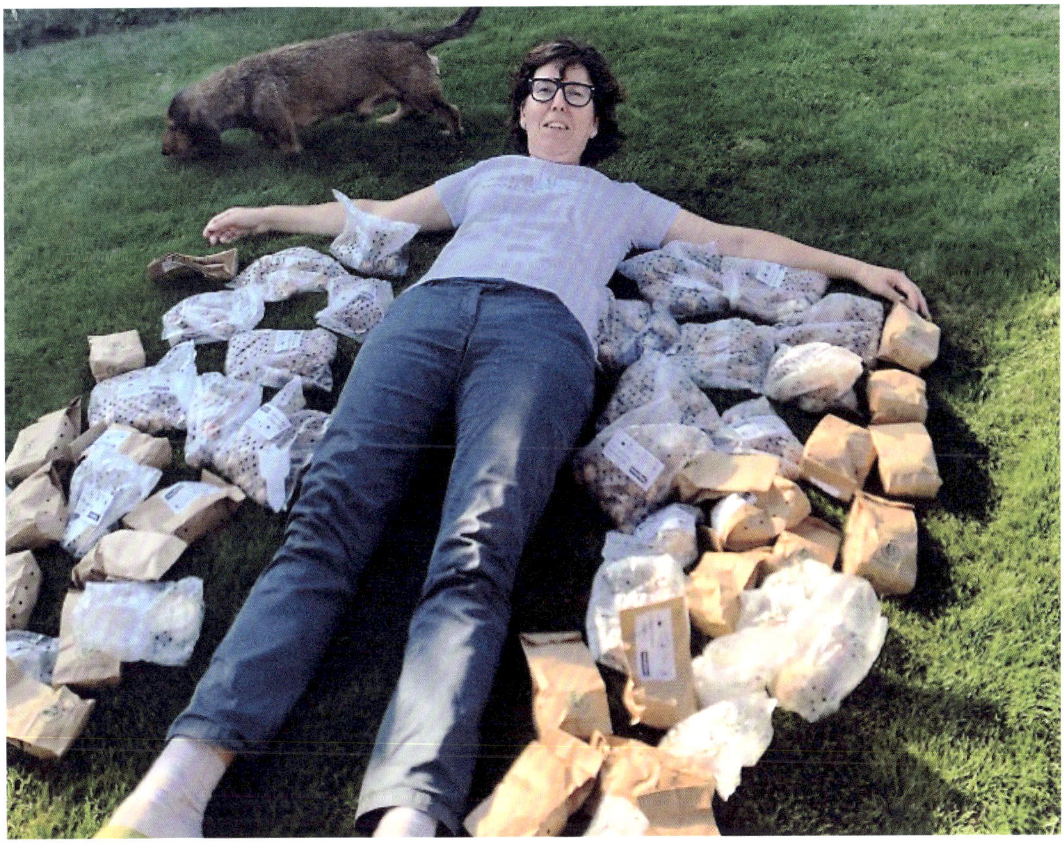

TULPEN-SORTEN

Auf meinem Sandboden fühlen sich neben dem Allium besonders die Tulpen wohl. Sie mögen die durchlässige Erde, denn sie neigen bei Staunässe und dauerfeuchter Erde zum Faulen. Bei solchen Böden ist es dann ratsam, eine Drainage aus Sand oder Kies ins Pflanzloch zu geben. Damit meine Tulpen über mehrere Jahre blühen, setze ich auf langlebige Tulpen-Sorten.

MEINE FAVORITEN

- **Darwin-Tulpen:** 'Golden Apeldoorn' (gelb), 'Van Eijk' (rosarot), 'Pink Impression' (lachsrosa), 'Salmon Impression' (lachsfarben)
- **Lilienblütige Tulpen:** 'White Triumphator' (weiß), 'Ballade' (magentafarben mit weißem Rand)
- **Viridiflora Tulpen** – 'Spring Green' (grünweiß), 'Tulpe Groenland' (rosaweiß)

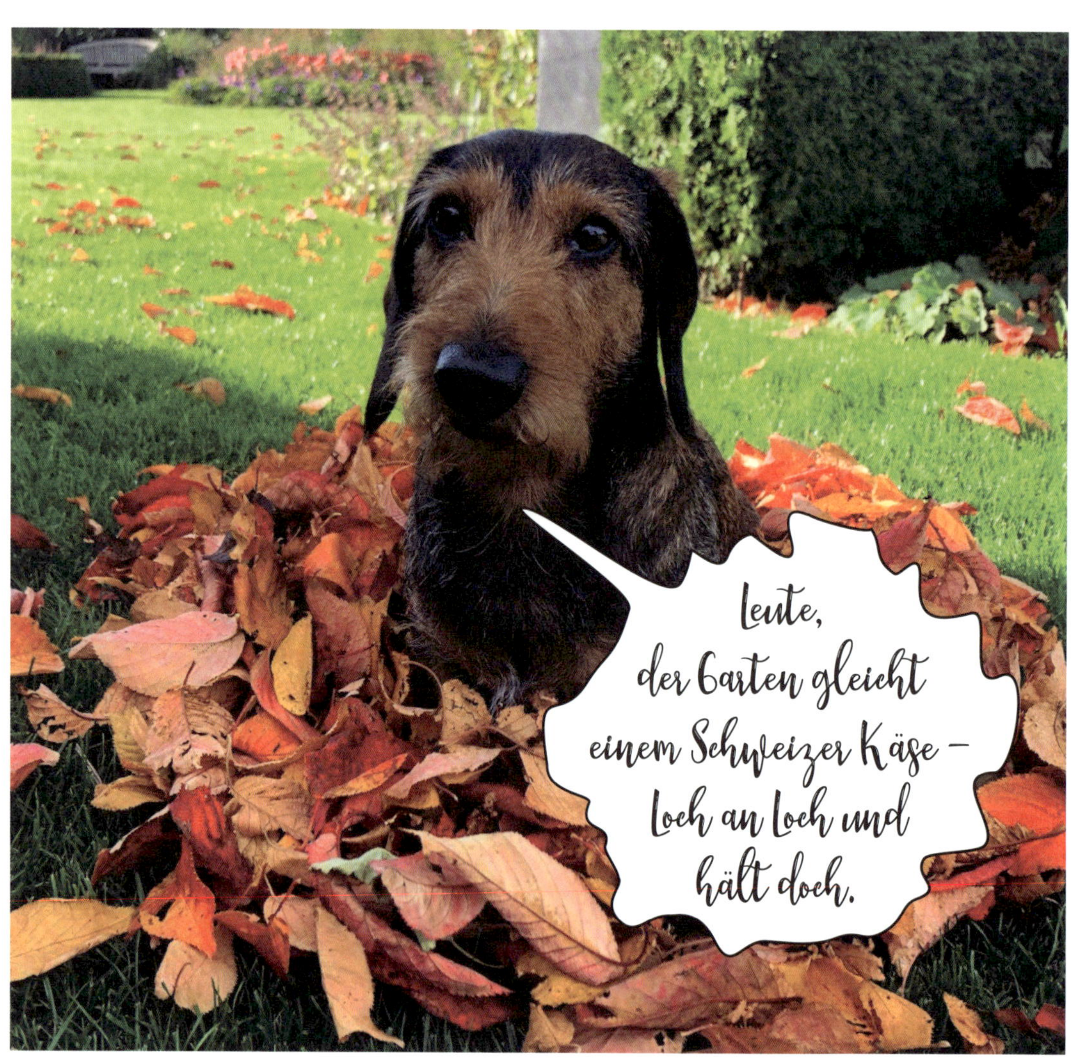

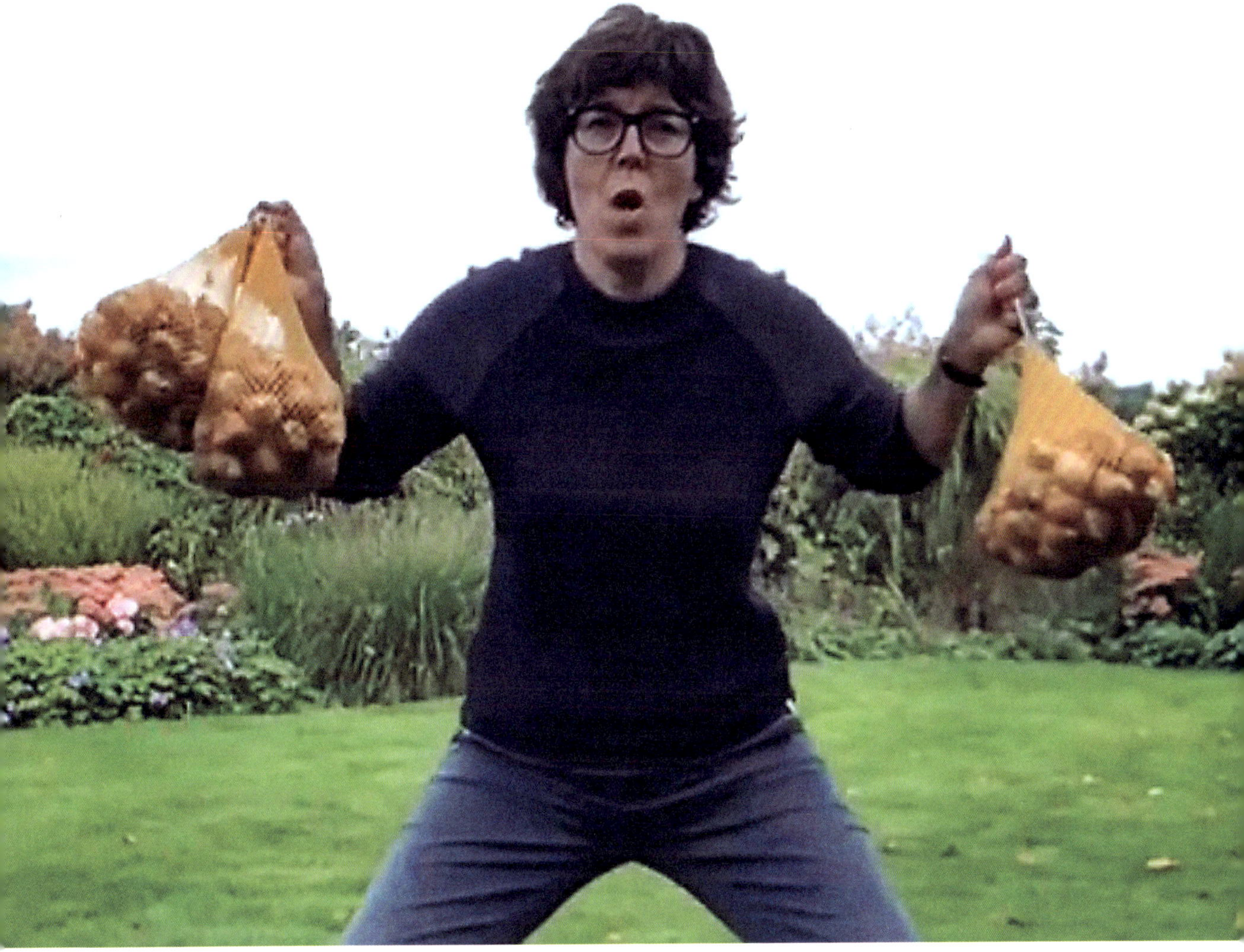

EXTRATIPP: BODENAKTIVATOR

Aufgrund meines Sandbodens gebe ich in jedes Pflanzloch eine Hand voll Bodenaktivator. Es ist ein organischer Bodenhilfsstoff mit nur leichtem Düngeeffekt, der die Struktur des Bodens verbessert und somit das Wurzelwachstum der Pflanzen anregt. Nährstoffe werden dadurch besser aufgenommen und auf lange Sicht wird das Wachstum der Pflanzen positiv beeinflusst.

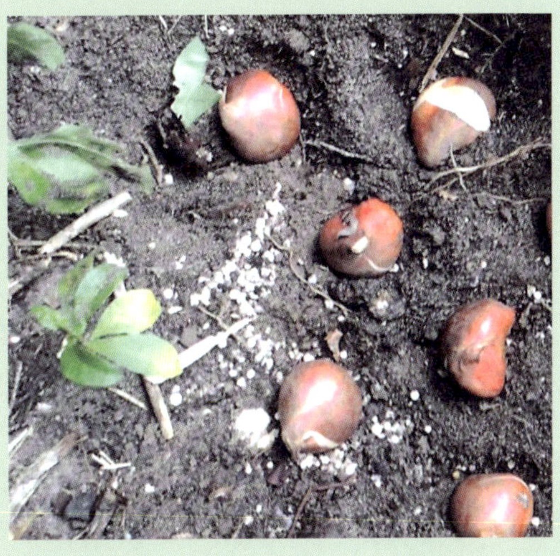

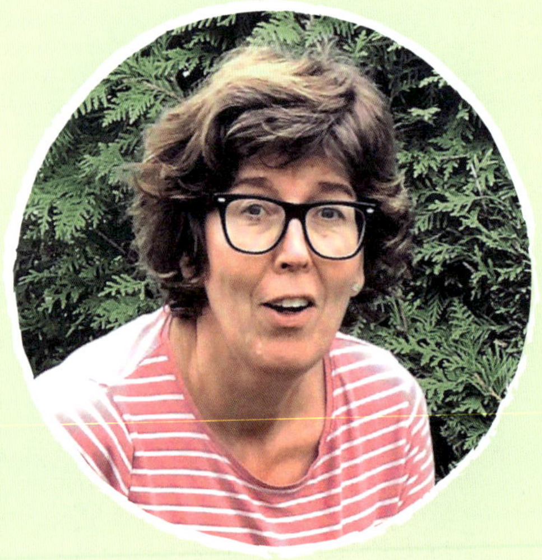

KATRINS METHODE

Ich setze Tulpen bei mir auf zwei verschiedene Methoden im Garten. Einmal in Tuffs, das sind kleine Gruppen von ca. 7–10 Stück; hierbei kombiniere ich verschiedene Sorten und Farben miteinander. Plane ich dagegen eine großflächige Bepflanzung mit nur einer Sorte oder Mischung, werfe ich die Tulpenzwiebeln ins Beet. Dort, wo die Zwiebel hinfällt, wird sie eingebohrt. Das ergibt dann zur Blütezeit ein natürliches Blütenbild.

”

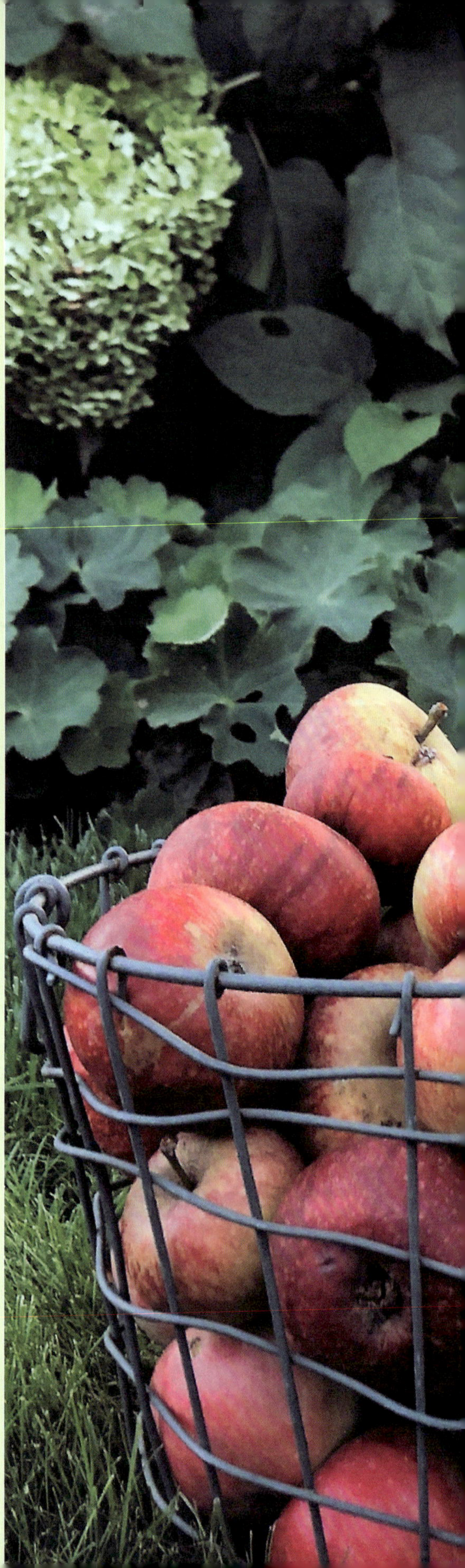

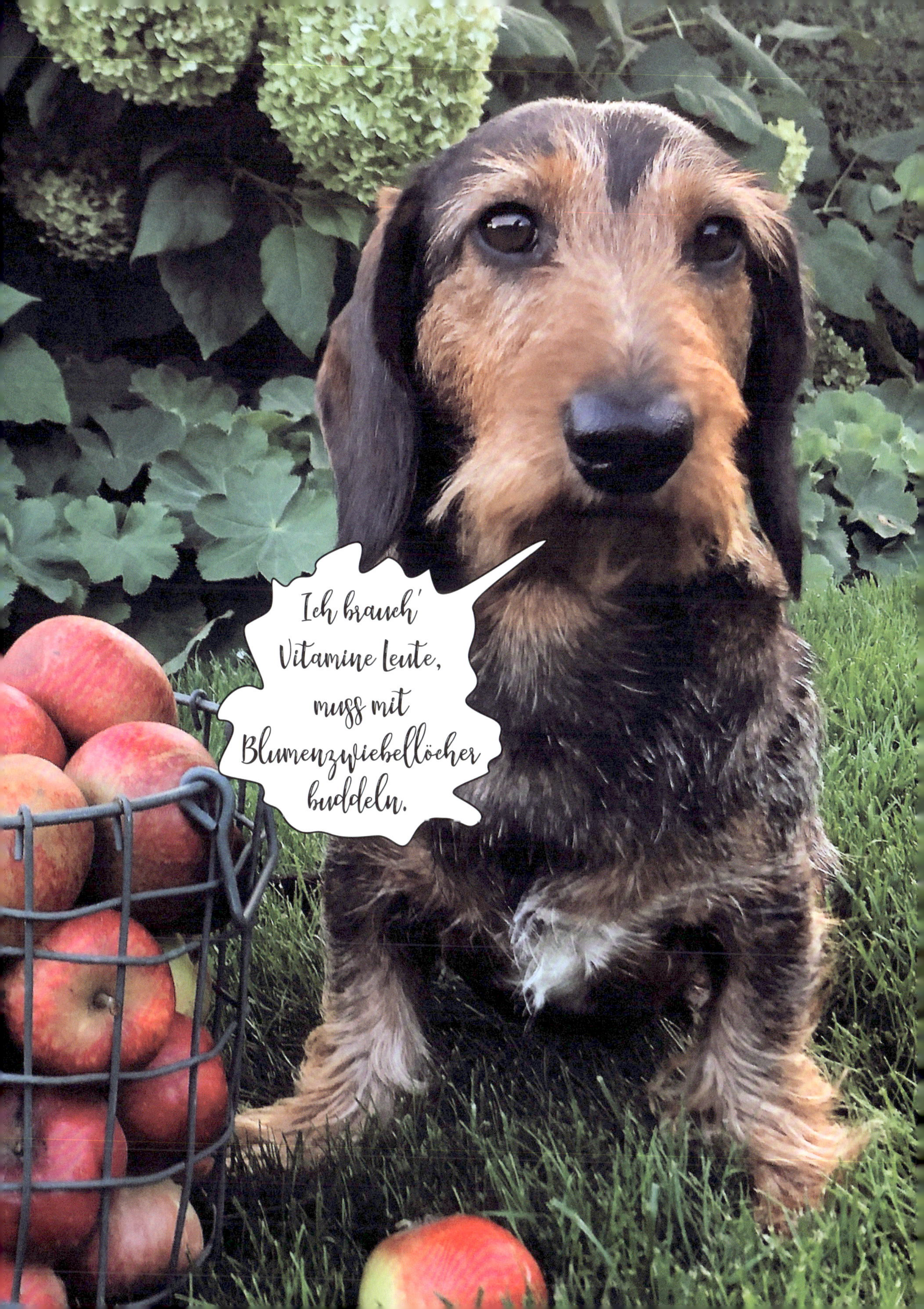
Ich brauch' Vitamine Leute, muss mit Blumenzwiebellöcher buddeln.

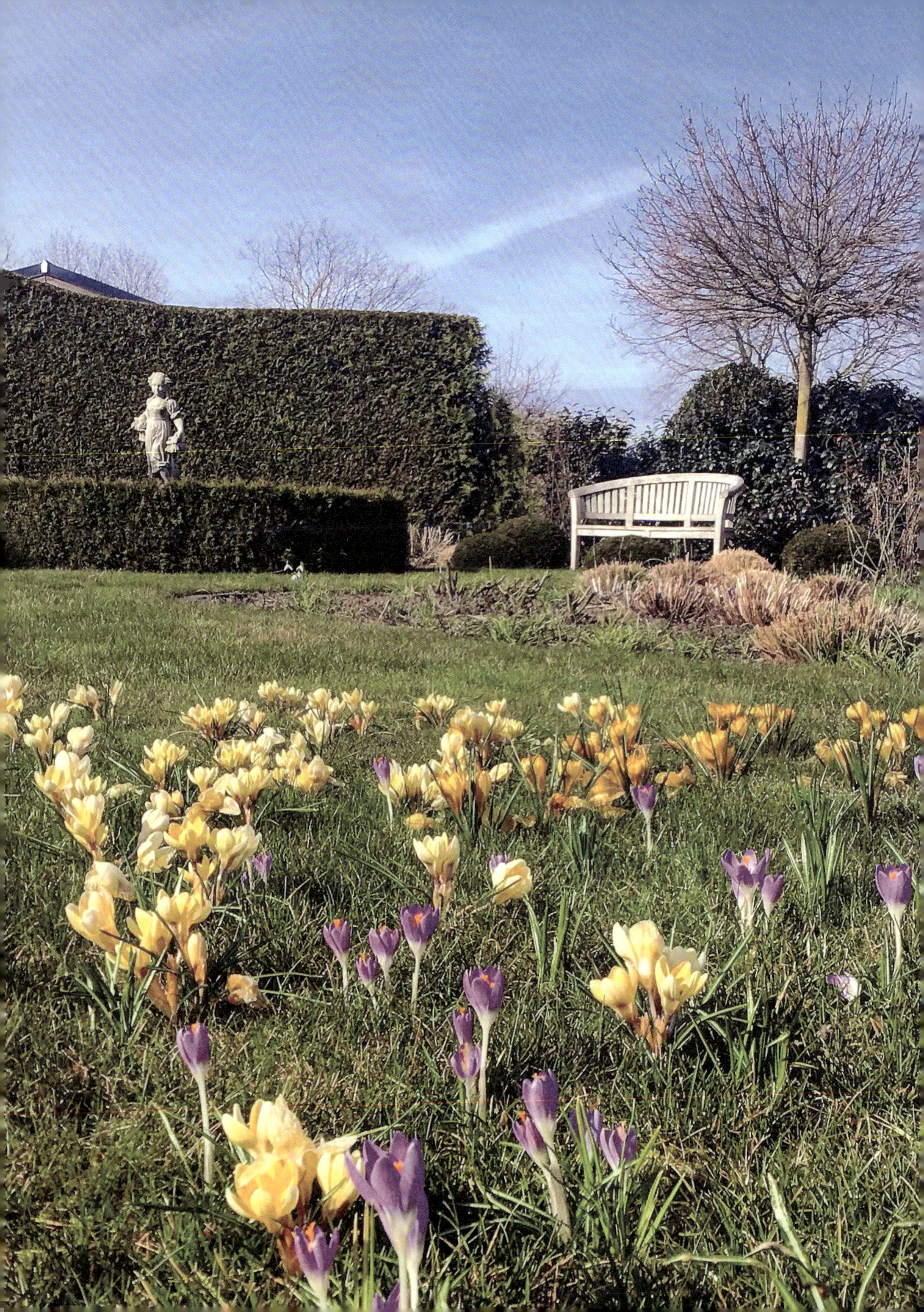

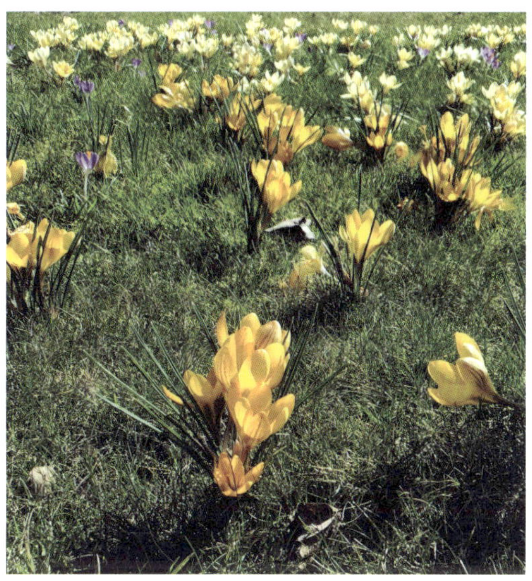

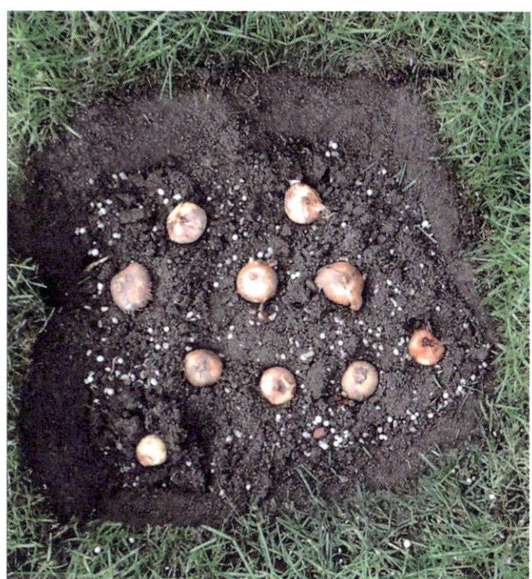

Krokusse im Rasen

Ich setze Blumenzwiebeln nicht nur in Staudenbeete und Töpfe, sondern auch in den Rasen. Hier sind meine Favoriten die Krokusse, da sie sehr früh im Jahr blühen, während der Rasen noch ruht. Zu Beginn der Mähsaison spare ich die Krokus-Inseln aus bis das Grün der Pflanzen vollständig eingetrocknet ist. Später mähe ich an diesen Stellen den Rasen wieder ganz normal.

PFLANZUNG

Mit einem scharfen Spaten steche ich an drei Seiten ein Rasenstück ab und hebe es mit dem Spaten an. Nun streue ich leicht Bodenaktivator in das Loch und setze die gewünschte Anzahl der Krokusse auf den Untergrund. Anschließend lege ich die aufgeklappte Grasnarbe vorsichtig wieder in ihre alte Position und trete das Ganze gut fest. Im letzten Schritt gieße ich an, damit der Rasen wieder einwurzeln kann.

> *Blumenzwiebeln sollten richtig herum gepflanzt werden: also mit der Wurzel nach unten und der Spitze nach oben. Falsch herum gesetzte Zwiebeln werden auch blühen, brauchen aber wesentlich länger, da sie quasi einen Bogen schlagen müssen.*

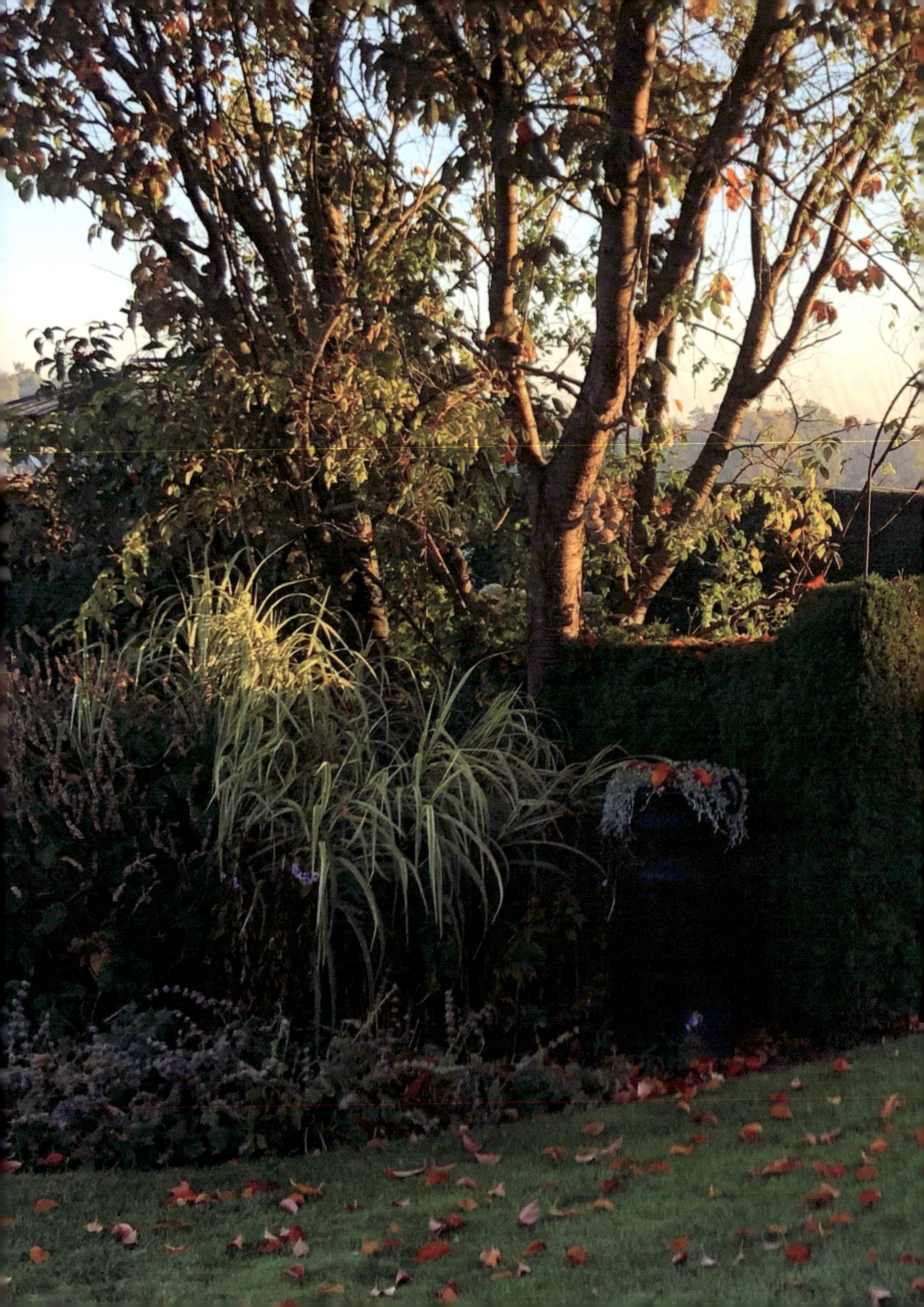

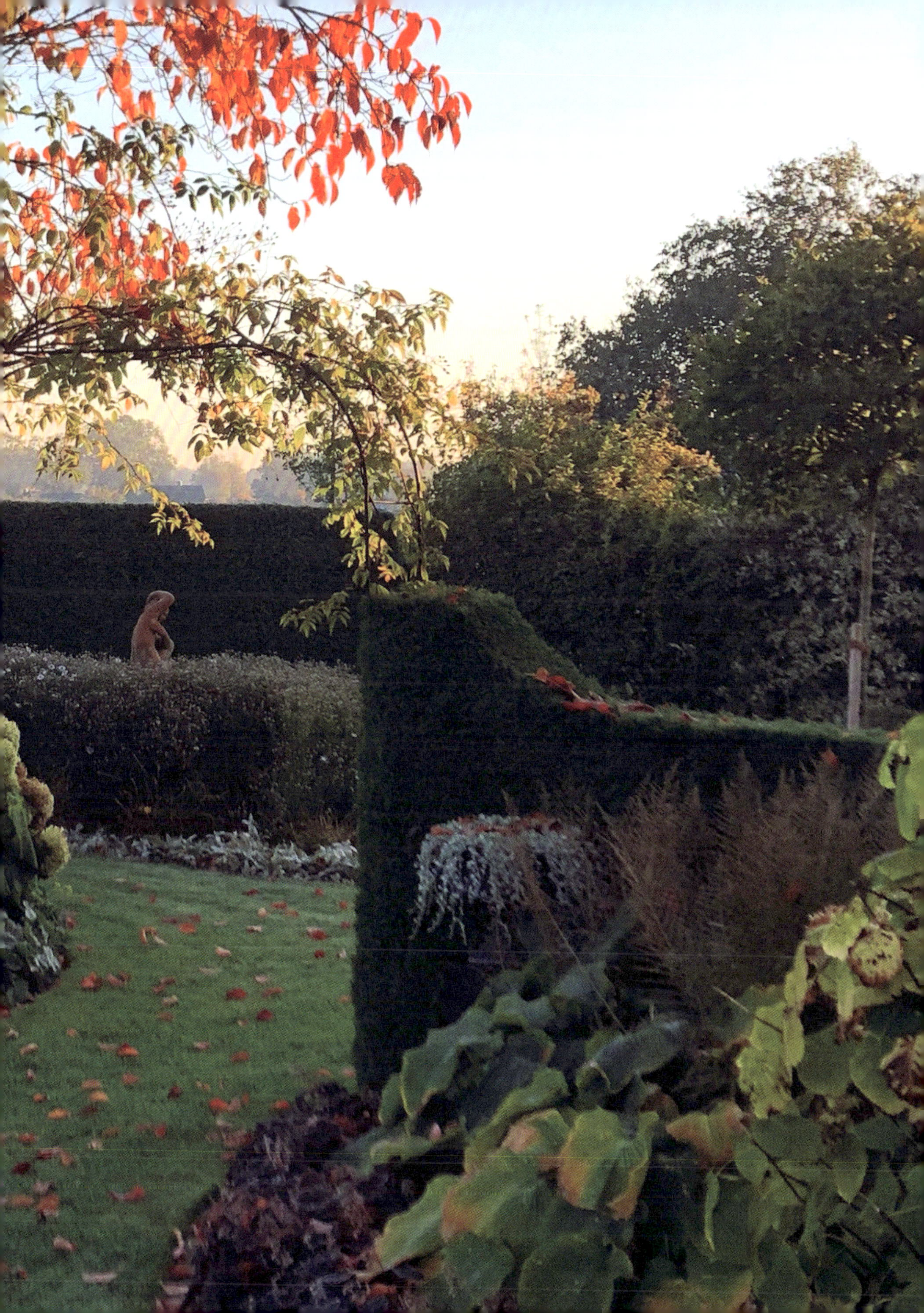

HERBSTLAUB

Das im Garten anfallende Laub von Bäumen und Büschen verwende ich – genauso wie den Rückschnitt im Frühjahr – zum Mulchen meiner Staudenbeete. Hierbei streue ich das anfallende Laub als dünne Schichten zwischen die Stauden ein. Im Laufe der Zeit bildet sich mit Hilfe von Mikroorganismen eine wunderbare Humusschicht. Des Weiteren schützt diese Mulchschicht vor Austrocknung des Bodens, und auch das Unkraut wird unterdrückt.

Das bunte Laub sieht im Herbst auf dem Rasen zwar wunderschön aus, es wird dort aber von mir, im Gegensatz zu den Staudenbeeten, regelmäßig entfernt. Bleibt es nämlich in großen Flächen auf dem Rasen liegen, könnte dieser über den Winter unter der Schicht faulen.

Das Laub sammle ich mit dem Mäher auf hoher Stufe ein. Der Vorteil ist, dass es dabei vor dem Mulchen der Beete schon leicht geschreddert wird.

Aber auch der Laubbesen kommt zum Einsatz, schließlich will Frau ja sportlich muskulös bleiben.

Das anfallende Laub kann gut zum Winterschutz empfindlicher Stauden verwendet werden und bietet so auch gleichzeitig Kleinlebewesen wie Igel und Co einen Unterschlupf.

Meine nur bedingt winterharte Prachtkerze *(Gaura)* schneide ich z. B. jährlich Ende Oktober auf ca. 20 cm runter und decke sie anschließend mit einer dicken Schicht aus Laub ab.

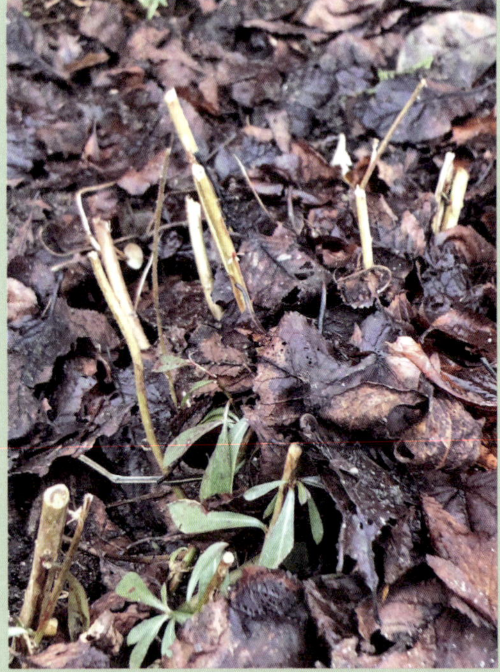

EXTRATIPP: RINDENMULCH

- Wer mit Rindenmulch seine Staudenbeete abdeckt, sollte vor dem Mulchen unbedingt eine Schicht Langzeitdünger in Form von Hornspänen ausbringen. Rindenmulch benötigt für seine Zersetzung viel Stickstoff, diesen zieht er sich aus dem Boden. Damit für die vorhandenen Pflanzen aber noch genug bleibt, ist die Ausgleichsdüngung mit Hornspänen wichtig. Eure Pflanzen werden sonst gelb und fangen an zu mickern!
- Ich persönlich rate immer zu Rindenhumus. Diese Form des Rindenmulches ist schon verrottet und entzieht dem Boden keinen Stickstoff mehr.

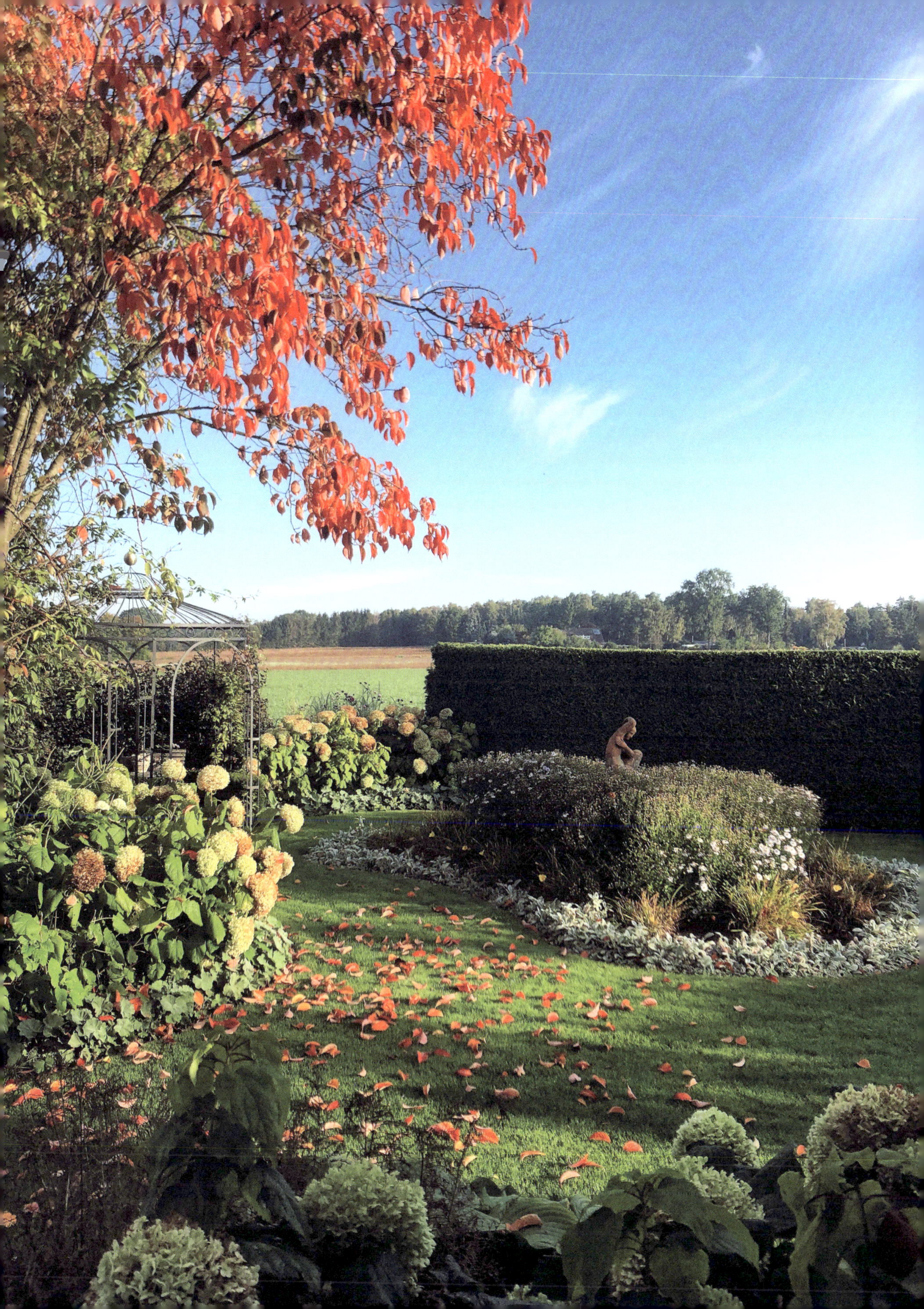

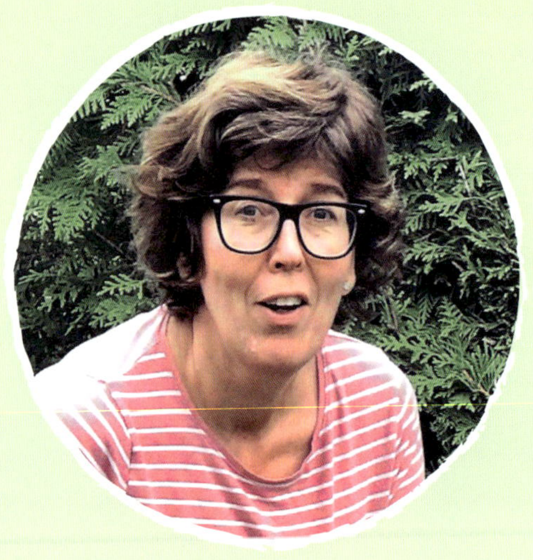

KATRINS METHODE

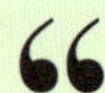

Laub vom Walnussbaum würde ich nicht zum Mulchen verwenden. Es verrottet nur sehr, sehr langsam und enthält Gerbsäure. Stauden und Blumenzwiebeln kann das zum Verhängnis werden.

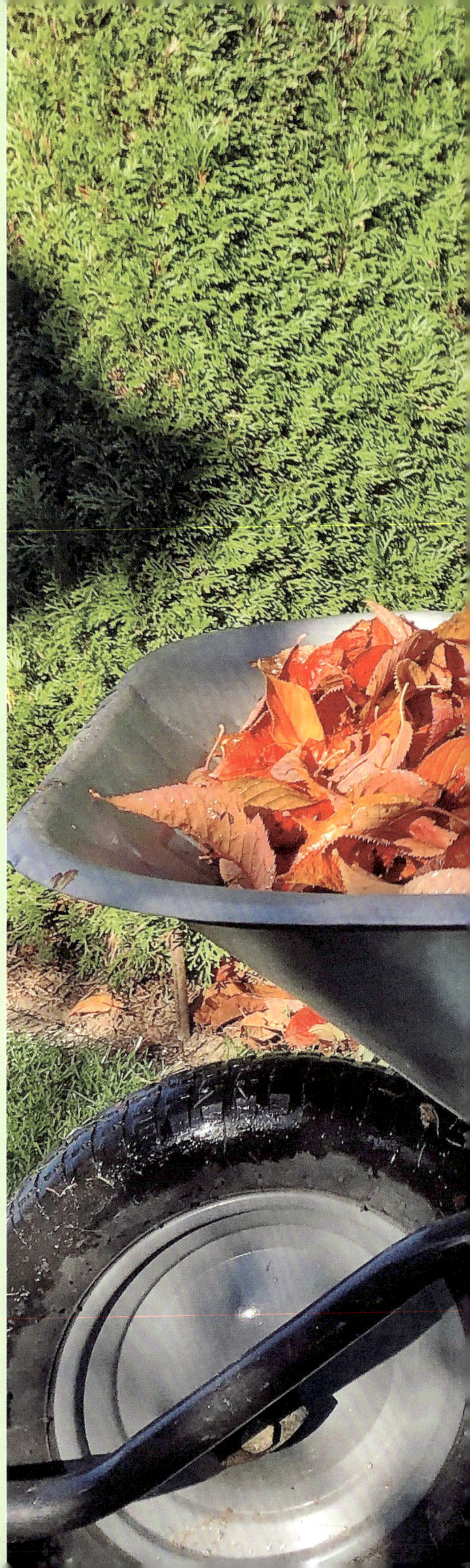

”

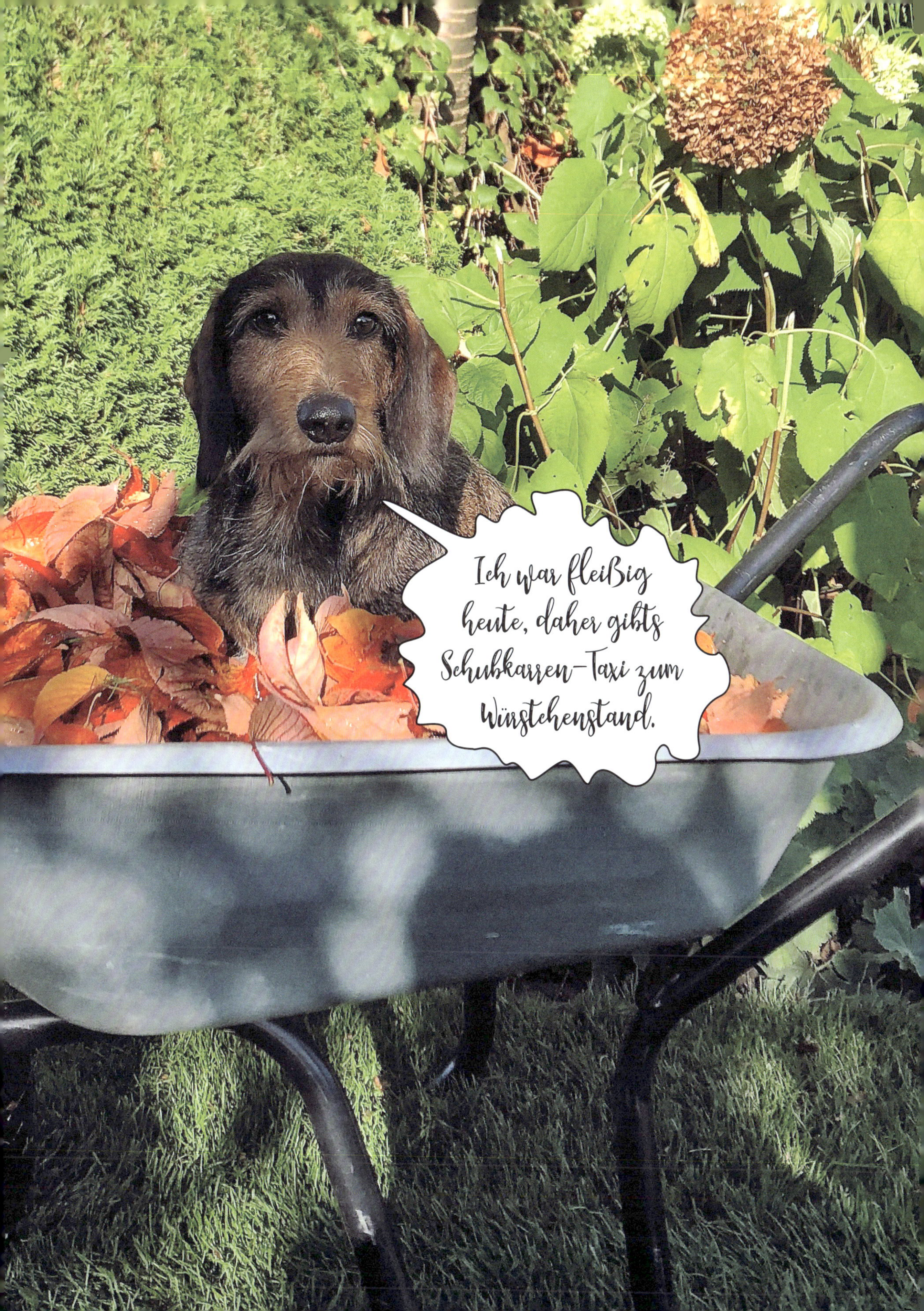
Ich war fleißig heute, daher gibts Schubkarren-Taxi zum Würstchenstand.

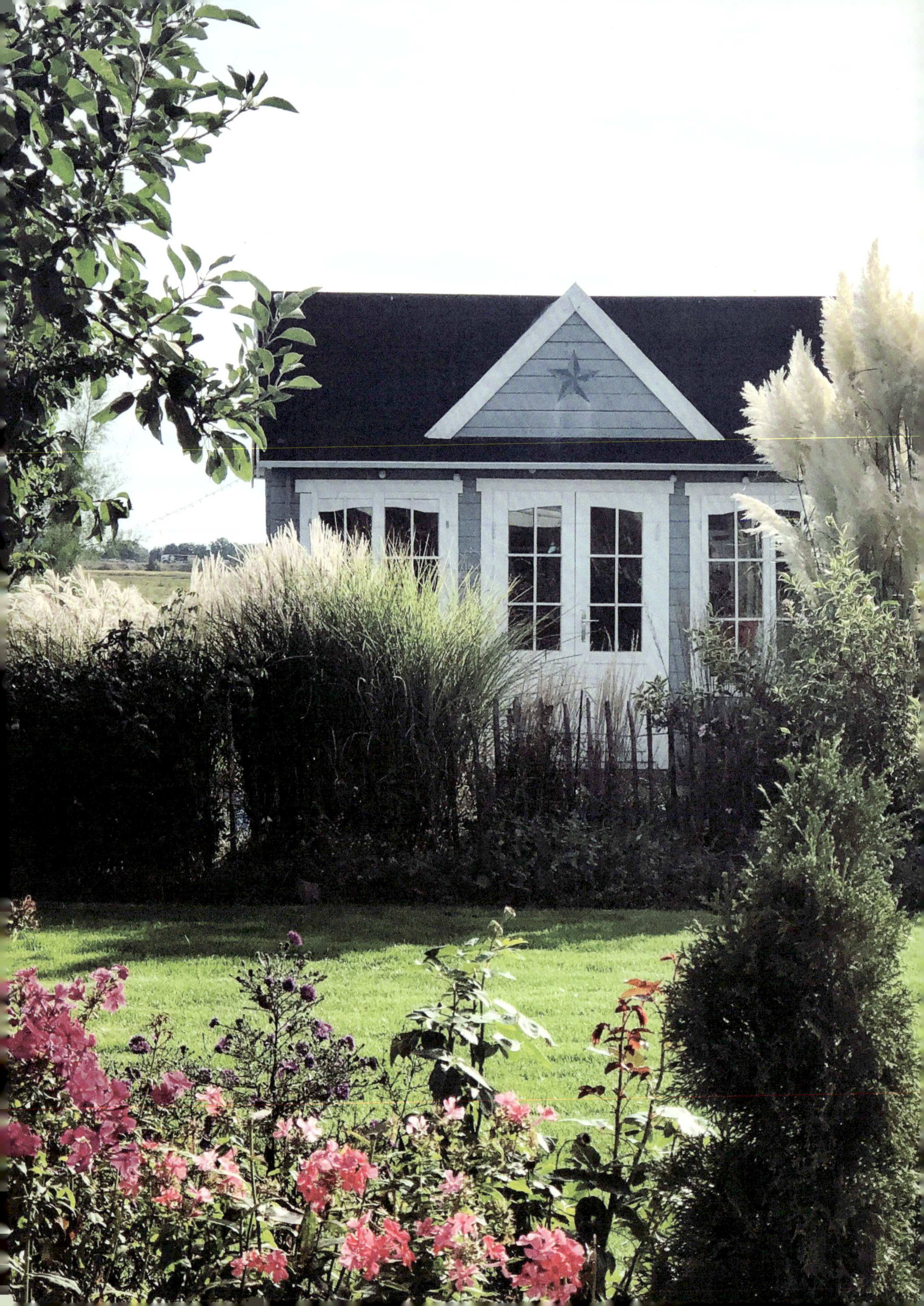

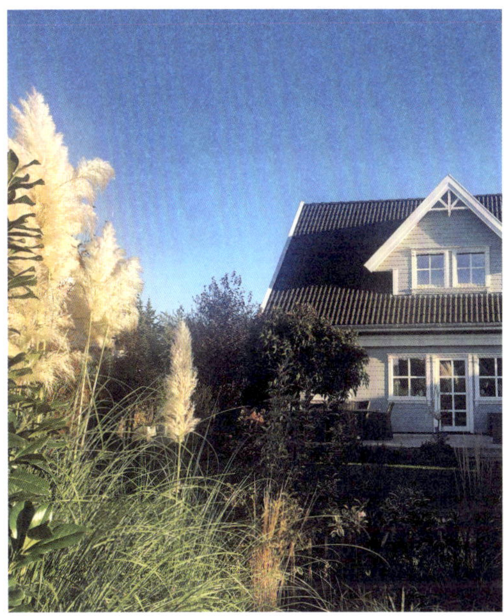

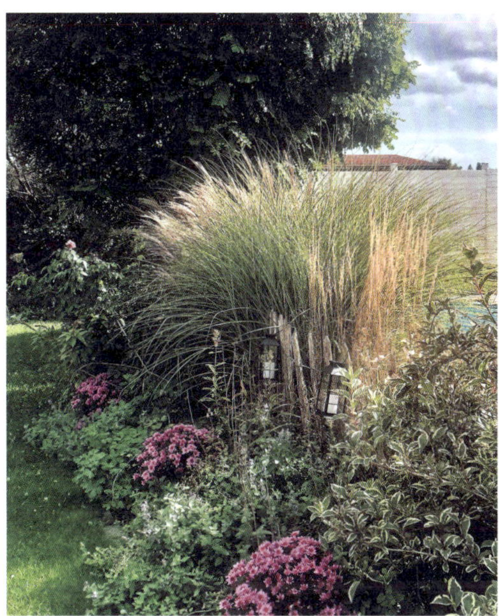

Gräser im Garten

Im Herbst haben die Gräser ihren großen Auftritt. Während viele Stauden bereits verblüht sind, geben die Gräser jetzt so richtig Gas. Sie sind ideale Pflanzpartner für Stauden wie Phlox und Astern, aber auch Rosen. Gräser machen die Beete durch ihre Blattstruktur interessant und bezaubern mit ihren Ähren. Es gibt sie in unterschiedlichen Höhen sowie horst- oder ausläuferbildend.

BESONDERE SORTEN

Als niedrige Sorten, die ich beispielsweise am Pool gepflanzt habe, verwende ich die sogenannte Japan-Segge (*Carex morrowii* 'Silver Sceptre'), die mit ihren grün-weißen Blättern sehr anspruchslos und pflegeleicht ist. Allerdings sollte man ihr unbedingt eine Wurzelsperre verpassen, da sie die zuvor erwähnten Ausläufer bildet.

Ebenfalls für den Beetvordergrund verwende ich das unkomplizierte Lampenputzergras (*Pennisetum alopecuroides* 'Hameln'), welches man aber alle paar Jahre teilen sollte, damit es nicht blühfaul wird.

Neben verschiedenen Chinaschilf-Arten und -Sorten *(Miscanthus)* wie 'Kleine Feder', 'Gracillimus' und 'Flamingo' hat bei uns das Pampasgras (*Cortaderia selloana* 'Weiße Feder') vor unserem Poolhaus den großen Auftritt. Jedes Jahr im Herbst erscheinen die charakteristischen großen, weißen Puschel, die in der Sonne wunderschön leuchten.

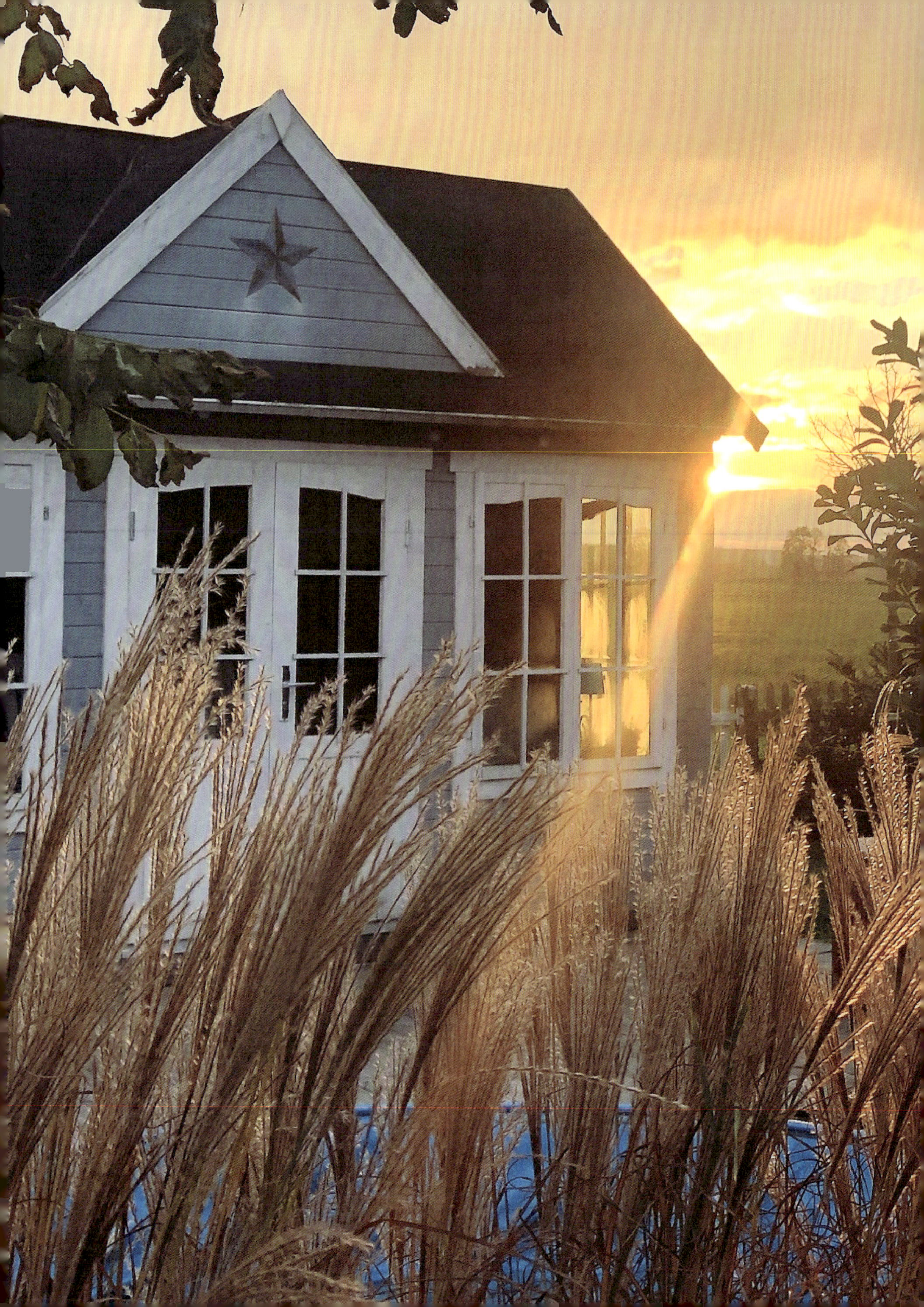

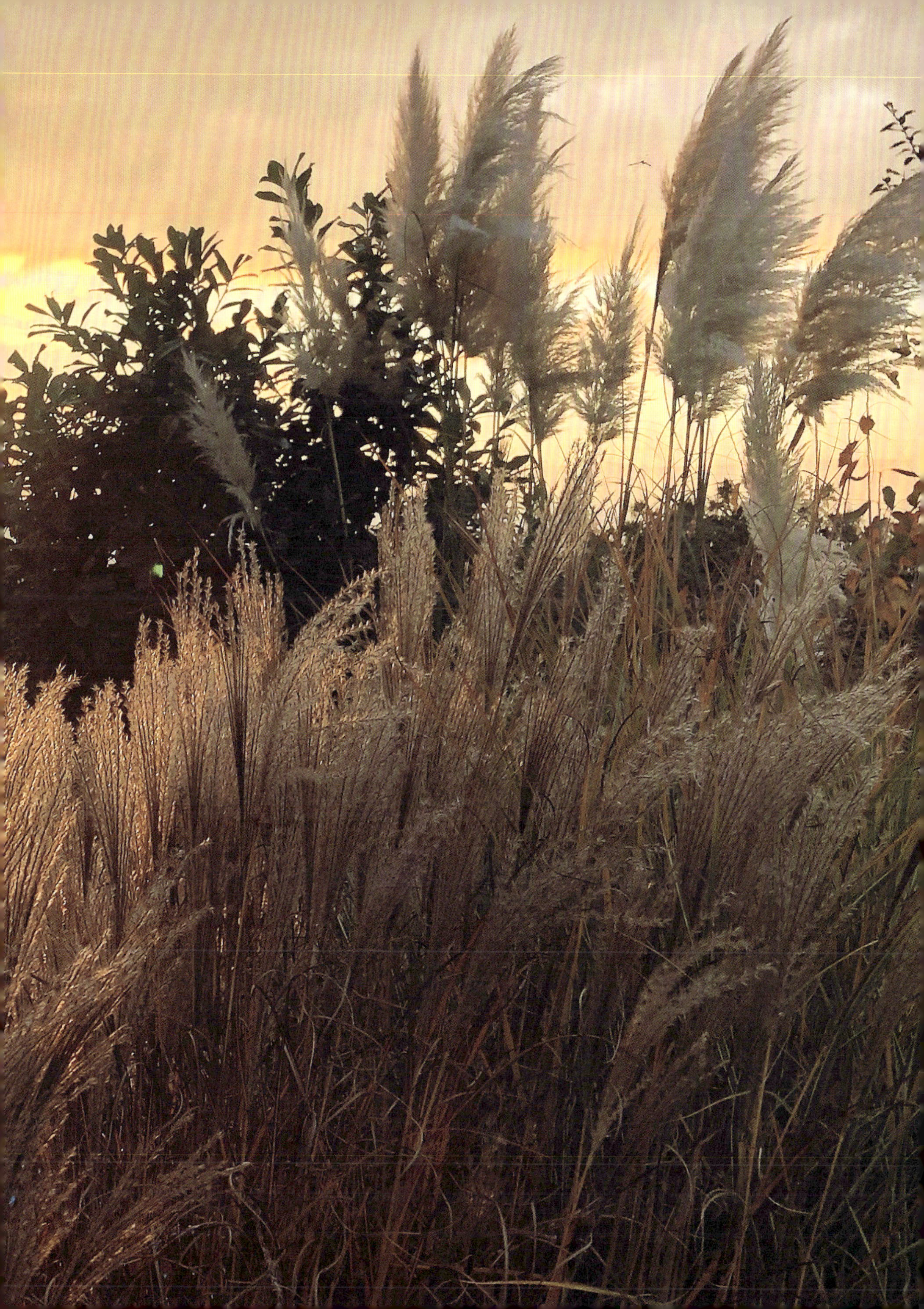

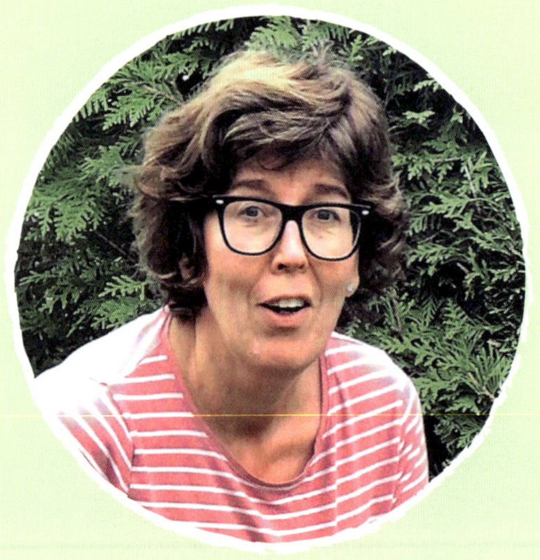

KATRINS METHODE

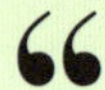

Meine Gräser binde ich entgegen der landläufigen Empfehlung im Winter nicht zusammen und habe damit sehr gute Erfahrungen gemacht. Im Frühjahr schneide ich vor dem Austrieb alle Gräser herunter. Dann ist auch der ideale Zeitpunkt für die Vermehrung in Form von Teilung.

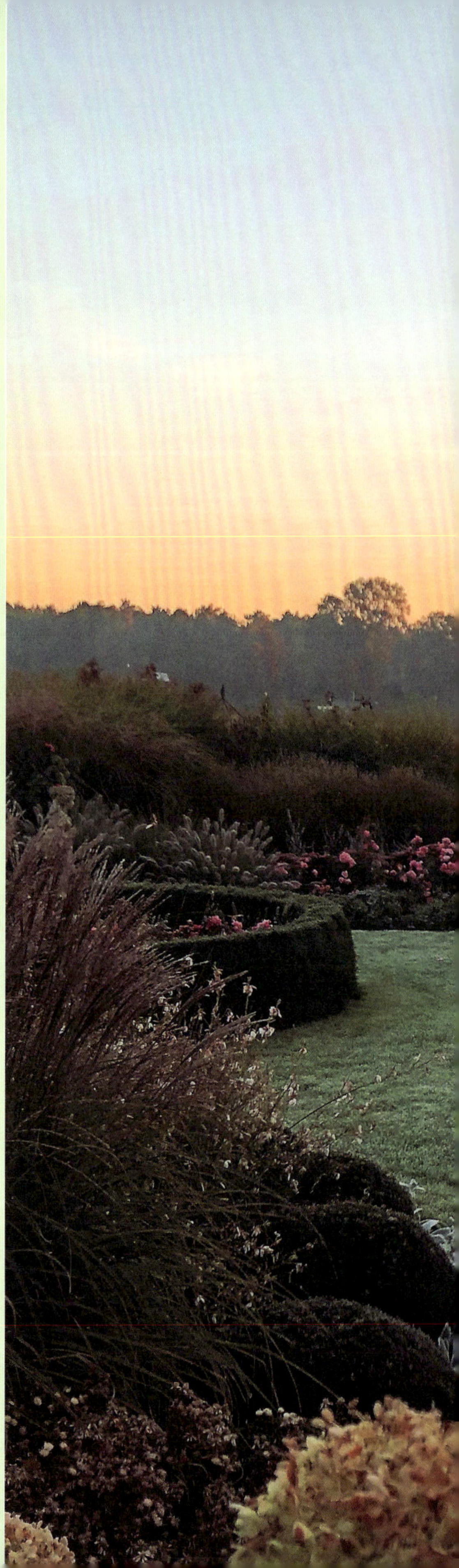

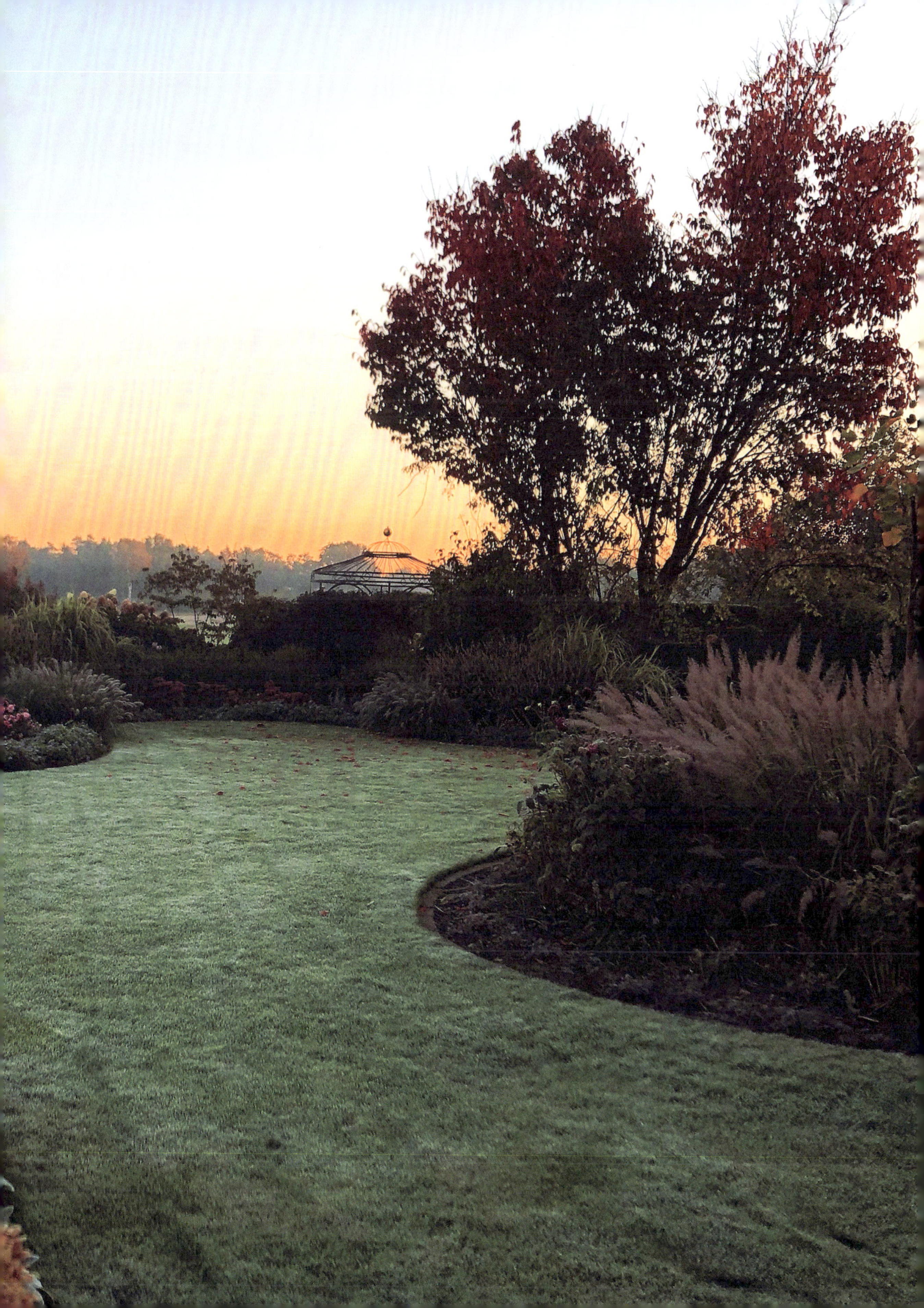

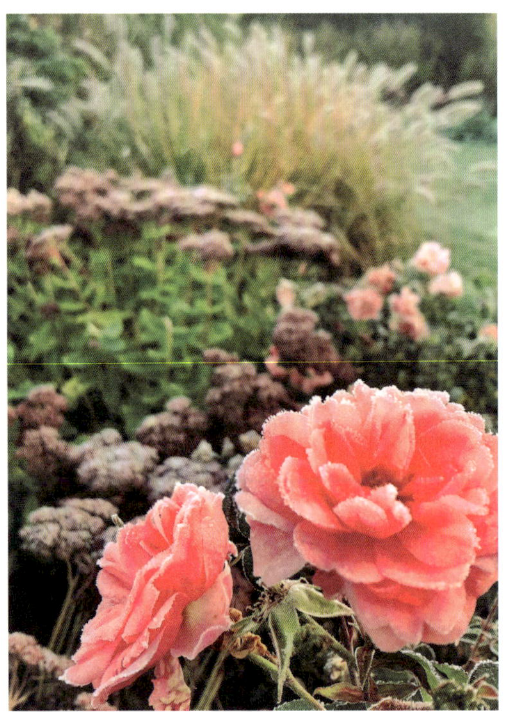

STAUDEN OHNE SCHNITT

Ich persönlich schneide meine Staudenbeete im Herbst nicht zurück. Die meisten Pflanzen sind zwar verblüht, sehen aber insbesondere, wenn der Raureif drüber liegt, zauberhaft aus.

Des Weiteren sind die vertrockneten Pflanzenteile ein natürlicher Winterschutz und bieten Igeln und Kleinlebewesen Unterschlupf. Auch für die Vögel sind die vertrockneten Samenstände im Winter eine wichtige Nahrungsquelle.

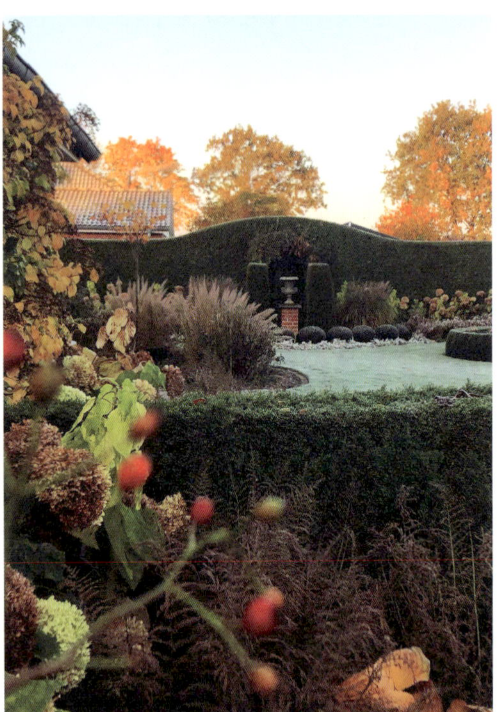

HERBSTSCHNITT BEI BÄUMEN UND STRÄUCHERN

Für Bäume und Sträucher ist der Spätherbst dagegen ideal, um sie etwas zurückzuschneiden oder in Form zu bringen. An frostfreien, bedeckten Tagen entferne ich kranke und brüchige Triebe.

Nach Abwurf der Blätter bringe ich auch den Kugel-Ahorn in unserem Hof in Form. Ebenso schneide ich Anfang Oktober meine immergrünen Hecken und Eibenkugeln nochmals ordentlich in Form, denn laut Deutscher Gesetzgebung dürfen Hecken zwischen dem 1. März und dem 30. September eines Jahres nicht geschnitten werden. Lediglich sanfte Schnittmaßnahmen sind erlaubt. Brütende Vögel sollen so geschützt werden.

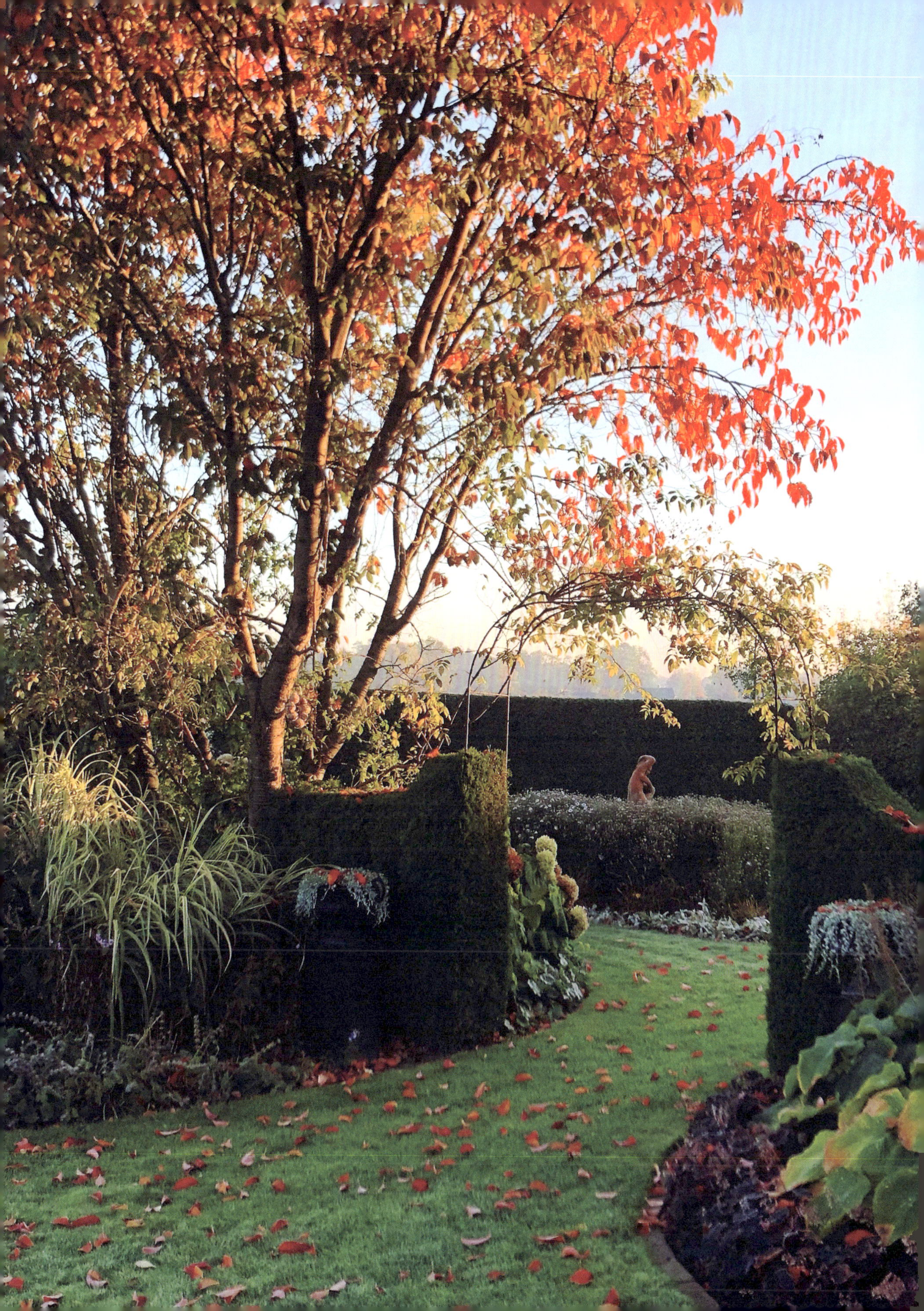

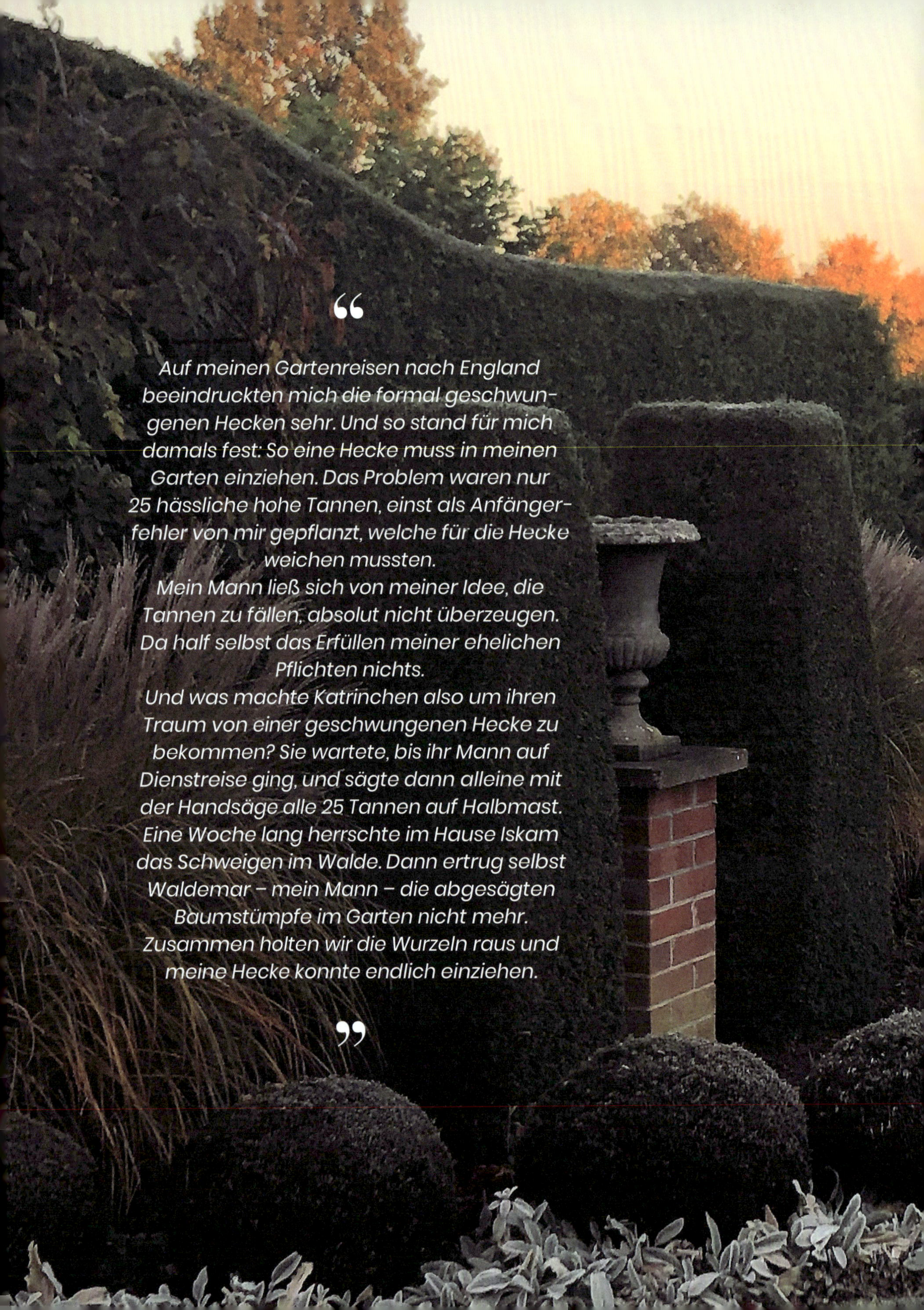

“

Auf meinen Gartenreisen nach England beeindruckten mich die formal geschwungenen Hecken sehr. Und so stand für mich damals fest: So eine Hecke muss in meinen Garten einziehen. Das Problem waren nur 25 hässliche hohe Tannen, einst als Anfängerfehler von mir gepflanzt, welche für die Hecke weichen mussten.
Mein Mann ließ sich von meiner Idee, die Tannen zu fällen, absolut nicht überzeugen. Da half selbst das Erfüllen meiner ehelichen Pflichten nichts.
Und was machte Katrinchen also um ihren Traum von einer geschwungenen Hecke zu bekommen? Sie wartete, bis ihr Mann auf Dienstreise ging, und sägte dann alleine mit der Handsäge alle 25 Tannen auf Halbmast. Eine Woche lang herrschte im Hause Iskam das Schweigen im Walde. Dann ertrug selbst Waldemar – mein Mann – die abgesägten Baumstümpfe im Garten nicht mehr. Zusammen holten wir die Wurzeln raus und meine Hecke konnte endlich einziehen.

”

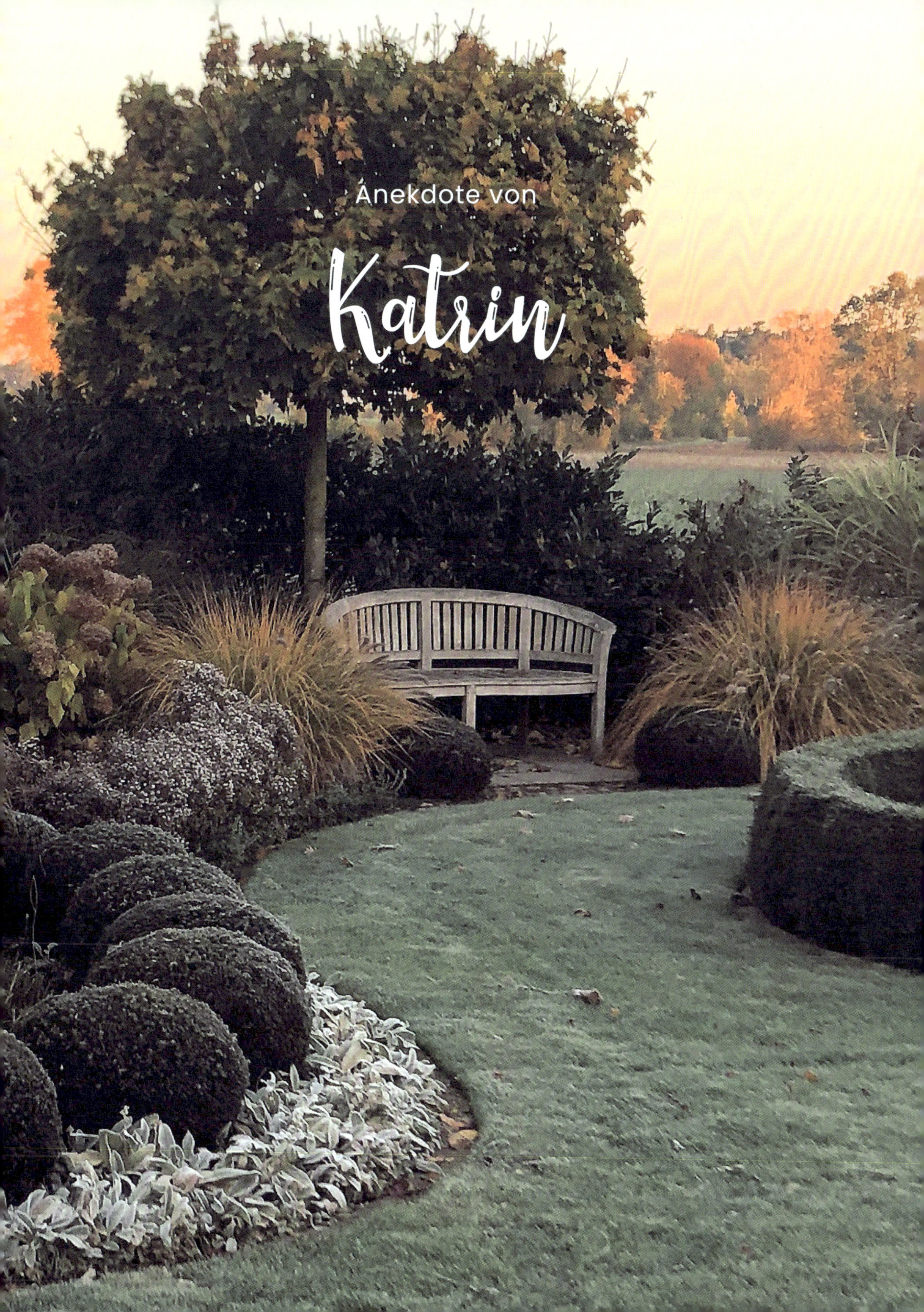

Anekdote von

Katrin

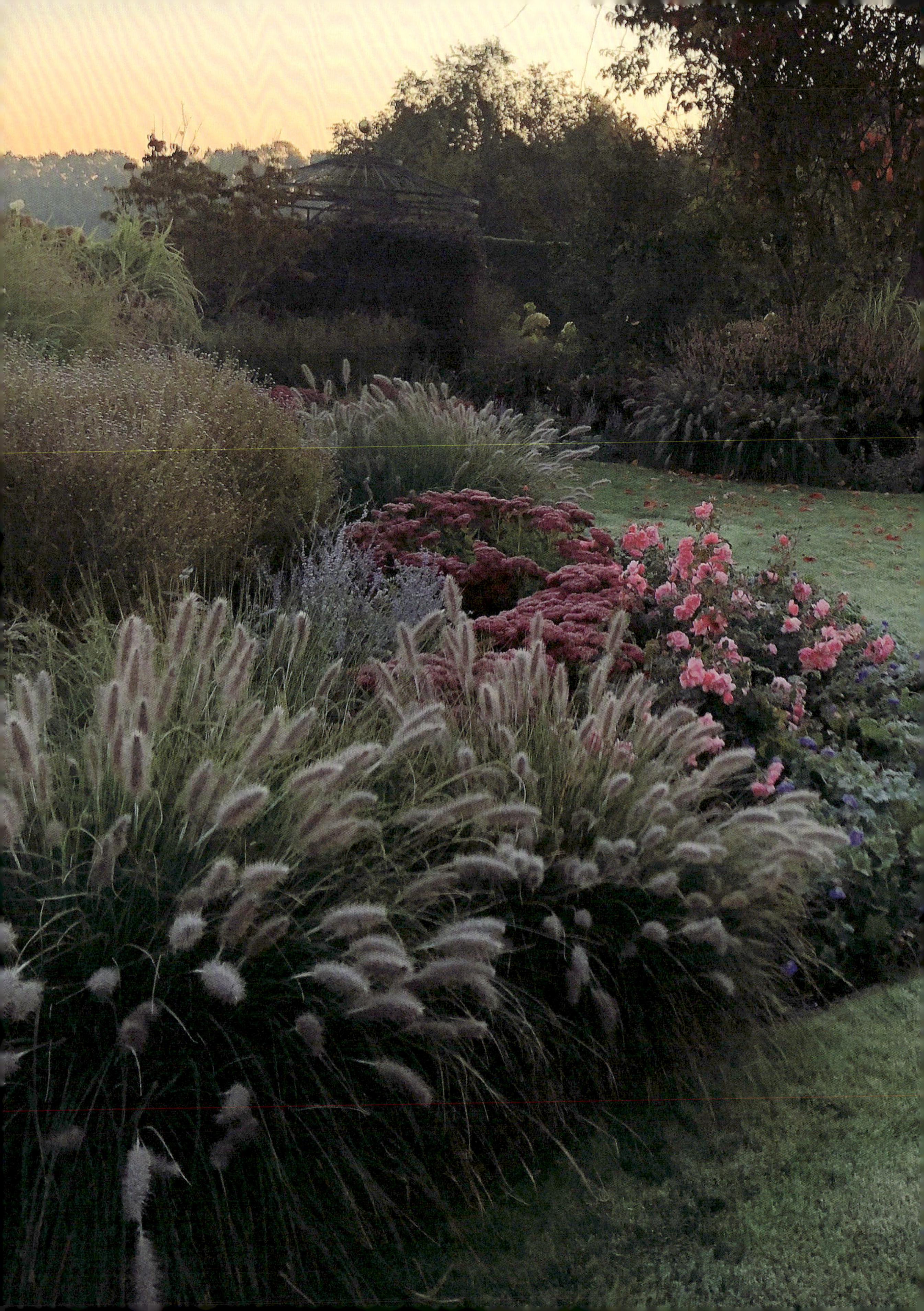

Pflanzplan #3

GROSSER BORDER

Sonne

PFLANZENLISTE

① Storchschnabel 'Rozanne' (*Geranium*-Hybride)

② Beetrose 'Bonica 82' (*Rosa*)

③ Hohe Fetthenne 'Herbstfreude' (*Sedum Telephium*-Hybride)

④ Blauraute 'Little Spire' (*Perovskia atriplicifolia*)

⑤ Schönaster 'Charlotte' (*Kalimeris incisa*)

⑥ Sommer-Phlox 'Düsterlohe' (*Phlox paniculata*)

⑦ Lampenputzergras 'Hameln' (*Pennisetum alopecuroides*)

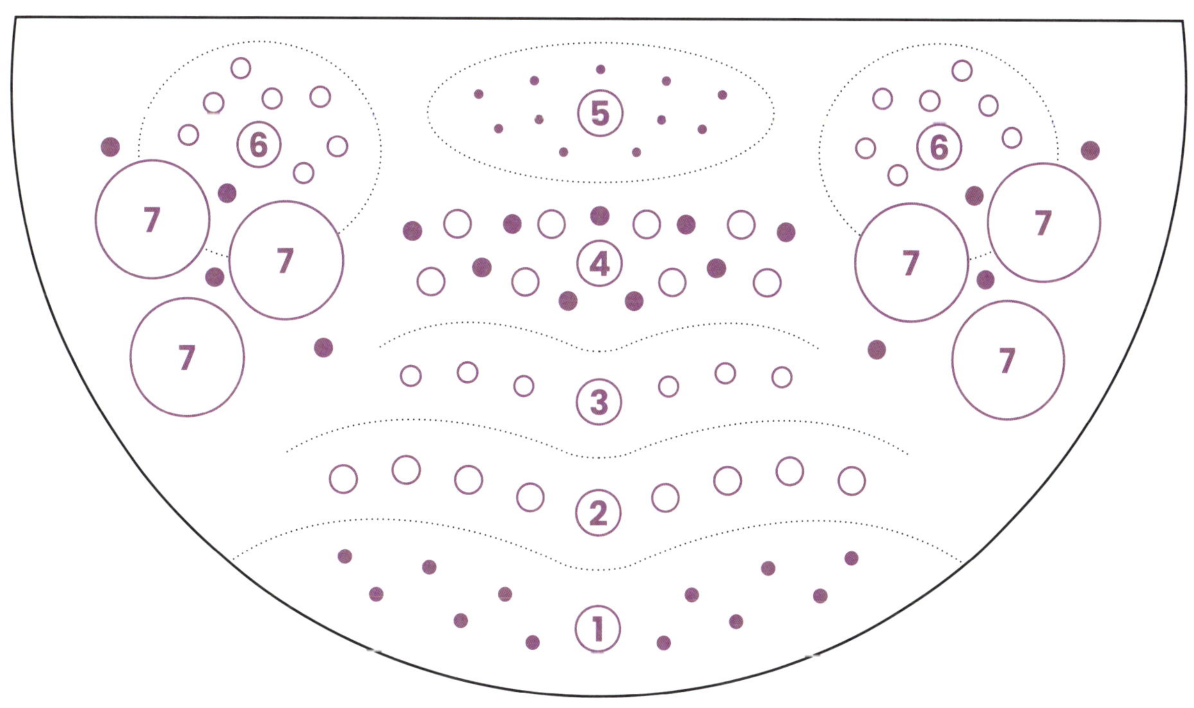

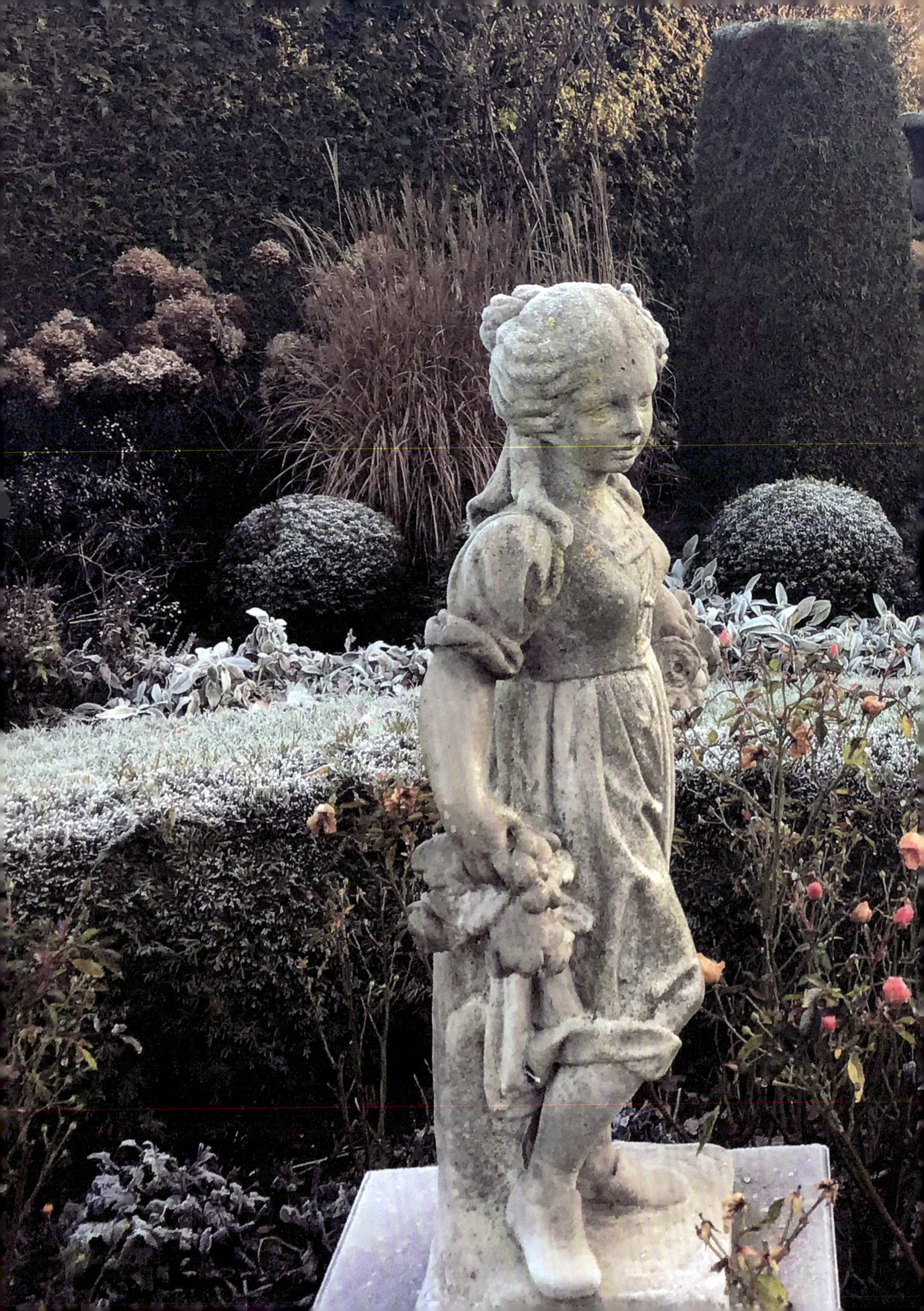

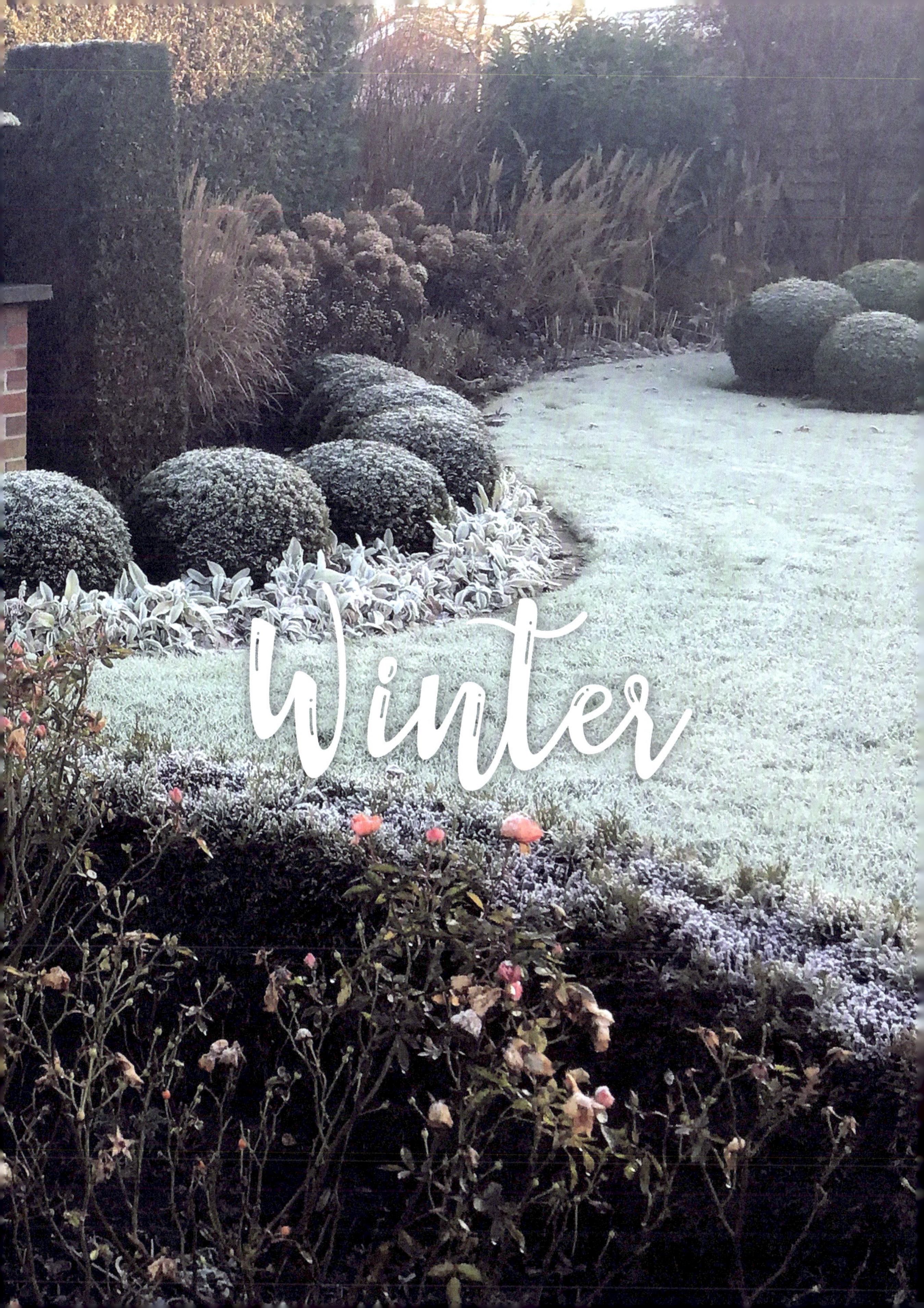
Winter

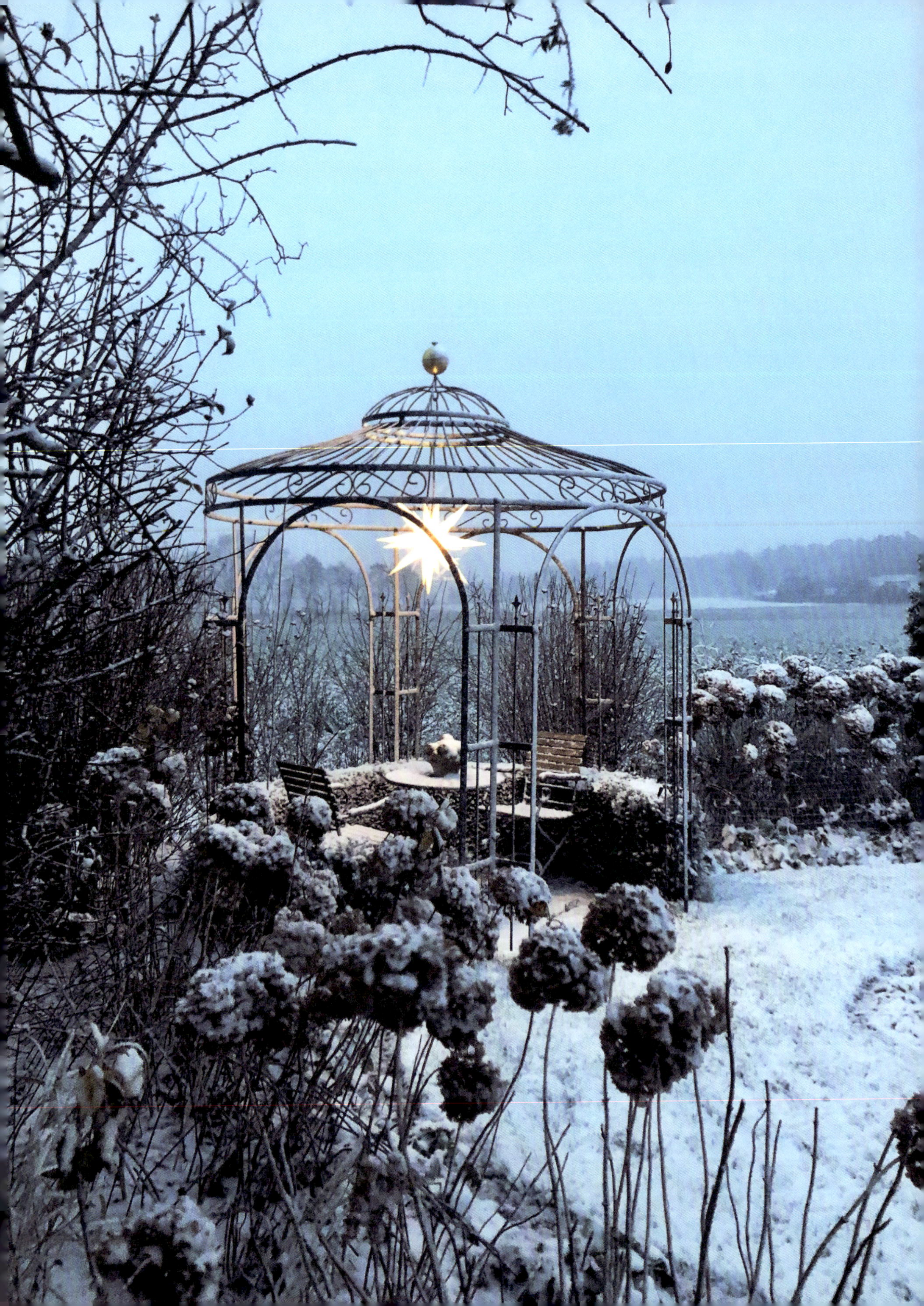

WINTER

Arbeiten im Garten

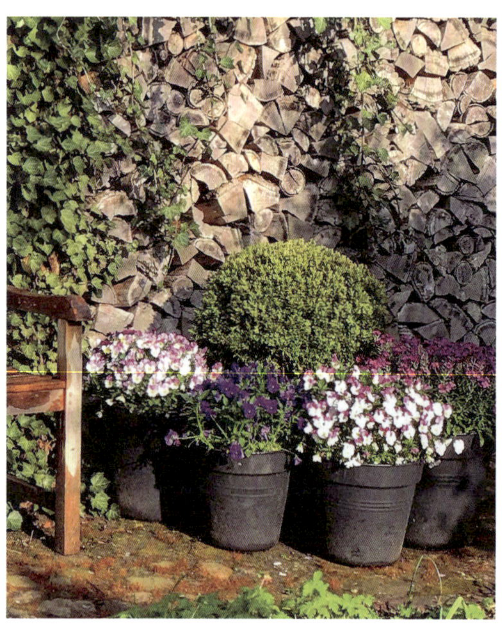

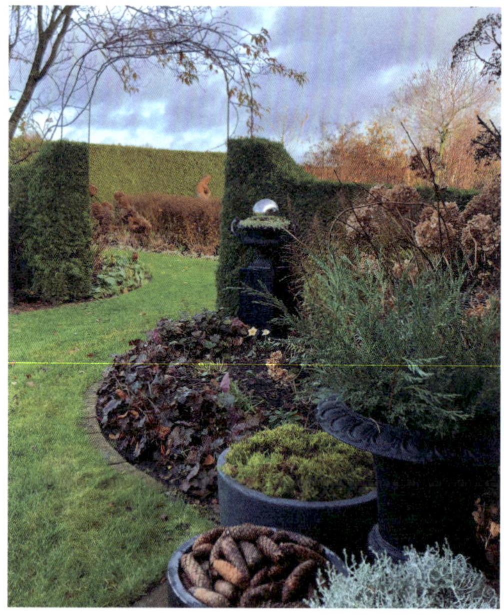

KAHLE FUNKIEN-TÖPFE KASCHIEREN

Meine im Winter kahlen Funkien-Töpfe kaschiere ich seit Jahren mit Moos, Tannenzweigen, Zapfen und Stacheldrahtpflanzen. Hierfür schneide ich das unansehnliche Laub der Funkien *(Hosta)* runter und setze die Stacheldrahtpflanzen einfach locker oben drüber. Die Funkien sind jetzt im Winterschlaf und stören sich nicht an den kurzzeitigen Mitbewohnern.

Im zeitigen Frühling tausche ich die winterliche Überbrückungsdeko gegen Hornveilchen aus, sie zieren mit leuchtenden Farben die leeren Funkien-Töpfe bis zu deren Austrieb Anfang Mai. Auch hier setze ich die Hornveilchen einfach locker über die Funkien und versorge sie wöchentlich mit Wasser. Blitzen Anfang Mai die ersten Spitzen der Funkien durch die Hornveilchen, ziehe ich diese heraus.

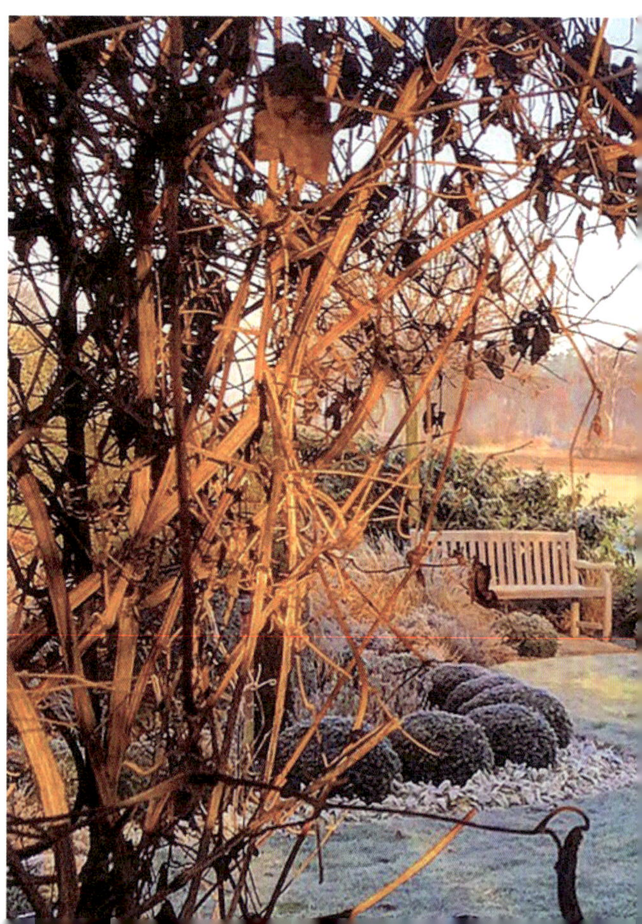

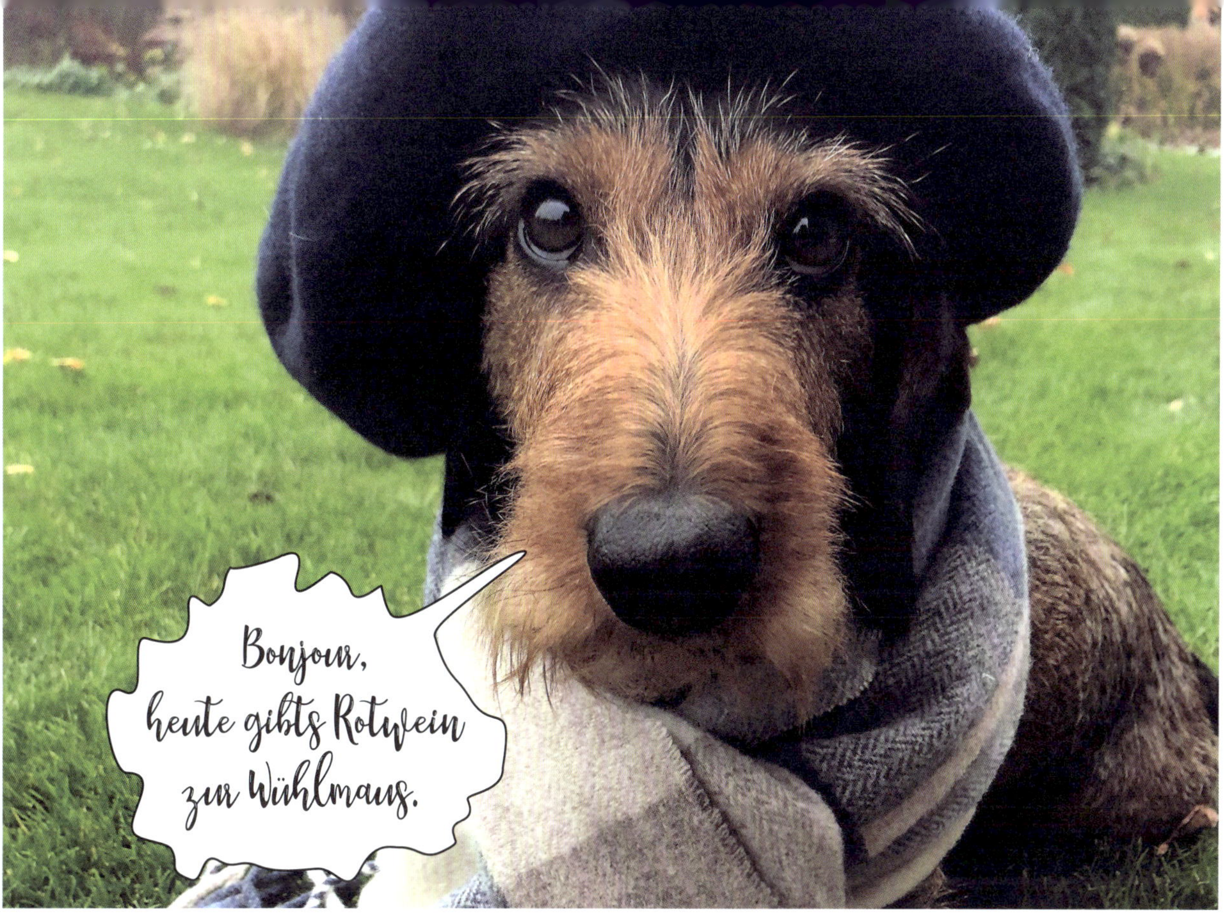

Bonjour,
heute gibts Rotwein
zur Wühlmaus.

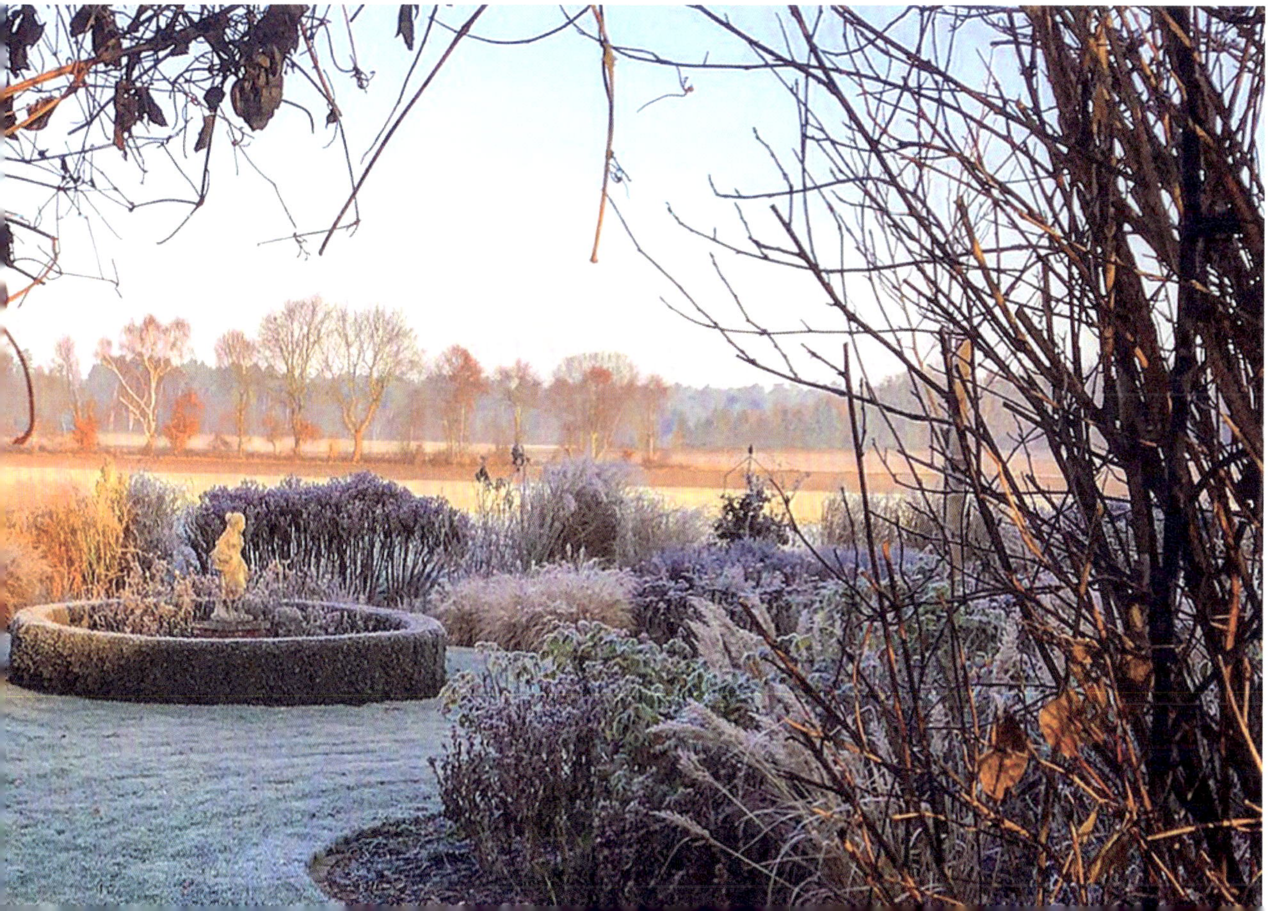

BETONKUGELN MIT MOOS

Wenn Blüten und Farben im Winter in den Hintergrund treten, kommen Dekoelemente im Garten plötzlich besser zur Geltung.

Meine gegossenen Zementkugeln haben eine schöne Patina aus Moos bekommen. Diesen Alterungsprozess habe ich mit einem Anstrich aus Buttermilch beschleunigt. Durch diesen Anstrich erhalten Algen und Pilze auf der Betonoberfläche die gewünschten Nährstoffe und Wasser. Beides ist für ein schnelles Wachstum von Algen, Moosen und Pilzen wichtig.

Die Kugeln liegen bei mir im Schatten bzw. Halbschatten, denn Moose und Pilze mögen keine volle Sonne. Auch feuchte Stellen im Garten eignen sich hervorragend.

Unglasierte Keramik, Ton, Beton oder Naturstein sind Voraussetzung für das natürliche Altern und Wachsen von Moos auf Deko oder Töpfen!

STRUKTURPFLANZEN

Immergrüne Formschnittgehölze und -hecken geben dem Garten ganzjährig Struktur. Aber gerade jetzt im Winter, wenn laubabwerfende Gehölze und Stauden in den Hintergrund treten, haben sie ihren großen Auftritt.

Aber nicht nur der Optik wegen sollten Immergrüne im Garten nicht fehlen. Sie bieten nämlich auch zahlreichen Insekten, Vögeln und Kleintieren einen Lebensraum über das Gartenjahr.

Des Weiteren kann so eine sommer- und wintergrüne Hecke die FKK-Fans im Garten vor den neugierigen Blicken der Nachbarn schützen.

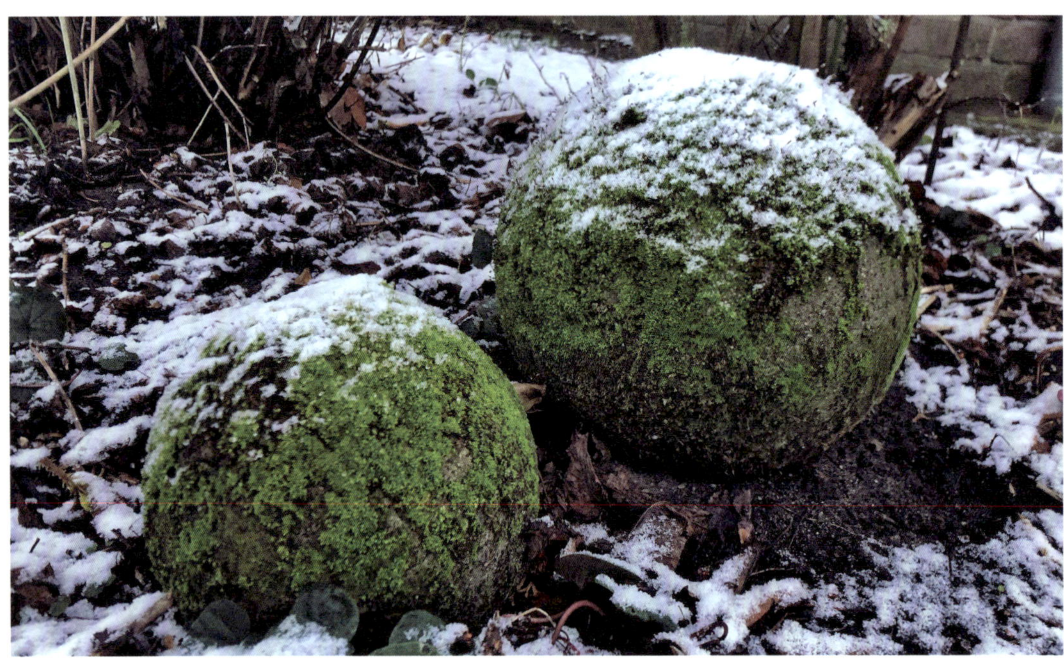

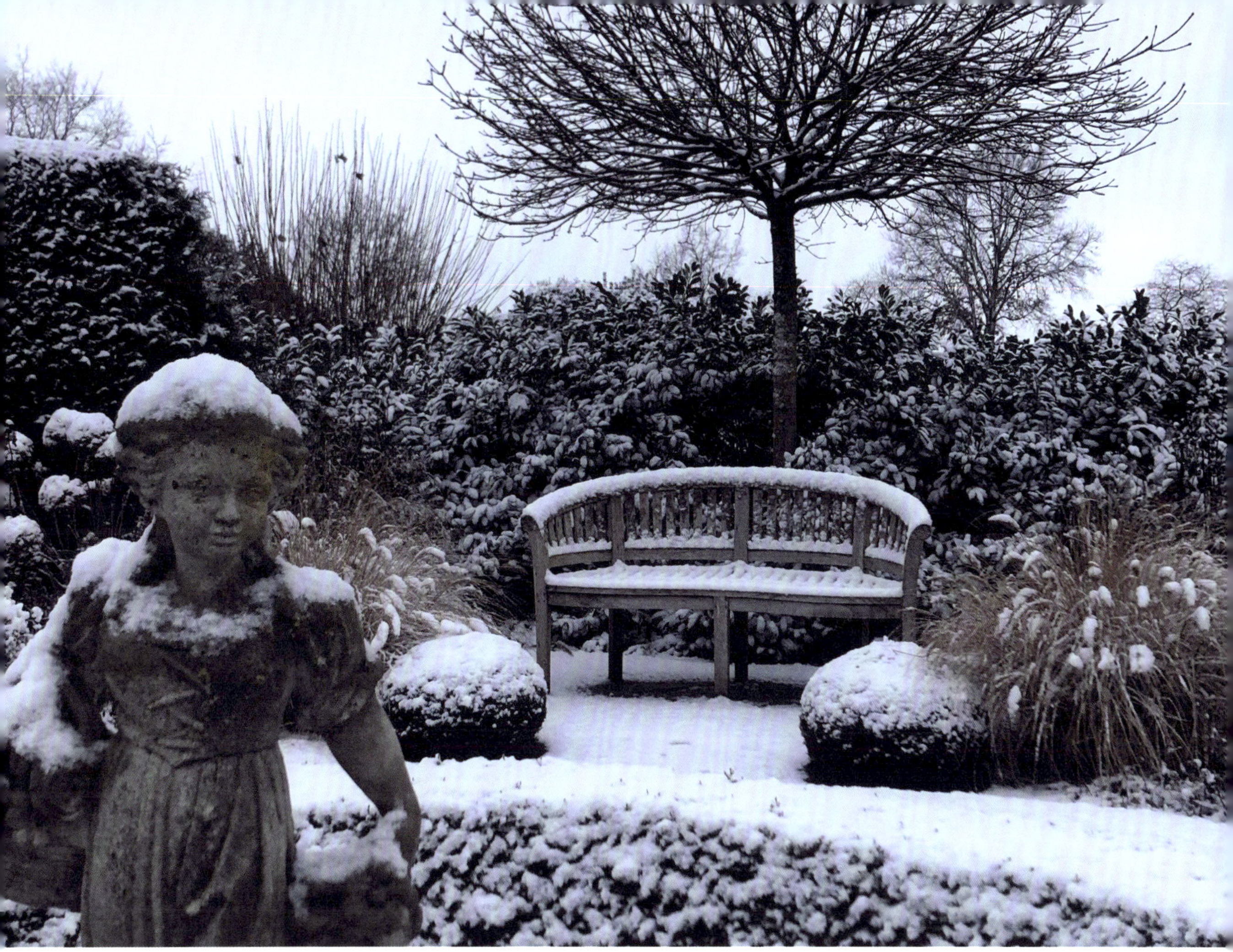

EXTRATIPP: SCHNEEBRUCH

- Kommt es im Winter zu hohen Schneemengen, besteht an Hecken und Formschnittkugeln die Gefahr von Schneebruch.
- Der nasse Schnee baut mit der Zeit ein erhebliches Gewicht auf, welches die Zweige nach unten drückt oder brechen lässt.
- Mit Handfeger oder Besen befreie ich daher die Immergrünen dann von zu viel Schnee. Wenn es nötig ist, schüttelt Frau auch mal ordentlich am Geäst.

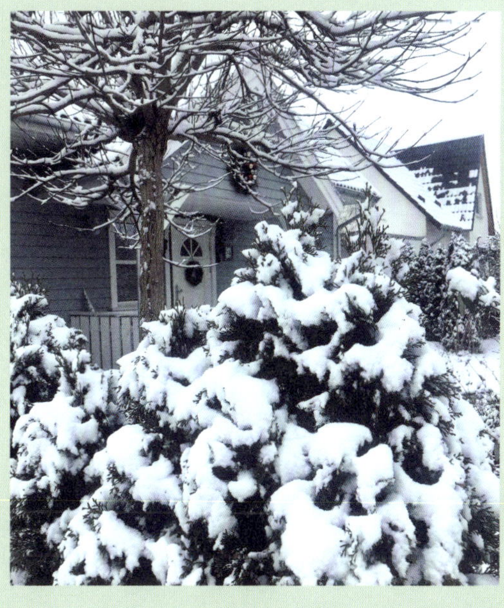

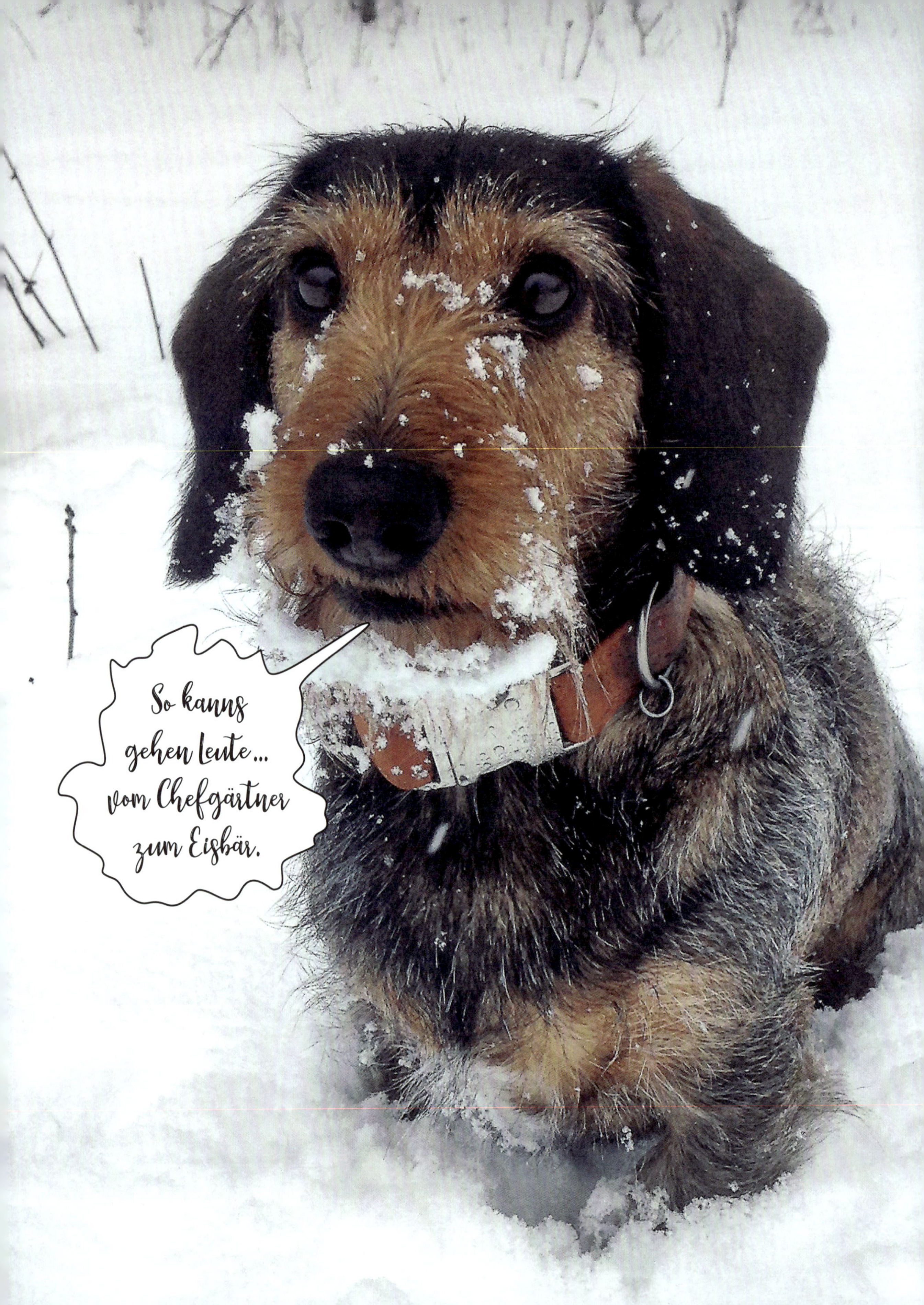
So kanns gehen Leute … vom Chefgärtner zum Eisbär.

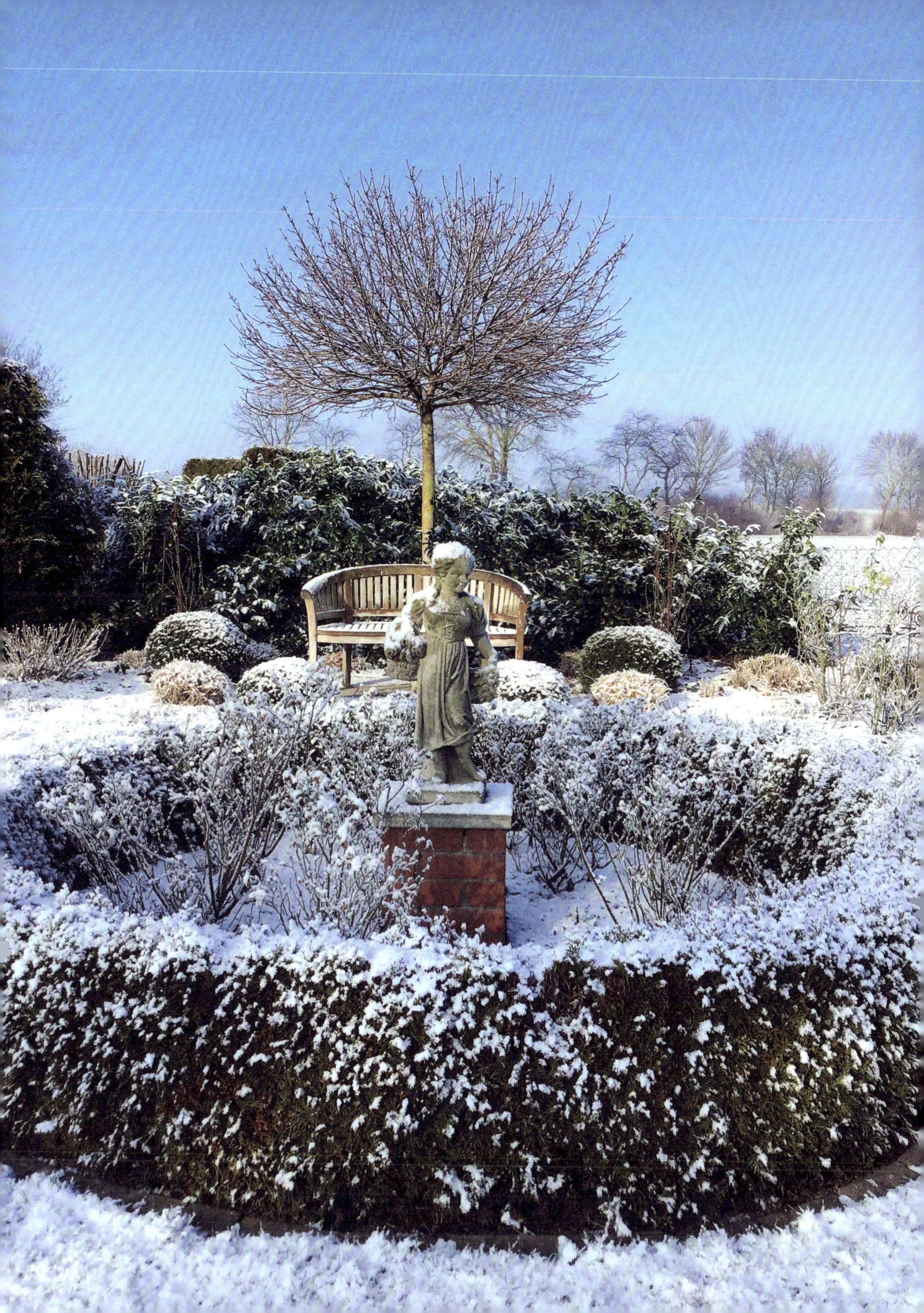

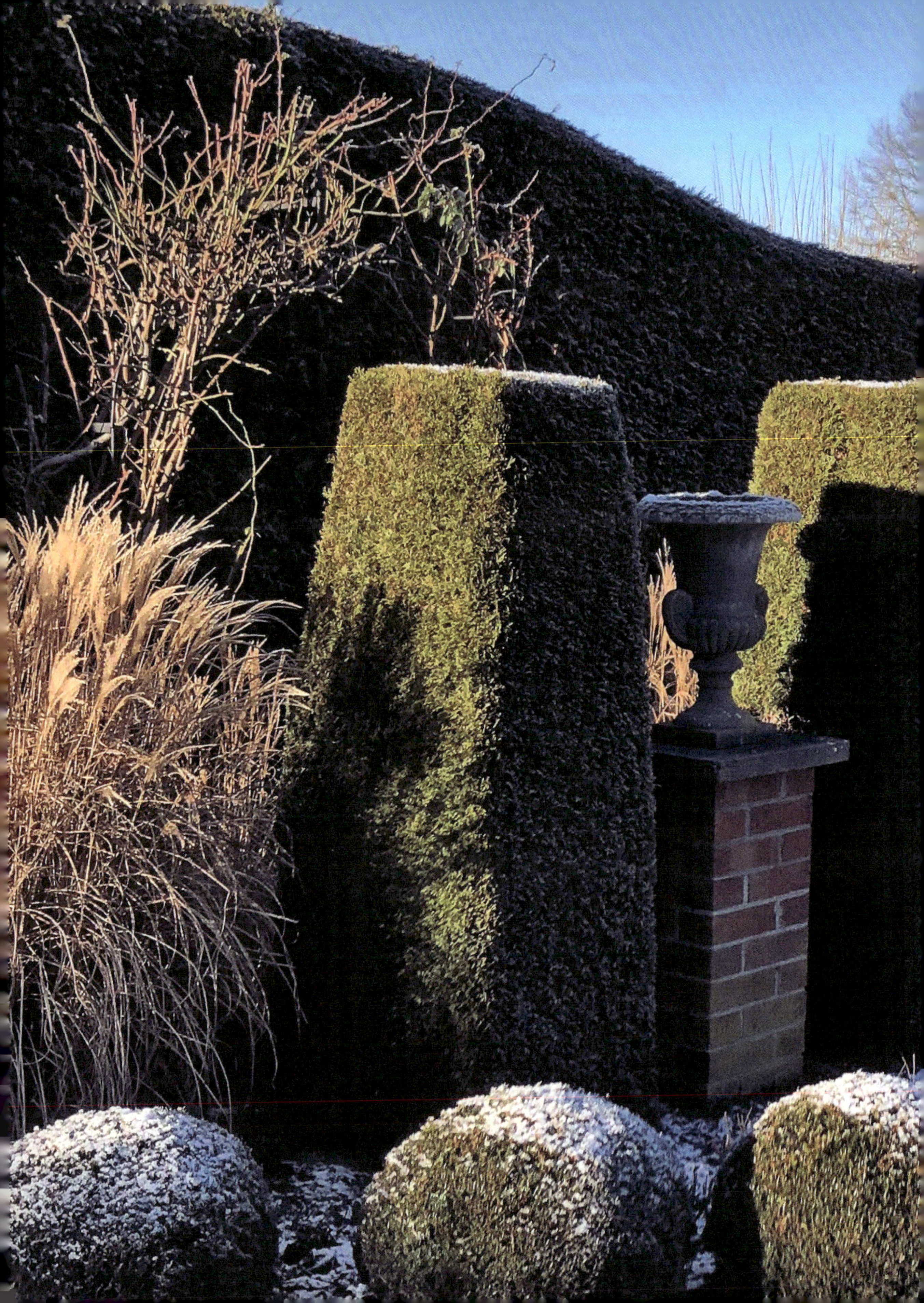

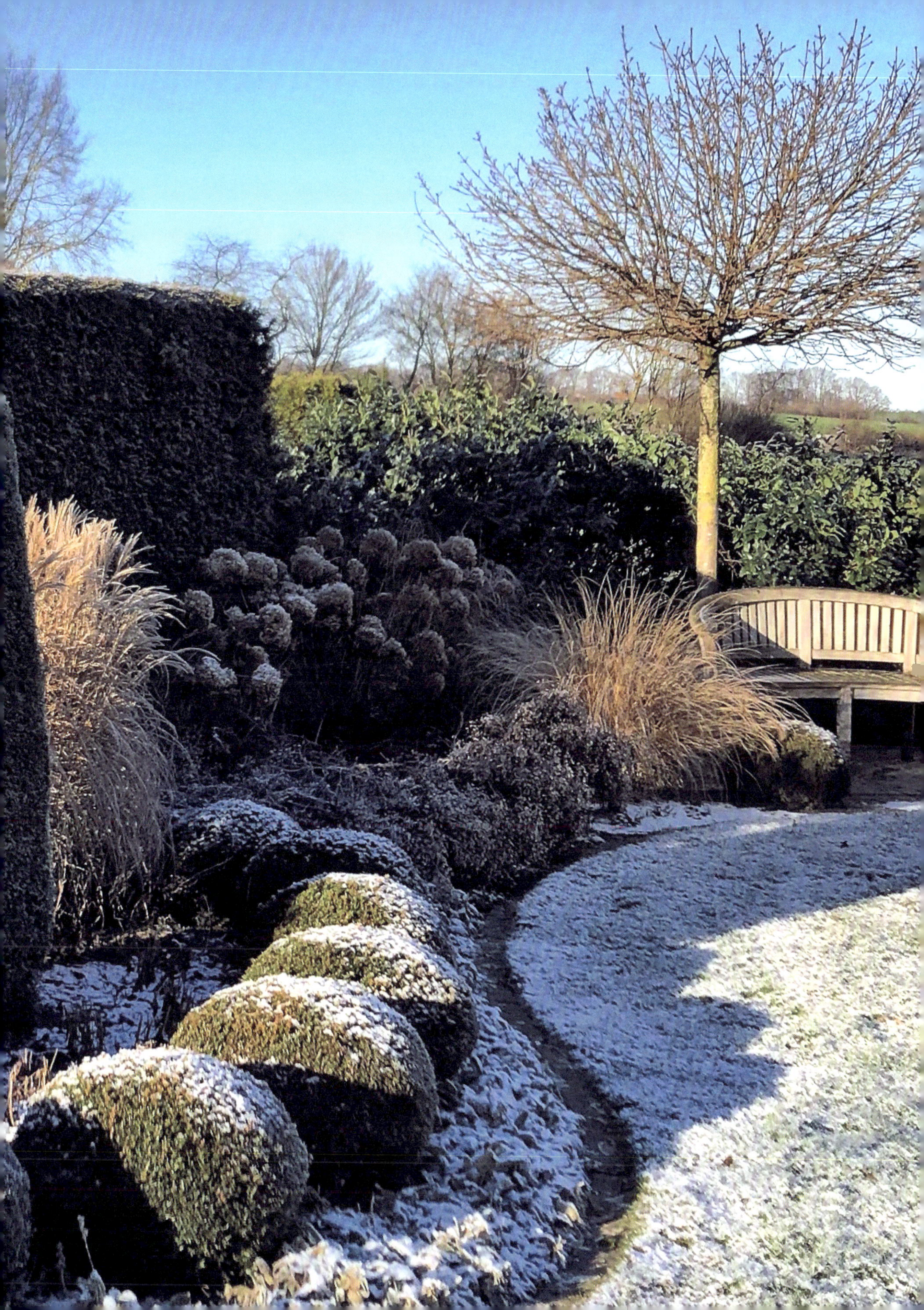

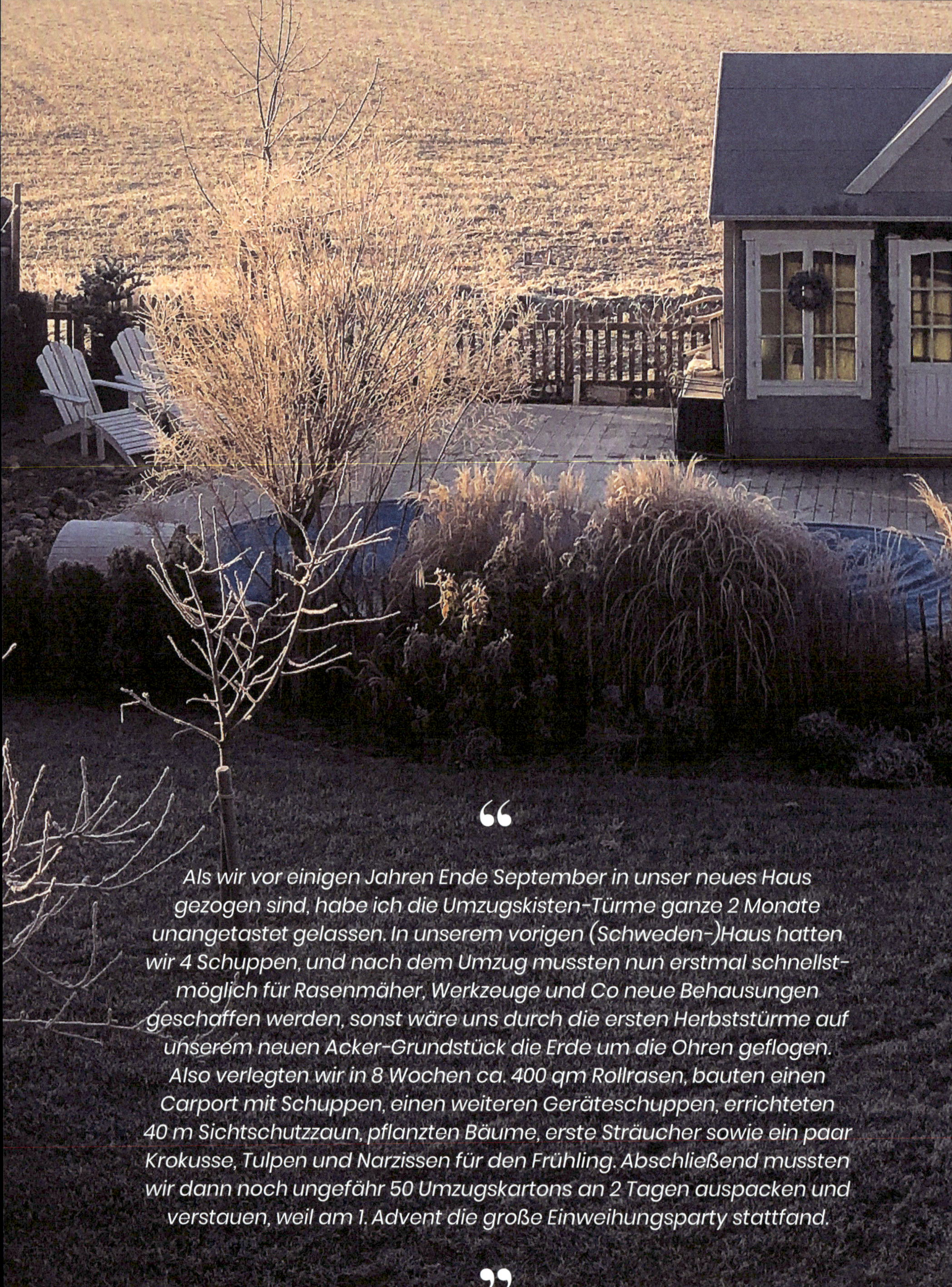

"

Als wir vor einigen Jahren Ende September in unser neues Haus gezogen sind, habe ich die Umzugskisten-Türme ganze 2 Monate unangetastet gelassen. In unserem vorigen (Schweden-)Haus hatten wir 4 Schuppen, und nach dem Umzug mussten nun erstmal schnellstmöglich für Rasenmäher, Werkzeuge und Co neue Behausungen geschaffen werden, sonst wäre uns durch die ersten Herbststürme auf unserem neuen Acker-Grundstück die Erde um die Ohren geflogen. Also verlegten wir in 8 Wochen ca. 400 qm Rollrasen, bauten einen Carport mit Schuppen, einen weiteren Geräteschuppen, errichteten 40 m Sichtschutzzaun, pflanzten Bäume, erste Sträucher sowie ein paar Krokusse, Tulpen und Narzissen für den Frühling. Abschließend mussten wir dann noch ungefähr 50 Umzugskartons an 2 Tagen auspacken und verstauen, weil am 1. Advent die große Einweihungsparty stattfand.

"

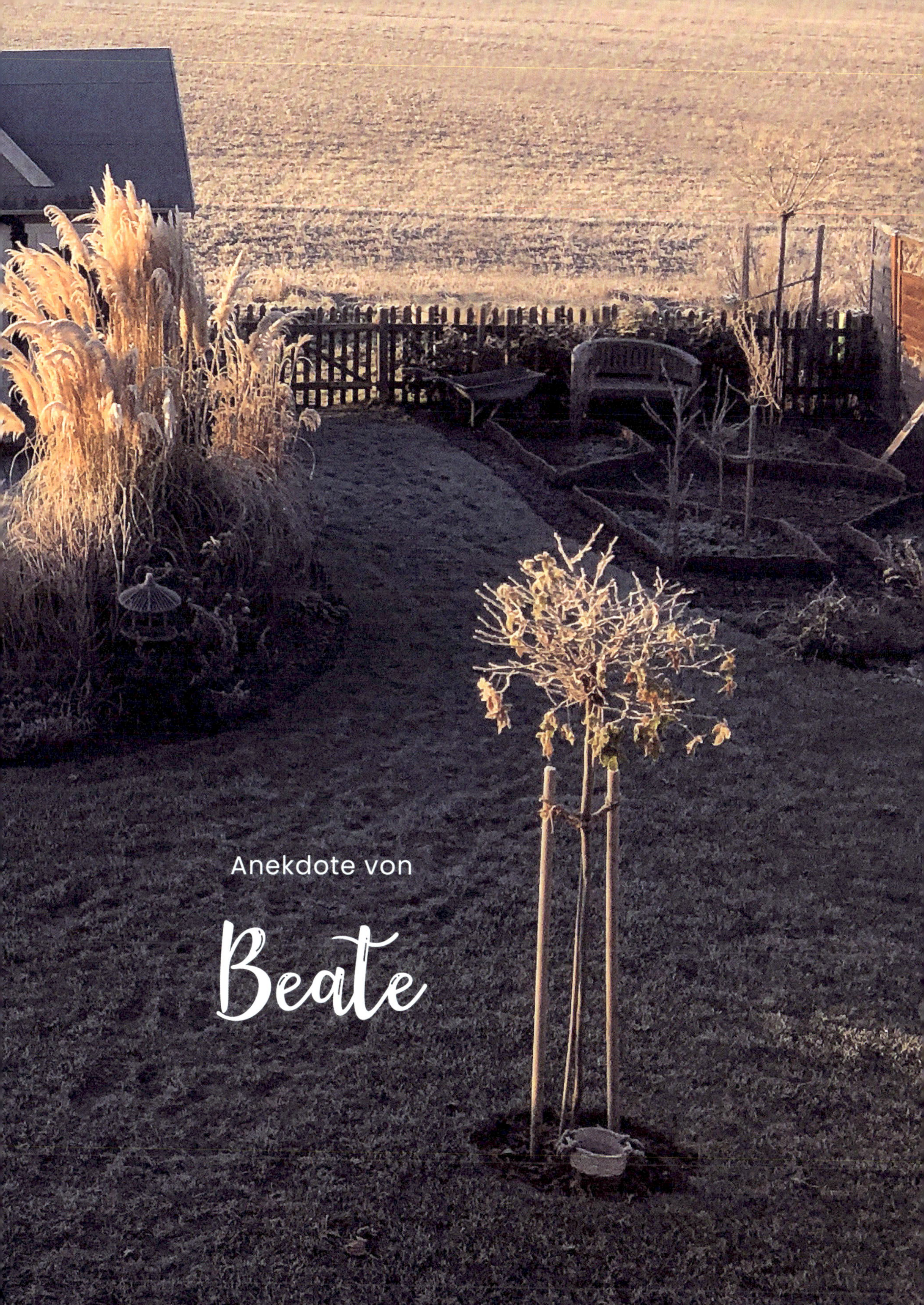
Anekdote von
Beate

Zur Weihnachtszeit schmücke ich nicht nur innen das Haus sondern auch den Garten. Töpfen und Amphoren verpasse ich Weihnachtsgestecke und verteile im gesamten Garten diverse Lichterketten, Pflanzenstecker und Sterne, die per Zeitschaltuhr in der Dämmerung angehen und den Garten in ein Winter Wonderland verwandeln.

Leute, ich bin nicht der Weihnachtsmann, auch wenn ich vielleicht so aussehe.

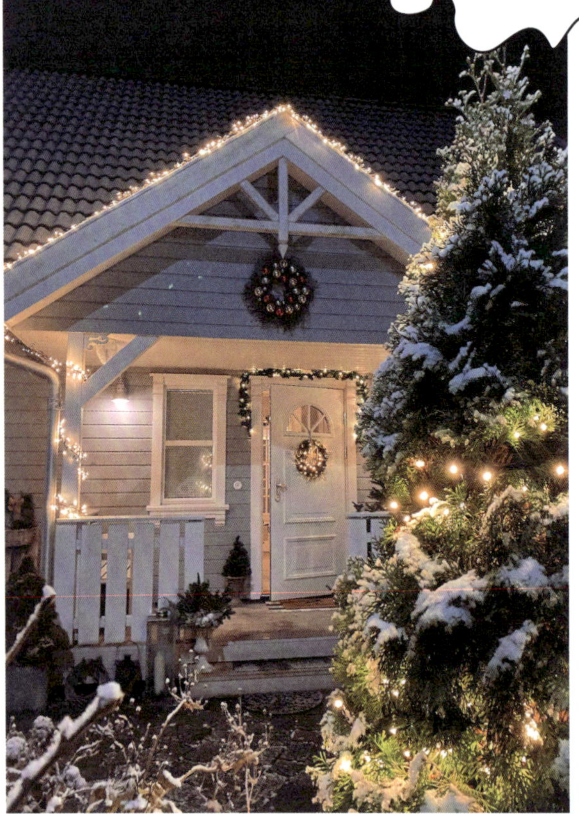

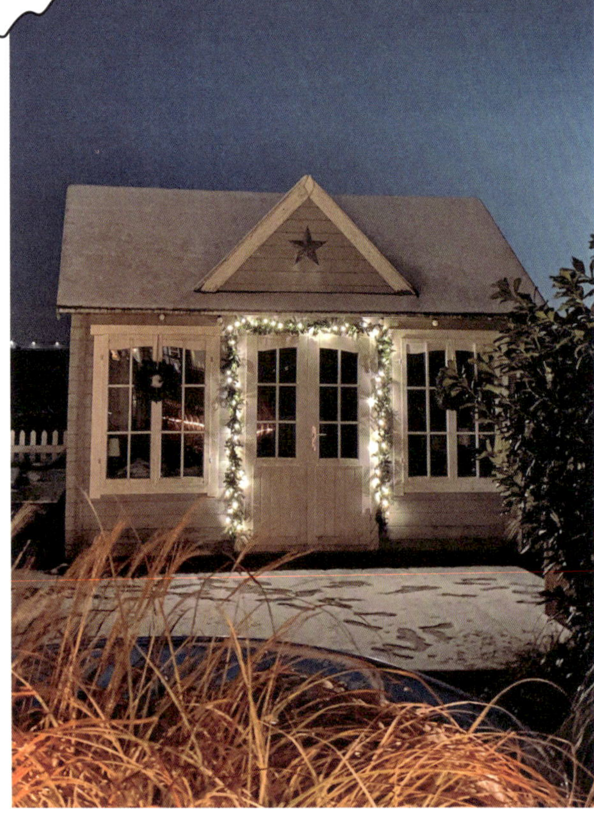

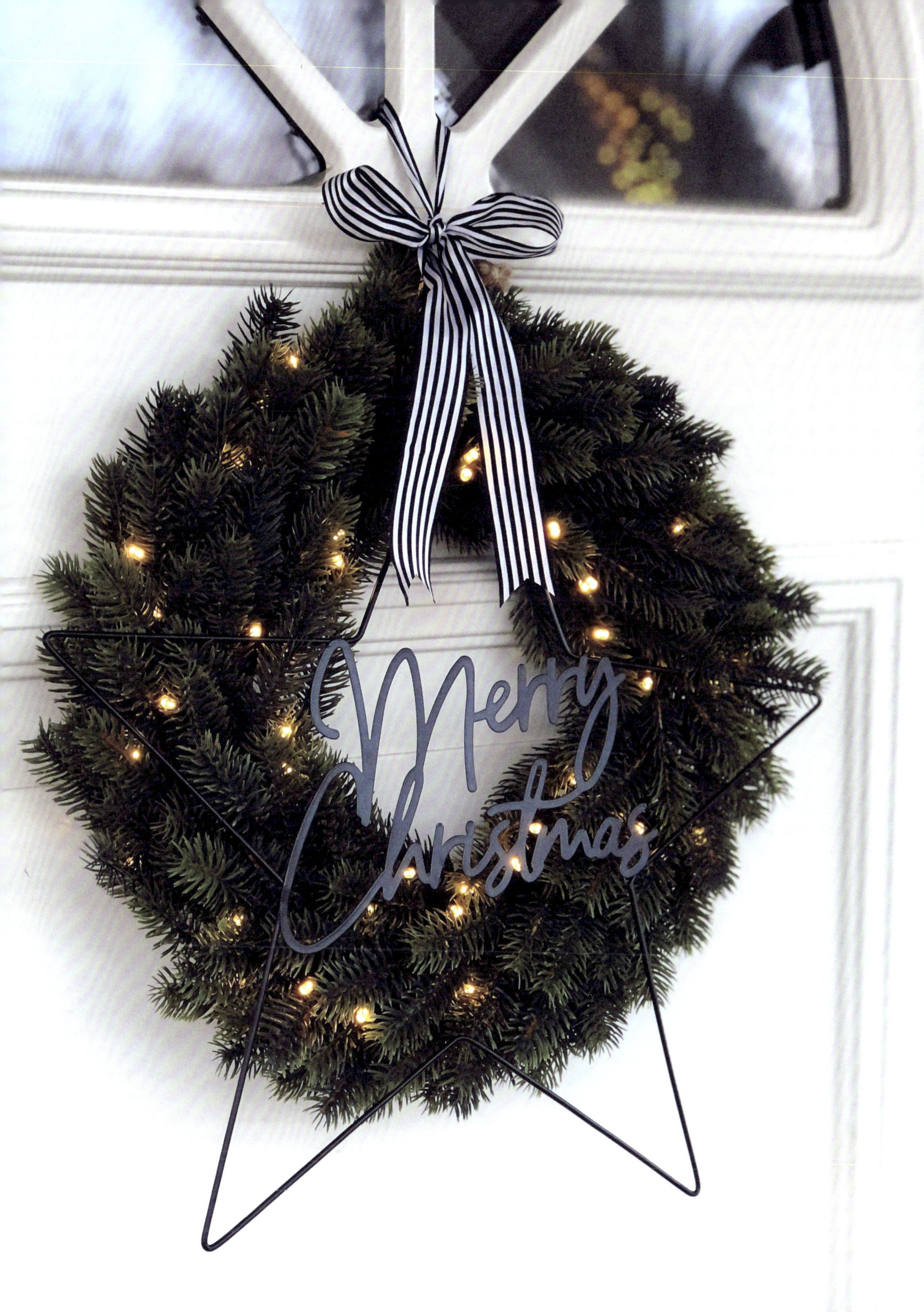
Merry Christmas

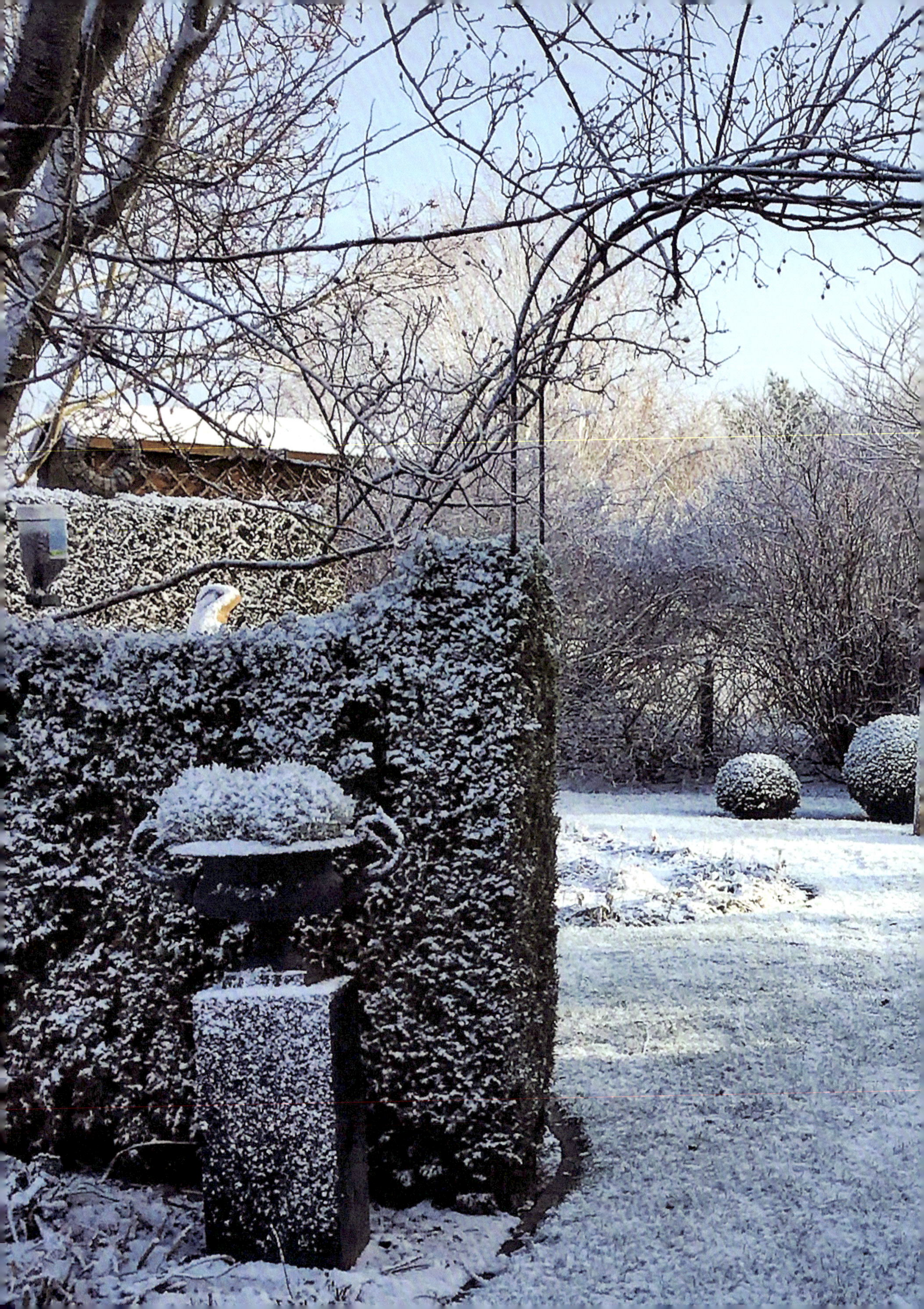

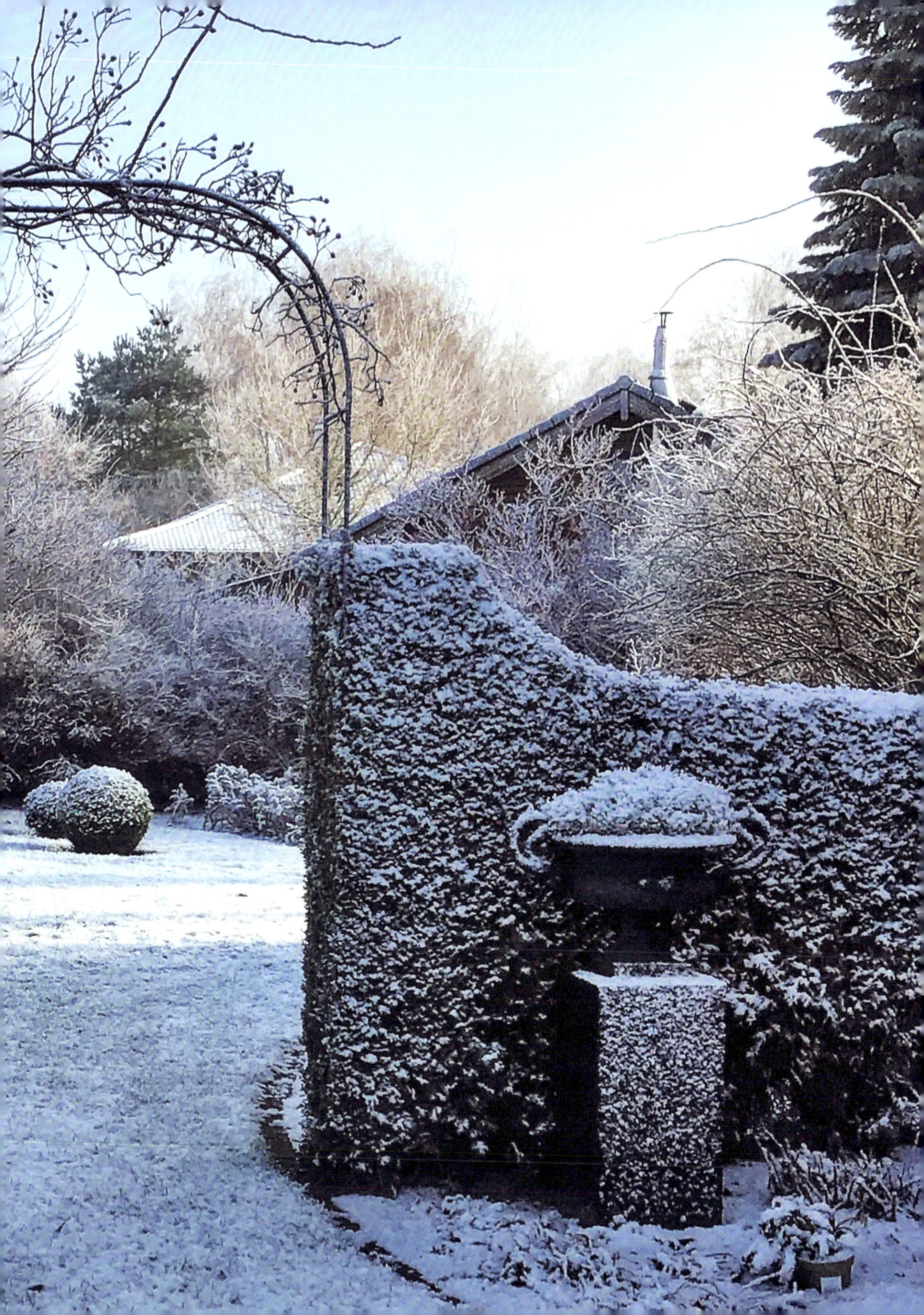

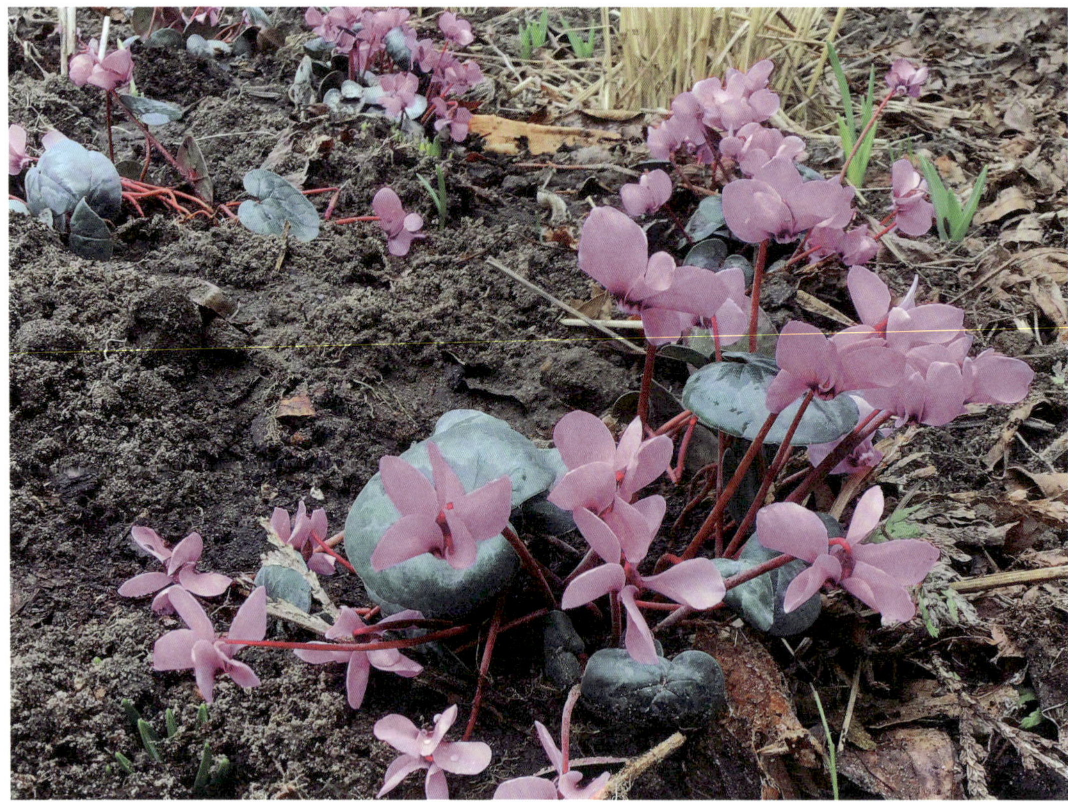

CHRISTROSEN

Christrosen *(Helleborus niger)* sorgen ab Dezember für weiße Blüten im Garten. Ich habe sie im Schatten und Halbschatten zusammen mit Schneeglöckchen und den winterharten Frühlings-Alpenveilchen *(Cyclamen coum)* fürs Freiland kombiniert.

SCHWARZFLECKENKRANKHEIT

Christrosen werden gerne von der Schwarzfleckenkrankheit befallen. Es handelt sich hierbei um einen Pilz, der mit kreisrunden braunen bis schwarzen Flecken einhergeht. Daher schneide ich vorbeugend vor der einsetzenden Blüte das alte Blattwerk der Christrosen komplett ab. Ich entferne dabei jedes Blatt einzeln an der Basis, so dass nicht versehentlich die neuen Blatt- und Blütentriebe entfernt werden. Der Pilz kann sich so nicht weiter ausbreiten und als Nebeneffekt kommen die Blüten der Christrosen auch viel besser zur Geltung. Wichtig: Bei dieser Pflegetätigkeit unbedingt Handschuhe tragen, denn Christrosen sind in allen Pflanzenteilen giftig.

NATÜRLICHER DÜNGER

Christrosen lieben eine Gabe Kalk im zeitigen Frühling. Hierfür verwende ich zermahlene Eierschalen.

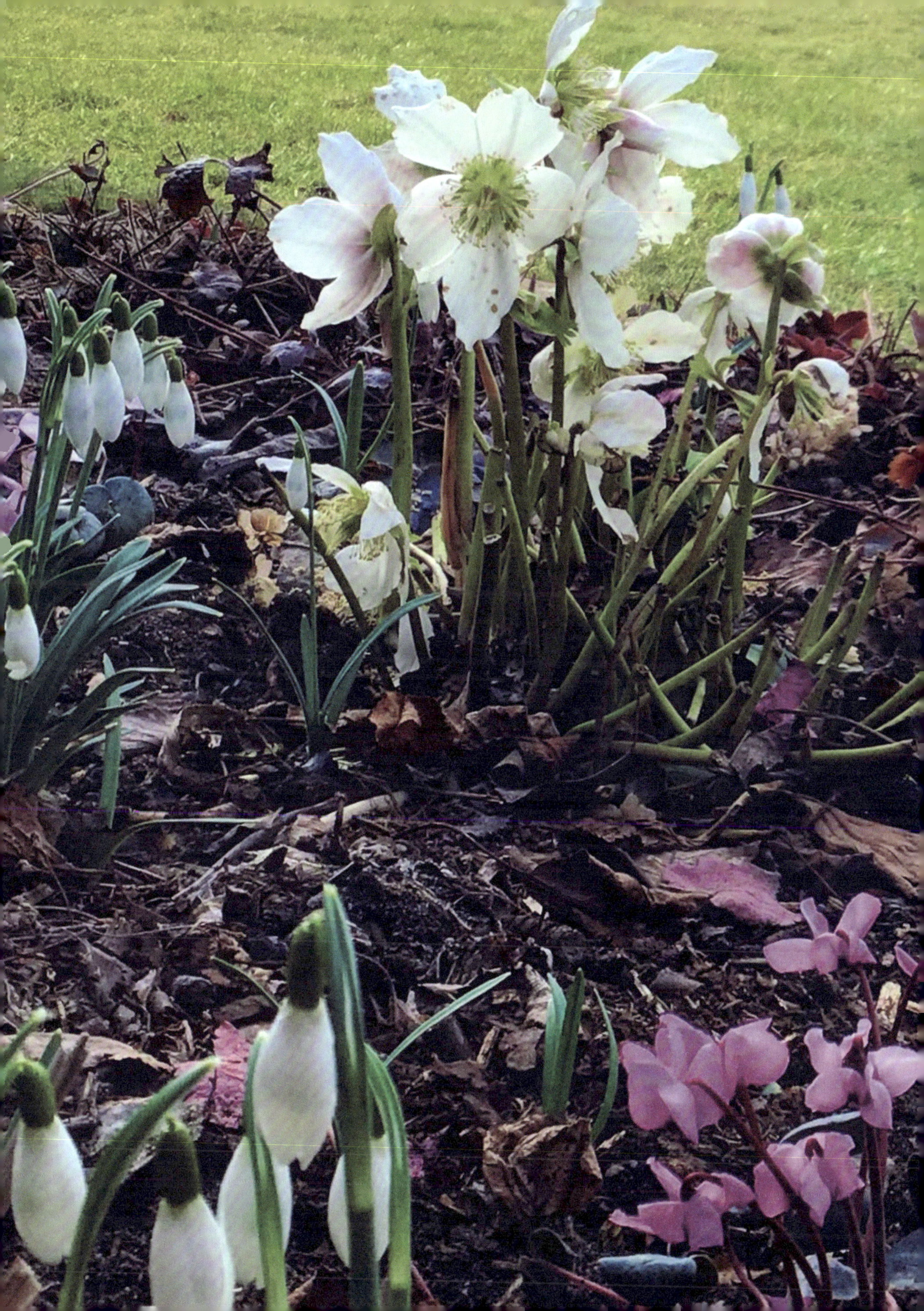

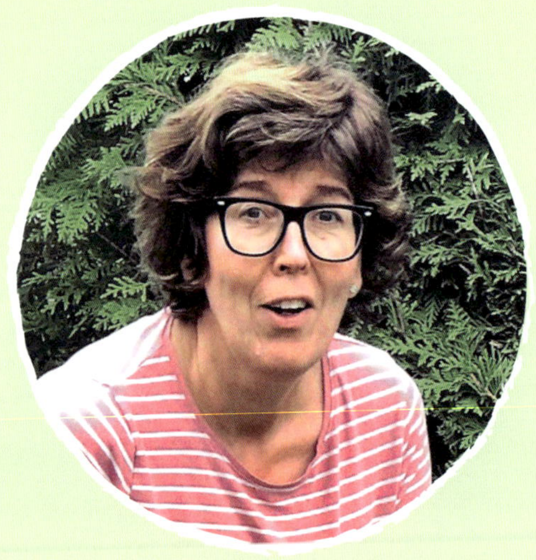

KATRINS METHODE

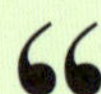

Alle Christrosen und winterharten Freiland-Alpenveilchen (Cyclamen coum) habe ich zwischen die Lücken der Hosta integriert. Ziehen sich die Hosta über den Winter zurück, überbrücken die Alpenveilchen und Christrosen diese Zeit. Genau anders herum ist es im Frühling: Treiben die Hosta wieder aus, treten Freiland-Alpenveilchen und Christrosen ihre Blühpause an und verstecken sich bis zum Winter unter den Blättern der Hosta.

”

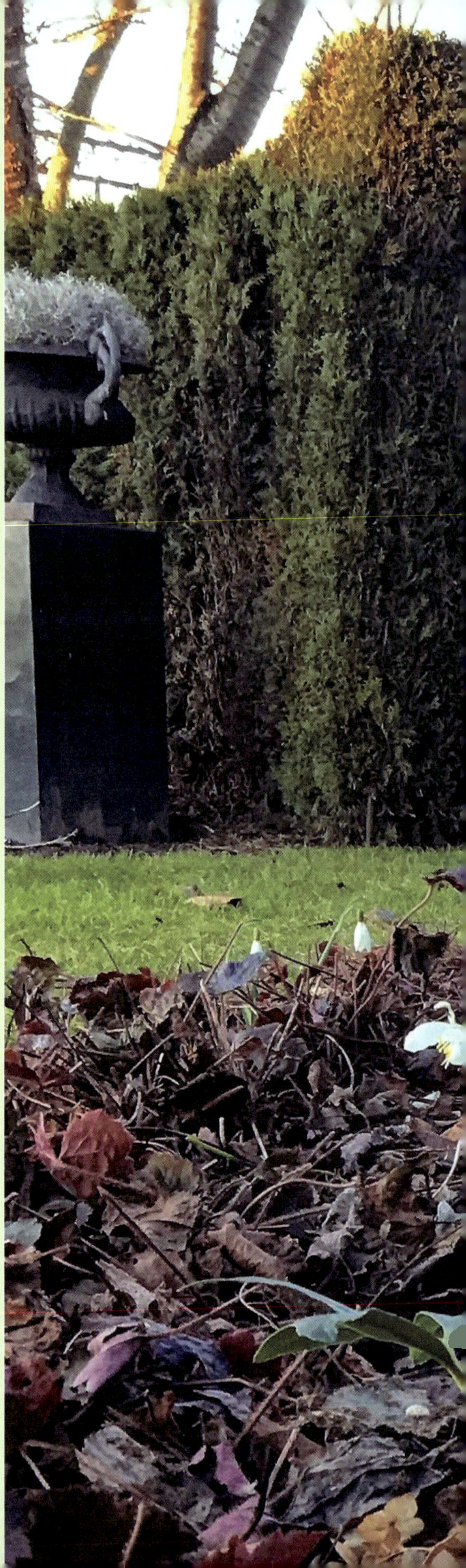

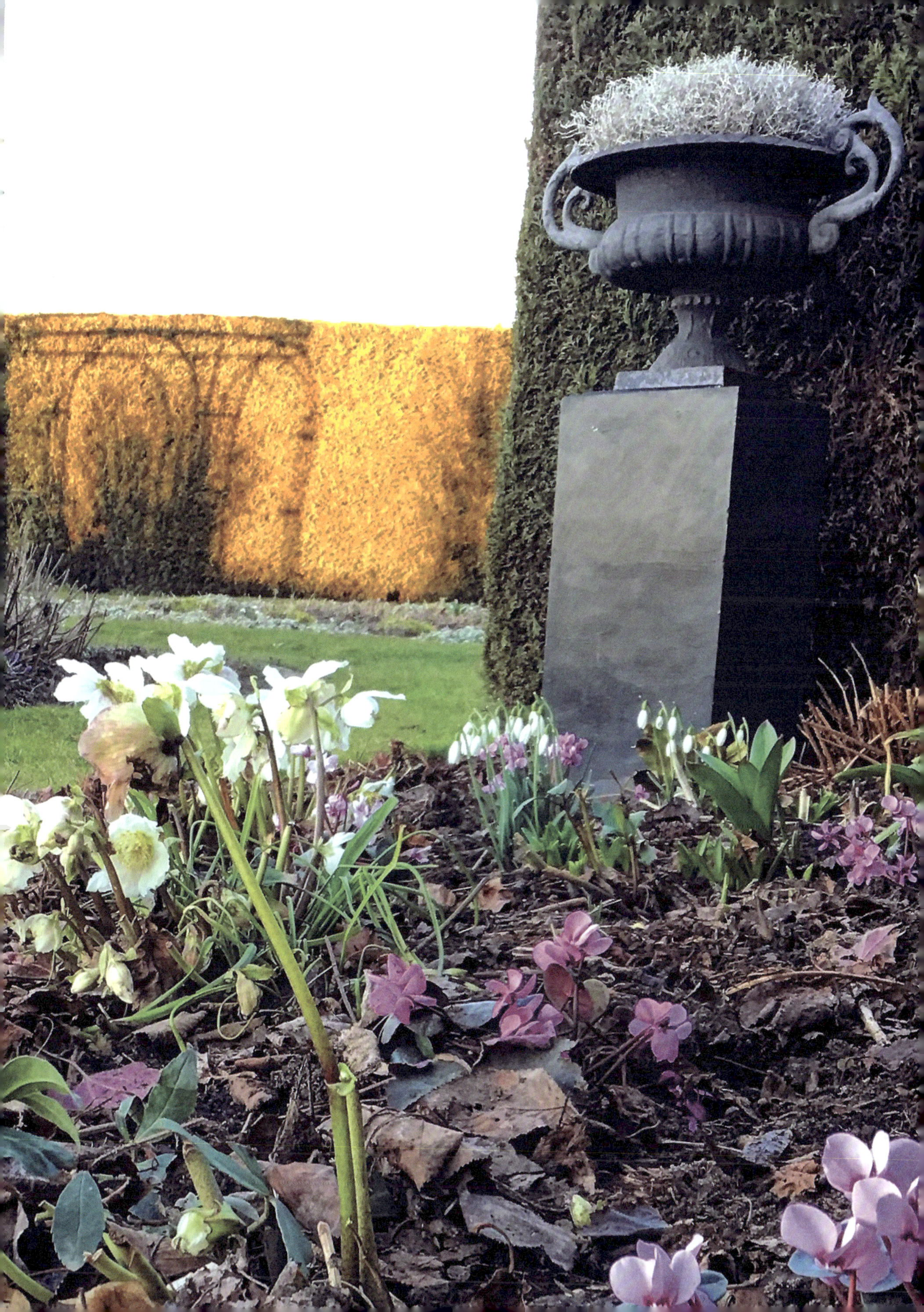

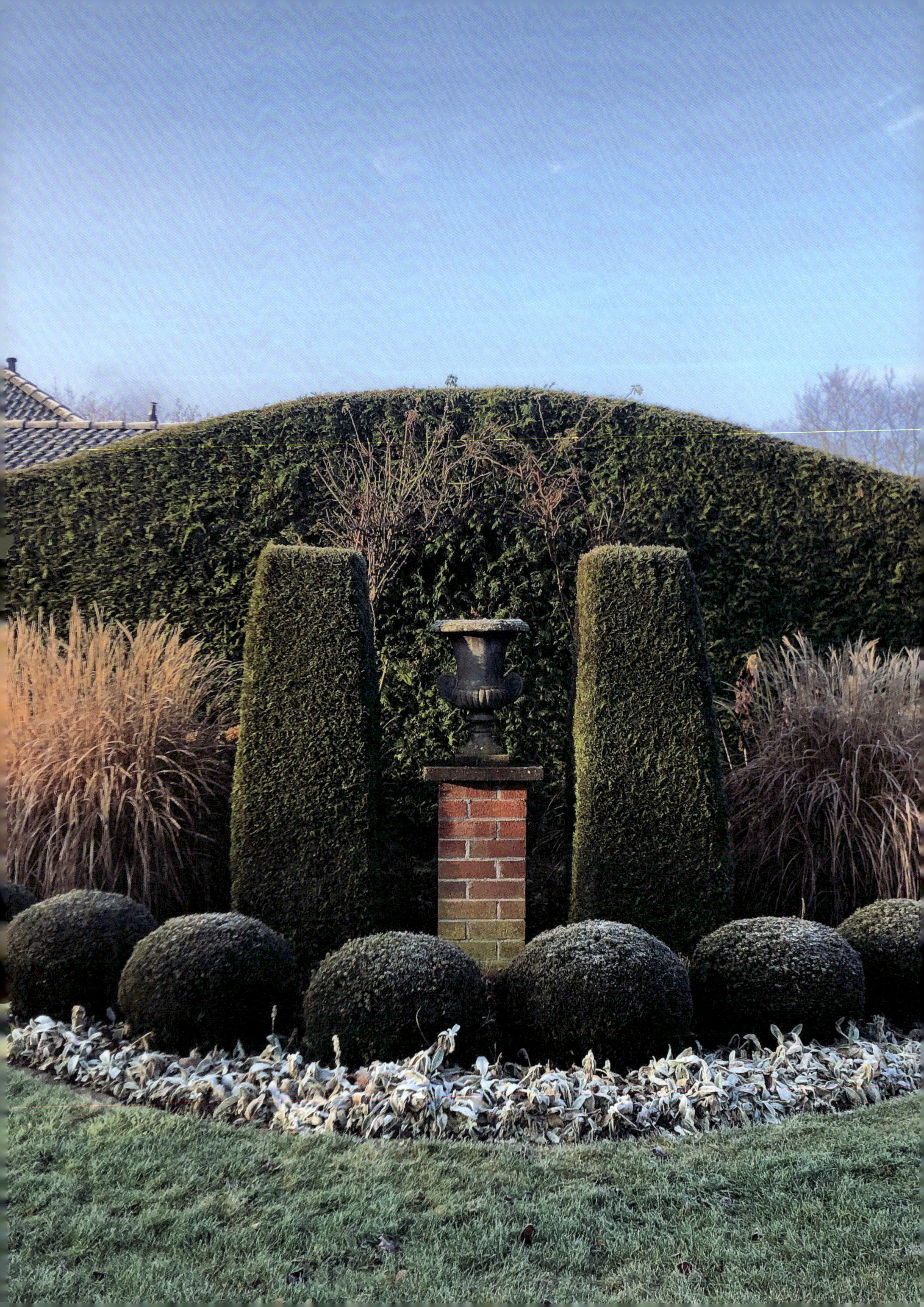

Pflanzplan #4

STRUKTURBEET

Sonne ganztags

PFLANZENLISTE

① Teppich-Wollziest 'Silver Carpet' *(Stachys byzantina)*

② Eibe in Kugelform *(Taxus baccata)*

③ Prachtkerze 'Whirling Butterflies' *(Gaura lindheimerii)*

④ Chinaschilf 'Ferner Osten' *(Miscanthus sinensis)*

⑤ Hortensien in Weiß, z. B. Ballhortensie 'Annabelle' *(Hydrangea arborescens)*

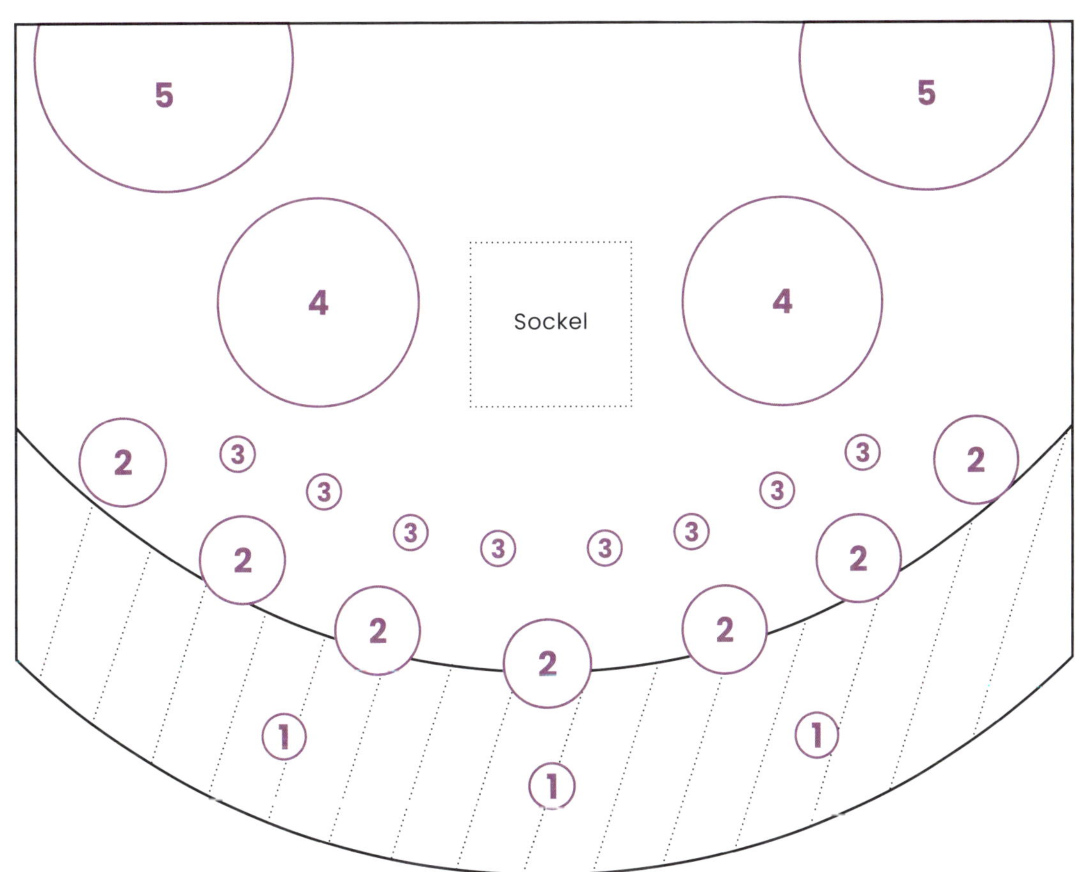

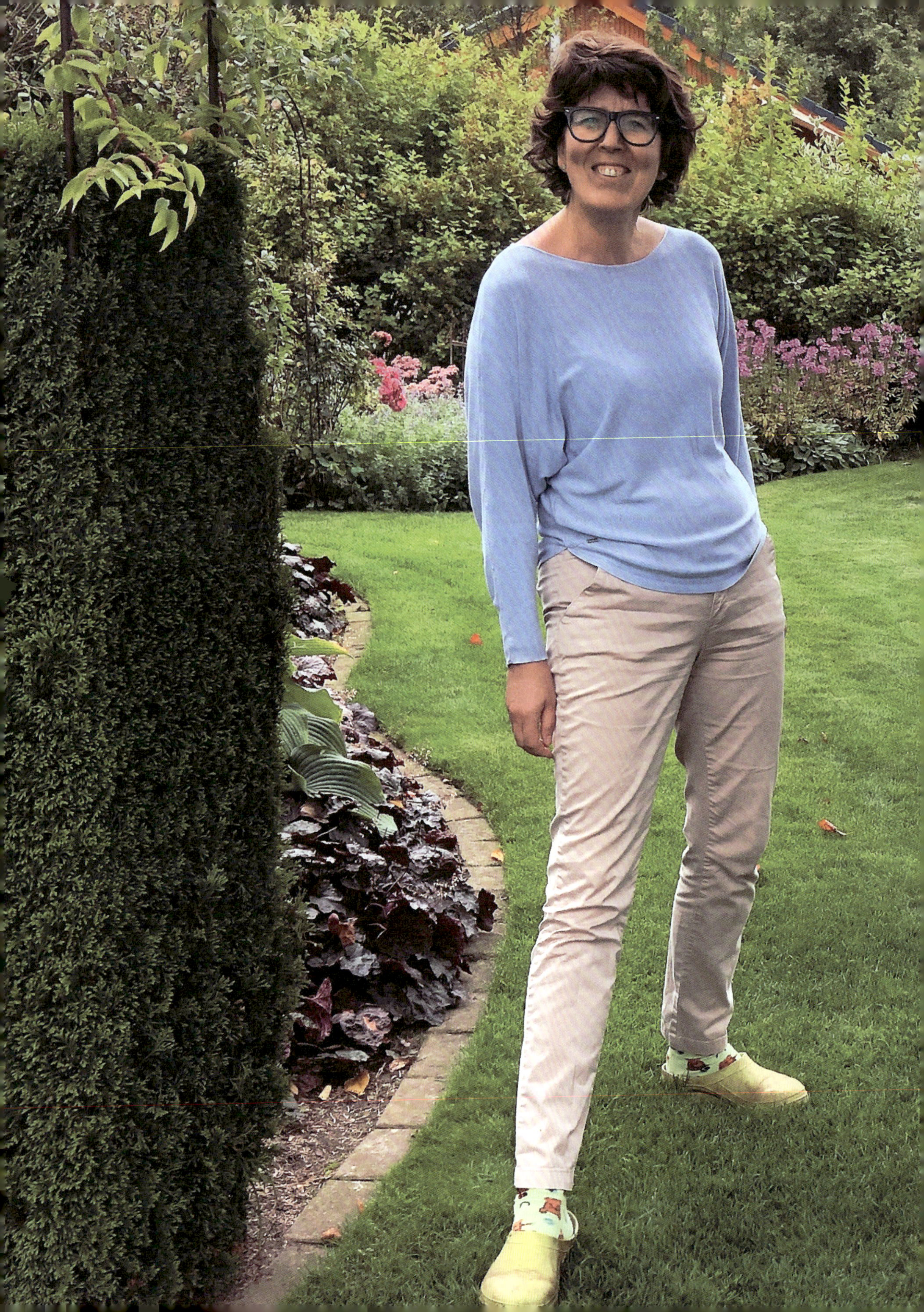

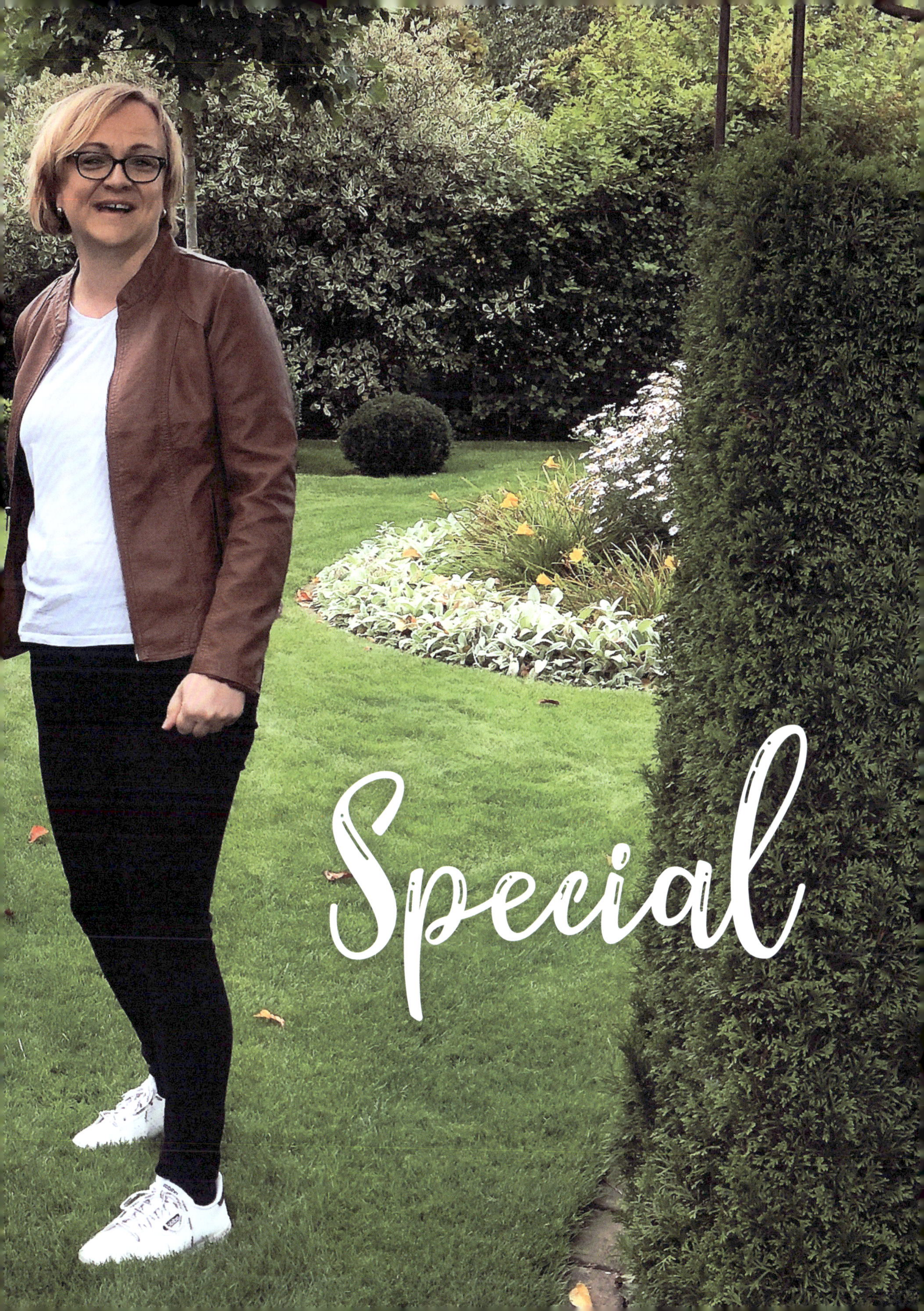
Special

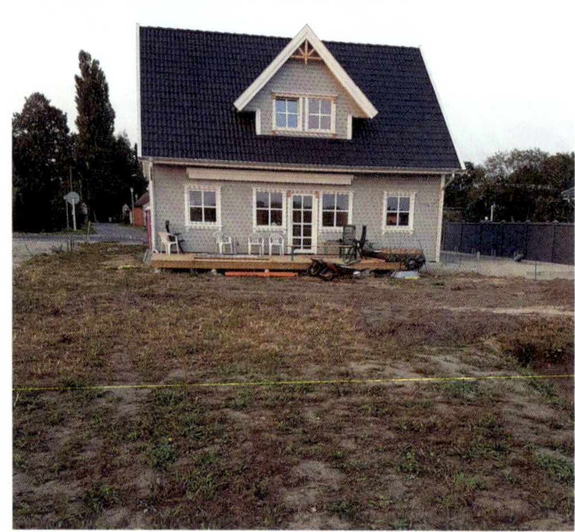

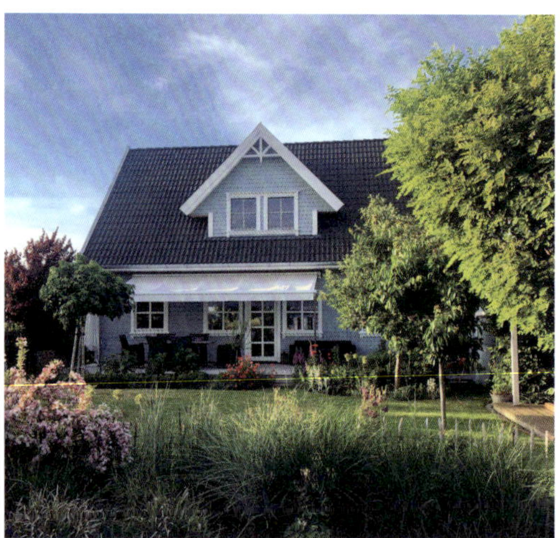

VOM ACKER ZUM GARTENPARADIES IN NUR 5 JAHREN

Als wir 2016 unser Haus gebaut haben, war das Grundstück ein Acker – außer Unkraut nichts drauf. Um aus diesem Acker schnellstmöglich ein eingewachsenes Grundstück zu machen, haben wir folgende Schritte unternommen.

1. VORBEREITUNGEN VOR DEM HAUSBAU

Gartenplan unter folgenden Aspekten zeichnen:

- Welche Gartenbereiche möchte ich im Garten haben – Sitzbereich, Terrasse, Wege, Carport/Garage, Nebengebäude, Beete, Spielbereich, Pool, Teich, Gemüsegarten, Mülltonnen, Zäune usw.
- Vorhandene bzw. geplante Bäume einzeichnen.
- Himmelsrichtung beachten, um die Lage der Sonne zu bestimmen.
- Bodenprobe nehmen und zur Analyse einsenden (Test-Sets gibt es in jedem Gartenmarkt) für die spätere Pflanzenauswahl.
- Regenentwässerung festlegen – gibt es bauliche Vorschriften zum Einleiten des Regenwassers? Soll das Regenwasser in einer unterirdischen Zisterne oder Regentonnen aufgefangen werden oder versickern, wenn ja, wo sollen die Versickerungsgruben hin?

2. ARBEITEN BEI BAUBEGINN

- Wenn ein eingelassener Pool geplant ist, am besten gleich von der Fundament-/Kellerbaufirma mit ausheben lassen. Das spart Kosten!
- Empfehlenswert ist es, die abgetragene Muttererde, die beim Bau normalerweise seitlich gelagert wird, vom Fundamentbauer einebnen bzw. abfahren zu lassen.

3. ARBEITEN NACH DEM HAUSBAU

- Ist ein Bewässerungssystem geplant, dann die Gräben dafür ausheben und

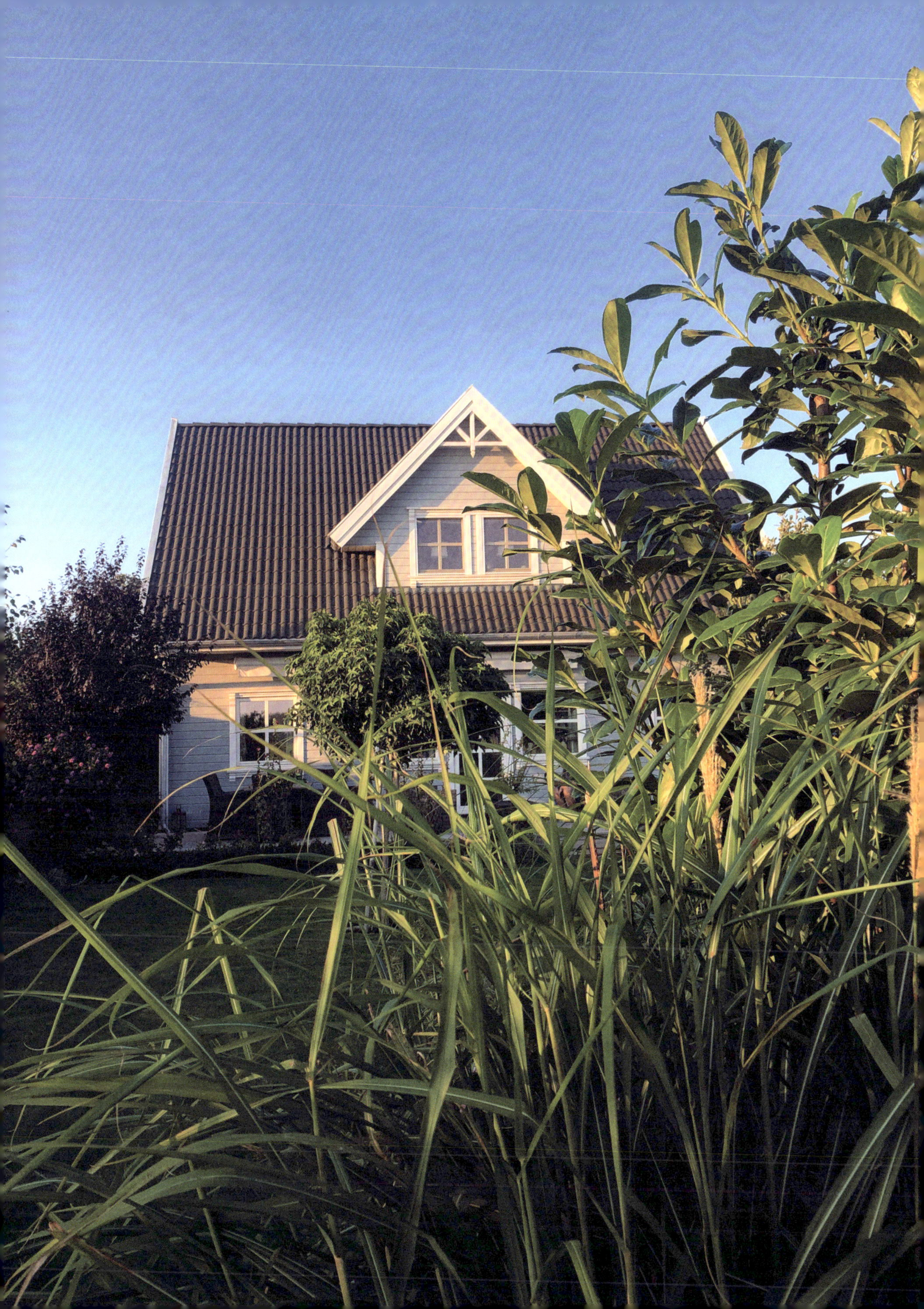

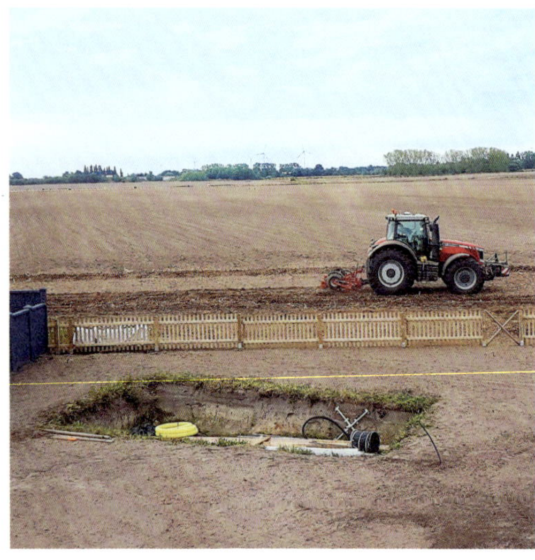

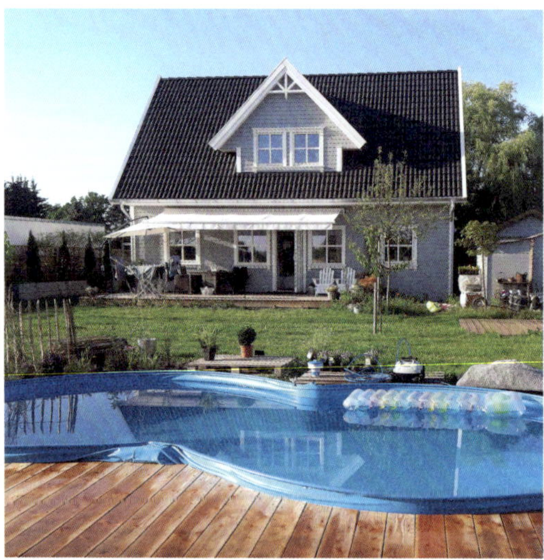

Leerschläuche zu geplanten Beeten verlegen.
- Auch an Elektroleitungen für Nebengebäude, Gartenlampen, Teich- oder Pooltechnik denken und vorbereiten.
- Wege verlegen, Nebengebäude, Carport/Garage und Terrassen errichten, Zäune setzen.
- Beete abmessen, ggf. Randsteine/Mähsteine verlegen.
- Rollrasen verlegen bzw. Rasen aussäen.
- Bäume pflanzen. Wir haben schnell wachsende Bäume wie Himalaya-Birke, Kugel-Ahorn, Kugel-Robinie und Weide gepflanzt.

Sträucher und Strukturpflanzen setzen
Ich habe darauf geachtet, dass die Sträucher einerseits schnell wachsen, aber auch zu unterschiedlichen Zeiten blühen und möglichst Insektenmagnete sind. Bei uns haben sich Weigelien, Felsenbirne, Sommerflieder, Schneeball, Garten-Jasmin, Spiersträucher und Deutzien bewährt. Auch Hainbuchen als Heckenpflanzen und eine Unmenge von Rispenhortensien hatte ich gleich nach dem Hausbau gepflanzt.

Bäume und Sträucher habe ich so auf dem Grundstück platziert, dass Nachbarhäuser geschickt verdeckt werden, so dass der Garten gemütlich und heimelig wirkt – nicht nur für uns Menschen sondern auch für viele Tiere.

Stauden, Rosen, Gräser und Bodendecker habe ich immer unter folgenden Aspekten ausgewählt: insektenfreundlich, unterschiedliche Blühzeiten, farblich immer passend zu meinem Farbkonzept (weiß, rosa, lila).

Wichtig: lieber nur wenige verschiedene Sorten, dafür aber Massen davon und immer wiederkehren lassen, um ein harmonisches Gesamtbild zu schaffen.

Plant im Vorfeld so genau wie möglich, so könnt Ihr eine Menge Geld sparen. Legt im Vorfeld auch den Gartenstil und das Farbkonzept fest, dann seid Ihr gut vor Spontankäufen gefeit.

”

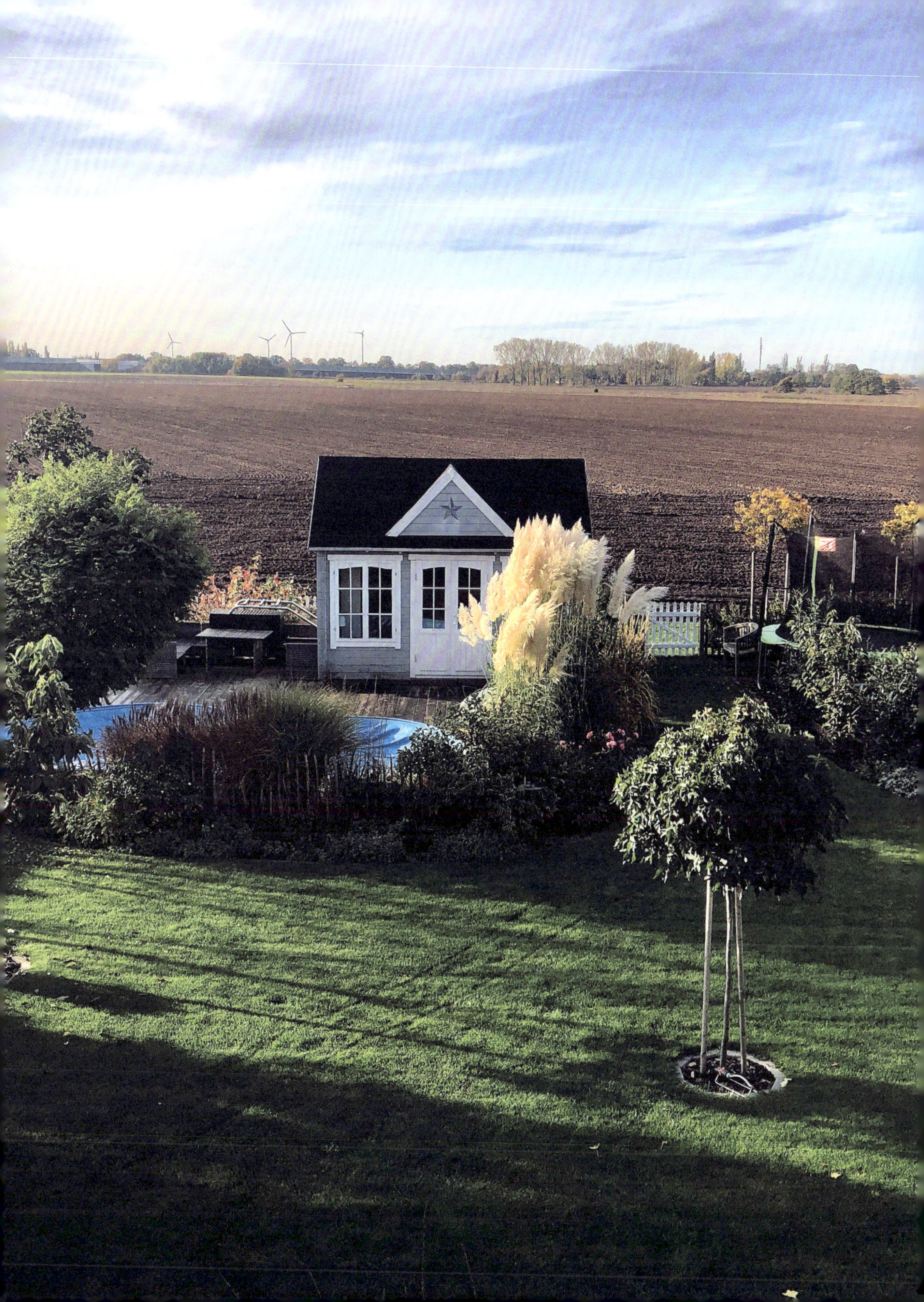

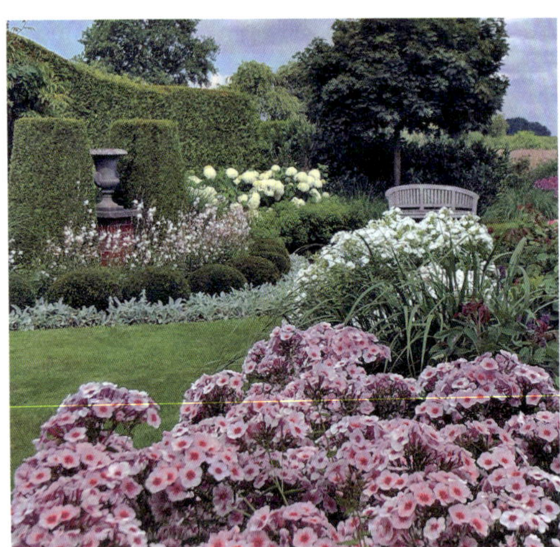

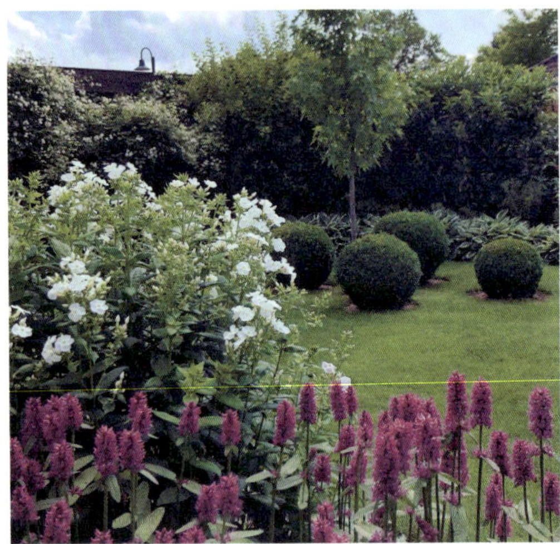

STAUDENBEET ANLEGEN Á LA KATRIN

1. PFLANZZEIT

Die beste Zeit, um Stauden zu pflanzen, ist das Frühjahr von Anfang März bis Ende April und der Herbst von Anfang September bis Ende November.

Gräser pflanzt Ihr am besten im Frühling, damit sie bis zum nächsten Winter gut durchgewurzelt sind. Sie brauchen im Gegensatz zu den Stauden viel länger, um anzuwachsen. Im Herbst besteht sonst die Gefahr, dass Frost und Nässe ihnen das Einwurzeln schwermachen.

Rosen kann man von März bis Mitte April und im späten Herbst wurzelnackt pflanzen. Es ist eine günstigere Alternative als teure Container-Rosen zu kaufen, die man ganzjährig pflanzen kann, da sie schon durchgewurzelt sind.

Dahlien pflanzt man ab Ende April ins Freiland. Die Zeit, um Blumenzwiebeln wie Tulpen und Co zu setzen, beginnt ab Mitte September bis Ende Dezember.

2. LICHTVERHÄLTNISSE PRÜFEN

Pflanzen haben einen unterschiedlichen Bedarf an Sonne. Die einen lieben sie ganztägig, andere Pflanzen dagegen würden verbrennen.

Einst pflanzte ich als Anfänger einen Waldfarn in die volle Sonne, nach nur einer Woche sah er aus, als wäre ich mit dem Flammenwerfer drüber gefegt. Heute weiß ich: Farn mag es schattig oder halbschattig.

Ein Standort mit vormittags Schatten und ab mittags voller Sonne bis zum Abend zählt schon als sonniger Standort. Hat man dagegen morgens Sonne und nachmittags Schatten, zählt dies zum Halbschatten. Kommt kaum oder gar kein Licht in den zu bepflanzenden Bereich, spricht man von Vollschatten. Checkt also erstmal Eure Lichtverhältnisse im Garten, bevor Ihr Eure Pflanzen auswählt. Also Lichtverhältnisse prüfen, bevor Ihr shoppen geht!

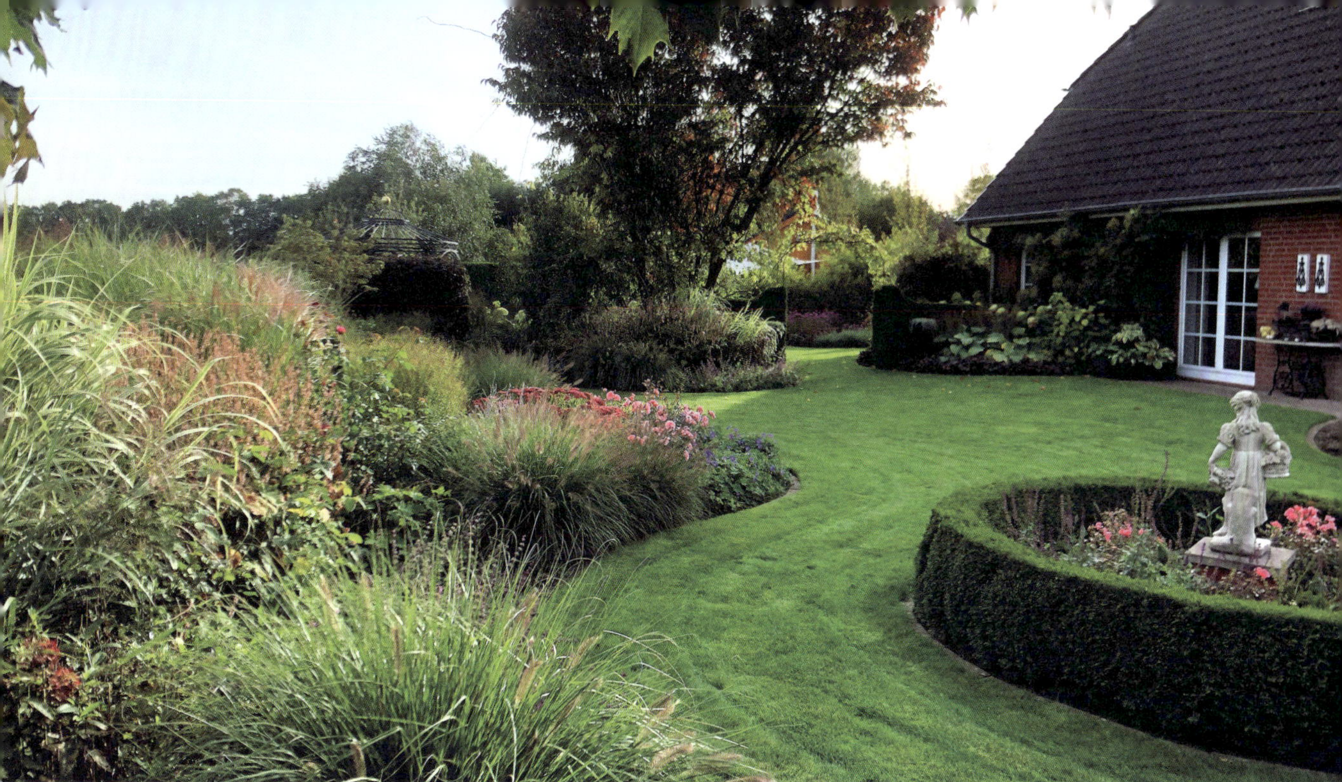

3. BODENVERHÄLTNISSE PRÜFEN

Der Boden bei mir ist bzw. war im wahrsten Sinne des Wortes staubig, denn ich gärtnere auf Sandboden. Diesen mulche ich aber seit einigen Jahren, um meine Bodenstruktur durch Humusbildung zu verbessern (siehe Thema Rückschnitt Frühling Seite 14 und Thema Laub im Herbst Seite 84).

Auch hier verhält es sich wie bei dem Thema Lichtverhältnisse im Beet. Nicht jede Pflanze wächst auf jedem Boden. Der pH-Wert (Säuregehalt) des Bodens spielt ebenfalls eine Rolle. Einst pflanzte ich, noch gartengrün hinter den Ohren, 5 stattliche Rhododendren in meinen Sandboden. Nach nur 6 Monaten haben sie den Löffel abgegeben. Woher sollte ich damals auch wissen, dass es Moorbeetpflanzen sind, die einen sauren Boden bevorzugen.

WAS HABT IHR FÜR EINEN BODEN?

- Rieselt er sanduhrähnlich durch Eure Hand? Dann habt Ihr wie ich Sandboden.

- Braucht Ihr eine Spitzhacke bei der Gartenarbeit? Dann handelt es sich wohl um Lehm- oder Tonboden. In beiden Fällen ist das Einarbeiten von Humus sinnvoll.
Ich habe meine Pflanzen stets passend zum Boden ausgesucht und nicht andersherum. Daher findet man in Katrinsgarten viele Salbei-Sorten, Katzenminze, Sedum und Gräser. Aber auch die anspruchslose Hortensie 'Annabelle' hält hier durch, dank des Mulchens.

- Wenn Ihr Euch nicht sicher seid, was für einen Boden Ihr habt, solltet Ihr eine Probe davon im Gartenfachmarkt auf pH-Wert und Nährstoffe untersuchen lassen. Wählt Eure Stauden also nicht nur nach dem Licht, sondern ebenso nach dem Boden aus. Und seid beruhigt, auch ich habe einst viel Lehrgeld bezahlt. Probieren geht immer noch über studieren!

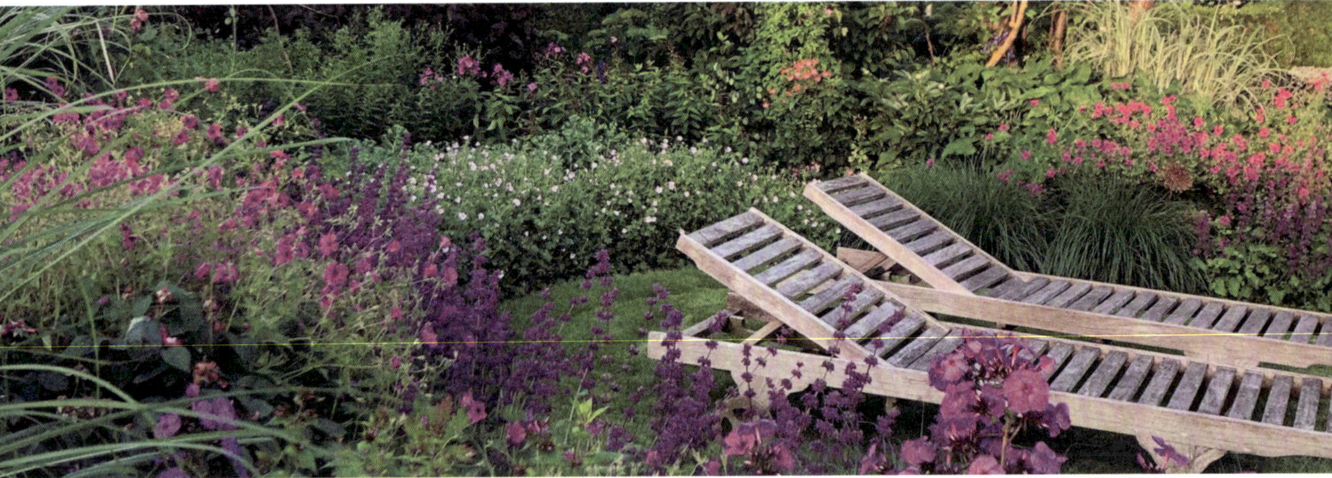

4. RASENSODEN ABSTECHEN UND KOMPOSTIEREN

Ich habe die Grassoden stets entfernt und nicht einfach umgegraben. Es pflanzt sich später besser und die Gefahr, dass der Rasen oder eventuelle Wurzelunkräuter zwischen den frisch gepflanzten Stauden wieder durchwachsen, ist so gebannt.

Den Rasen kürze ich vor dem Abstechen der Soden so kurz wie möglich mit dem Mäher ein. Anschließend hebe ich die quadratisch abgestochenen Rasensoden hoch.

Diese Soden haben wir anschließend nicht entsorgt, sie wurden mit der grünen Seite nach unten, entlang des Zaunes, übereinandergestapelt. Hier beschleunigt eine Zugabe von Schnellkomposter zwischen den Soden die Verrottung.

Enthält Euer Rasen viel Unkraut, dann stapelt die Soden mit der grünen Seite nach unten zu einer Miete (Haufen) auf. Das Ganze anschließend luftdicht mit schwarzer Folie abdecken. Nach nur einem Jahr habt Ihr super Erde unter dieser Miete und das Unkraut ist erstickt.

5. PFLANZPLAN UND PFLANZENAUSWAHL

Ihr habt bereits klare Vorstellungen von Eurem Beet, dann solltet Ihr vor Pflanzbeginn einen Pflanzplan erstellen. So könnt Ihr später genau sehen, welche Pflanzen Ihr wo platziert. Habt Ihr keine Vorstellung, welche Pflanzen man miteinander kombinieren könnte, so lasst Euch inspirieren. Besuche bei „Offenen Gärten" sind hilfreich, und auch das Blättern in Gartenbüchern oder Zeitschriften kann helfen.

Mein Motto bei der Pflanzenauswahl lautet stets: Klotzen statt Kleckern. Weniger Sorten pflanzen, dafür aber Masse.

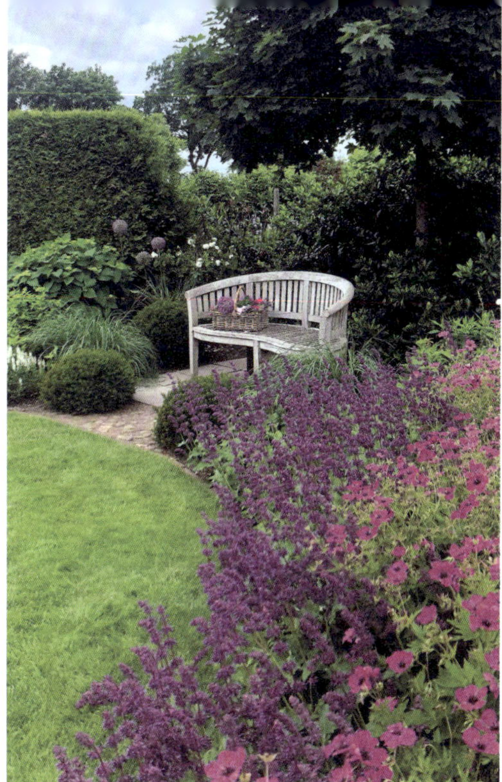

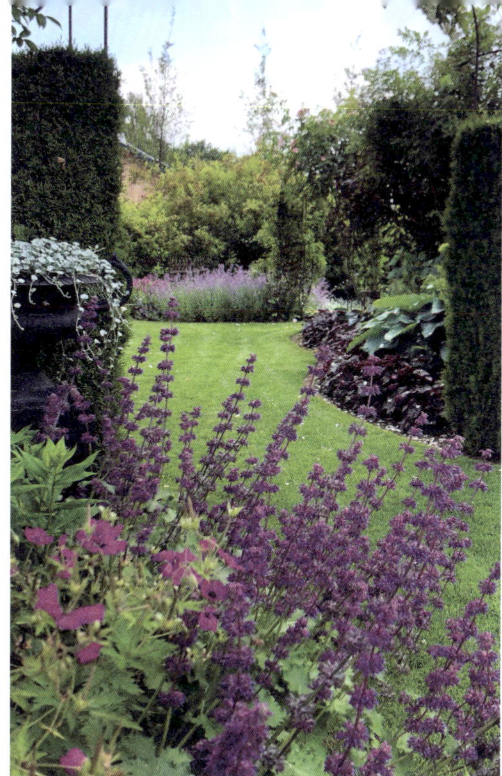

Für eine ruhige aber üppige Struktur im Beet pflanze ich Stauden und Gräser stets in einer Anordnung aus Tuffs und Bändern. Kombiniert man unterschiedliche Blatt- und Blütenstrukturen miteinander, schafft das Spannung im Beet. Baut man Gräser mit ein, bringen diese Leichtigkeit zwischen die Staudengruppen und sind ein wichtiger Herbst- und Winteraspekt.

Auch solltet Ihr Höhen gestaffelt pflanzen. Das heißt: in einem Beet vor einer Mauer oder Zaun hinten mit den hohen Stauden beginnen und nach vorne hin abfallend pflanzen. Ein Inselbeet würde ich persönlich immer in der Mitte mit den höchsten Stauden oder Gräsern bepflanzen und rundherum dann niedriger werden.

Auch das Farbkonzept und die Blütezeit der Stauden werden von mir bedacht. Sucht Stauden mit unterschiedlichen Blütezeiten aus, denn die Beete sollten ganzjährig blühen. Ja ich weiß, alles nicht so einfach! Zur Not buddelt Ihr eben alles wieder um. Und bedenkt eines Leute: Man kann nicht alle Pflanzen im Garten haben.

Es wird durchgeblüht, ist hier mein Motto.

6. PFLANZENKAUF

Euer Pflanzplan steht und die Wunschliste ist geschrieben? Dann heißt es nun, einen LKW mieten, die Haushaltskasse plündern und los gehts.

Meine Pflanzen kaufe ich stets in ortsansässigen Gärtnereien und Baumschulen. Hier erhalte ich nicht nur die Masse, die ich benötige, sondern auch Qualität und erstklassige Beratung. Googelt mal bitte, es gibt sie auch in Eurer Nähe.

Übrigens finden meine Fahrten in die Gärtnerei stets gut organisiert und heimlich statt, denn Ziel ist es immer, die vielen Pflanzen in die Erde zu bringen, bevor mein Mann heimkommt. Gelingt dies einmal nicht, heißt es dann von mir: „War alles heute im Sonderangebot."

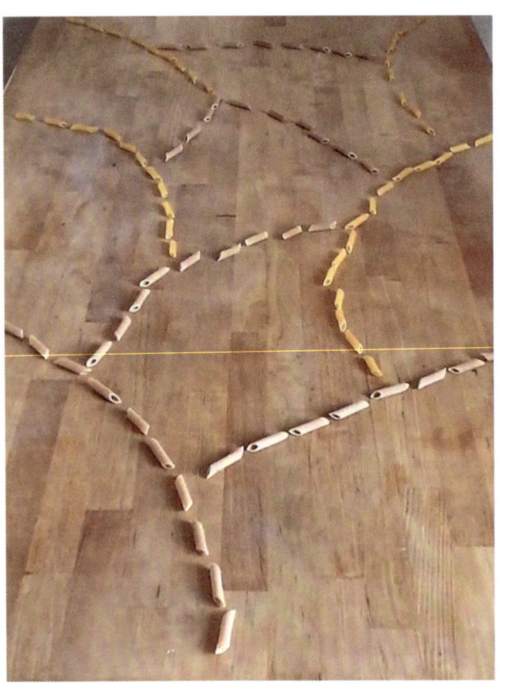

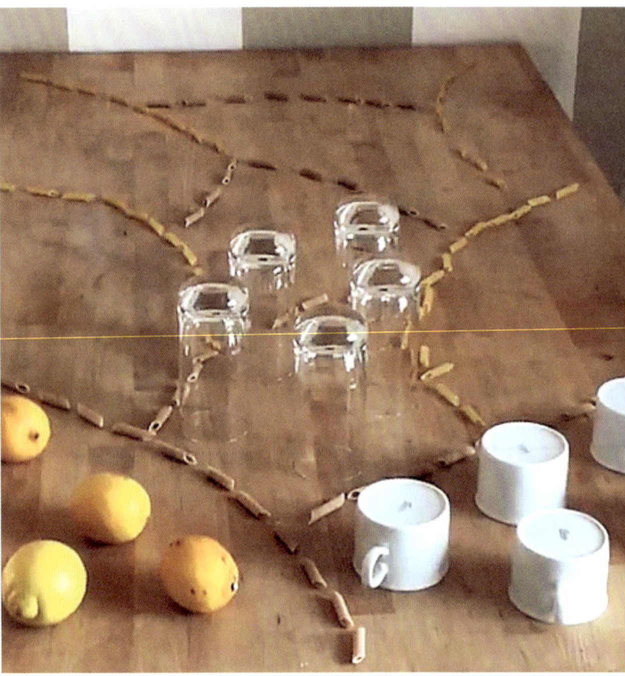

7. VERMEHRUNG VON STAUDEN: TEILUNG & STECKLINGE

Da meine Familie aufgrund meines Gartenwahns auf Dauer nicht nur von Wasser und Brot leben wollte, habe ich recht schnell mit dem Teilen von Stauden begonnen. Bereits nach dem ersten Jahr im Garten lassen sich aus einer Pflanze schon zwei machen. Hierbei steche ich ohne großes Geschiss, ganz beherzt, die Pflanzen mit dem Spaten in der Mitte durch. Stauden wie Storchschnabel oder Wollziest grabe ich aus und reiße sie zum Teilen einfach an der Wurzel auseinander.

Einige Pflanzen lassen sich auch gut über Stecklinge vermehren, wie beispielsweise Fetthenne *(Sedum)* oder Prachtkerze *(Gaura)*. Hierfür schneidet Ihr am besten im Frühling einen nicht blühenden Trieb von der Pflanze ab und stellt ihn ins Wasser. Nach etwa 4 Wochen bildet er Wurzeln.

8. BODEN VORBEREITEN UND PFLANZRASTER ZEICHNEN

Der Boden ist unter der Grasnarbe oft verdichtet. Daher solltet Ihr ihn auflockern oder umgraben sowie sämtliche Wurzelunkräuter entfernen. Fehlende Erde im Beet füllt Ihr am besten mit Kompost oder Humuserde auf, so dass die Pflanzen in der Anwachsphase gut mit Nährstoffen versorgt sind.

Genauso wie bei den Blumenzwiebeln kommt bei mir auch bei den Stauden in jedes Pflanzloch eine Hand voll Bodenaktivator.

Jetzt zeichnet Ihr laut Eurem Pflanzplan ein Raster ins Beet, um dann später die Töpfe in Gruppen zu positionieren. Dafür nehmt Ihr Sand oder einen Besenstiel zur Hand. Ich habe es auf dem Küchentisch für Euch mit Nudeln veranschaulicht (siehe Bild oben).

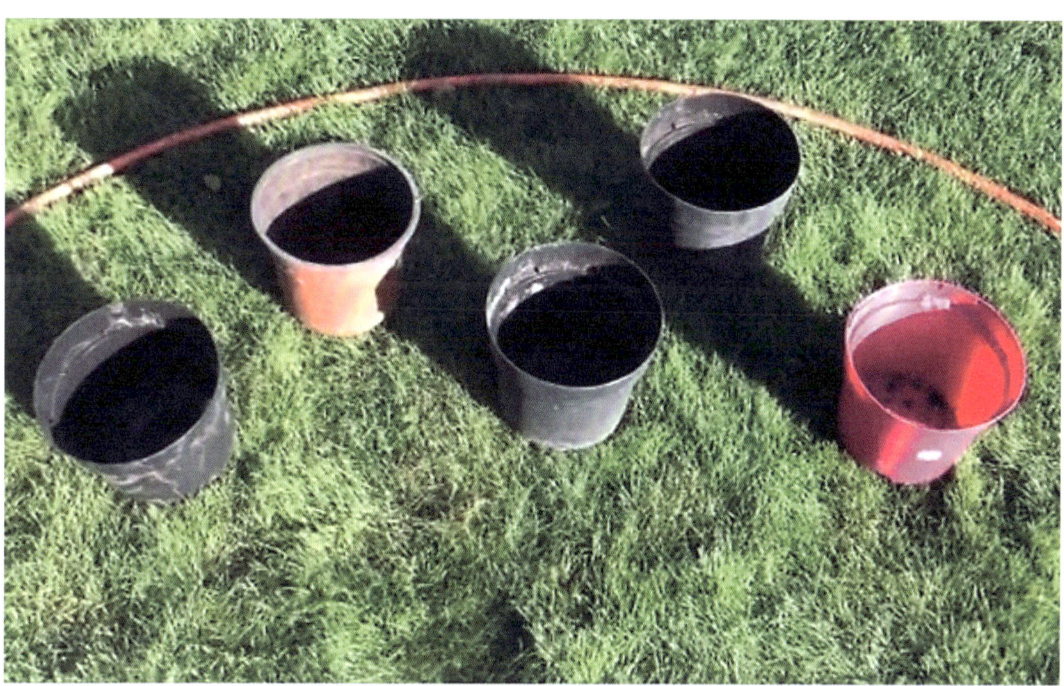

9. EINPFLANZEN: GUT POSITIONIEREN UND FESTTRETEN

Fangt nicht gleich an, aufs Geratewohl alles einzulochen. Stellt die Töpfe erstmal in das vorgezeichnete Raster und positioniert sie. Achtet dabei stets darauf, dass Ihr die Töpfe versetzt anordnet, das ergibt später eine schönere Struktur.

Wenn Ihr mit der Anordnung Eurer Pflanzen zufrieden seid, heißt es alles einbuddeln und anschließend gut festtreten. Die kommenden Tage sollten Eure Neuankömmlinge regelmäßig mit Wasser versorgt werden.

Es kann passieren, dass Euer Beet am Ende optisch anders aussieht als Ihr Euch das vorgestellt habt. Dann nicht verzagen und „einfach" alles wieder umbuddeln – meine Pflanzen hatten so einige Male den Koffer in der Hand, wenn ich mit dem Spaten kam, bis am Ende der richtige Platz gefunden war.

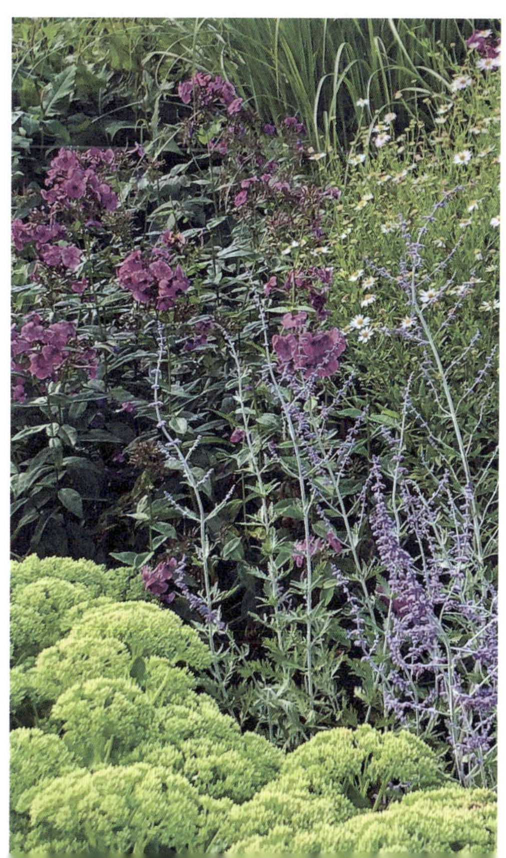

Beetidee #1

PFLANZENLISTE

① Horstig wachsender Farn, z. B. Schellenbaum-Wurmfarn *(Dryopteris filix-mas)*

② Große Blaublatt-Funkie 'Big Daddy' *(Hosta sieboldiana)*

③ Ballhortensie 'Annabelle' oder 'Endless Summer' *(Hydrangea arborescens)*

④ Weiße Sommer-Wald-Aster 'Tradescant' *(Aster divaricatus)*

⑤ Großblättriger Frauenmantel *(Alchemilla mollis)*

⑥ Purpurglöckchen in Rot, z. B. 'Palace Purple' *(Heuchera micrantha)*

SCHATTEN/ HALBSCHATTEN

Sonne bis mittags

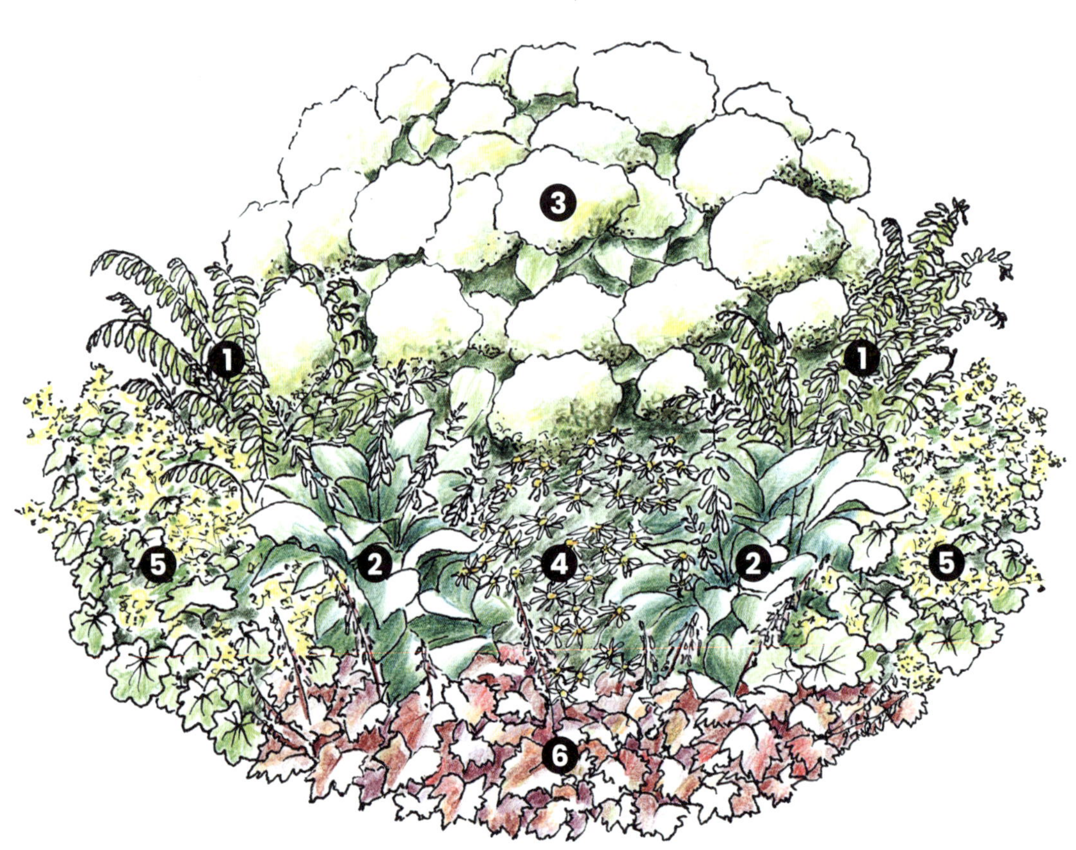

Beetidee #2

PFLANZENLISTE

① Ballhortensie in Weiß, 'Endless Summer' oder 'Annabelle' *(Hydrangea arborescens)*

② Eibe in Kugelform *(Taxus baccata)*

③ Funkie in Grün-Weiß, z. B. Graublatt-Funkie 'Francee' (*Hosta* x *fortunei*)

④ Bergwald-Storchschnabel 'Silverwood' *(Geranium nodosum)*

SCHATTEN

Sonne bis mittags

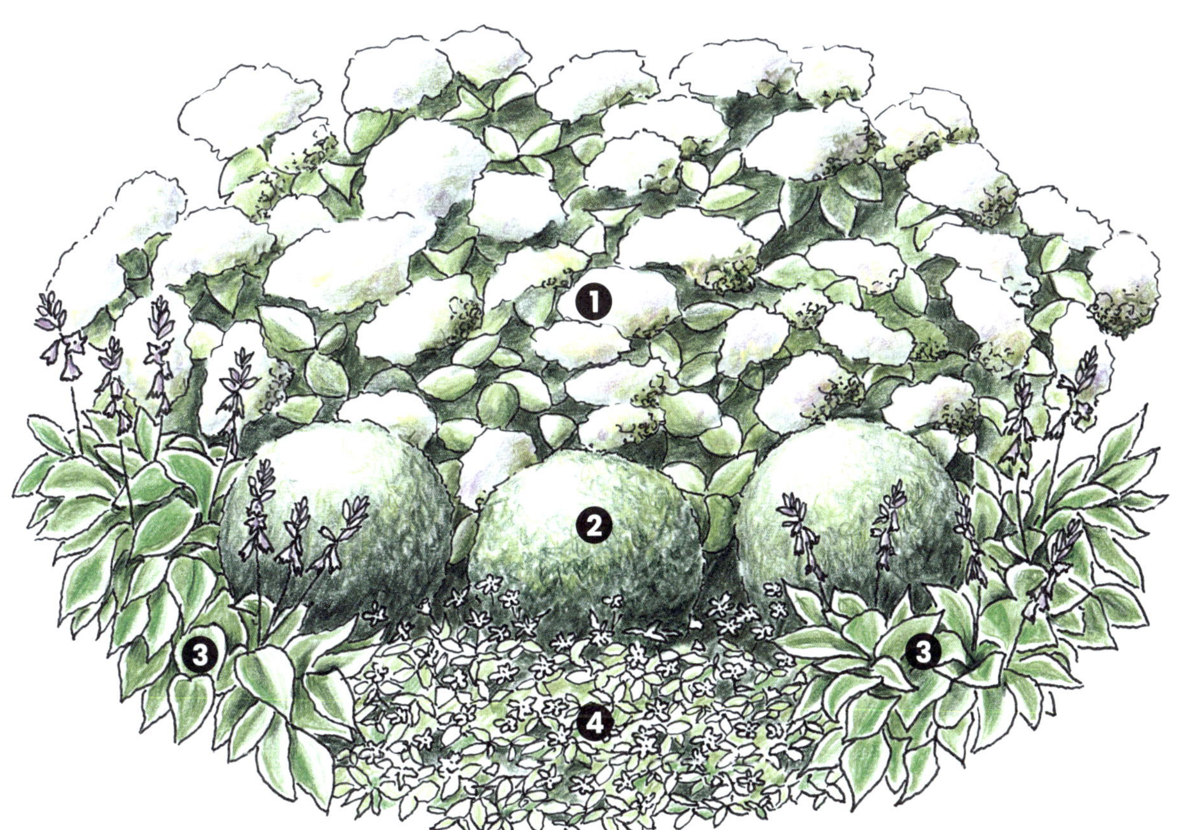

Beetidee #3

VOLLE SONNE

Sonne den ganzen Tag

PFLANZENLISTE

① Hohe Fetthenne 'Matrona' (*Sedum Telephium-Hybride*)

② Steppen-Salbei 'Caradonna' oder Blüten-Salbei 'Adrian' (*Salvia nemorosa*)

③ Lampenputzergras 'Hameln' (*Pennisetum alopecuroides*)

④ Rispenhortensie (*Hydrangea paniculata*) auf Hochstamm

⑤ Teppich-Wollziest 'Silver Carpet' (*Stachys byzantina*)

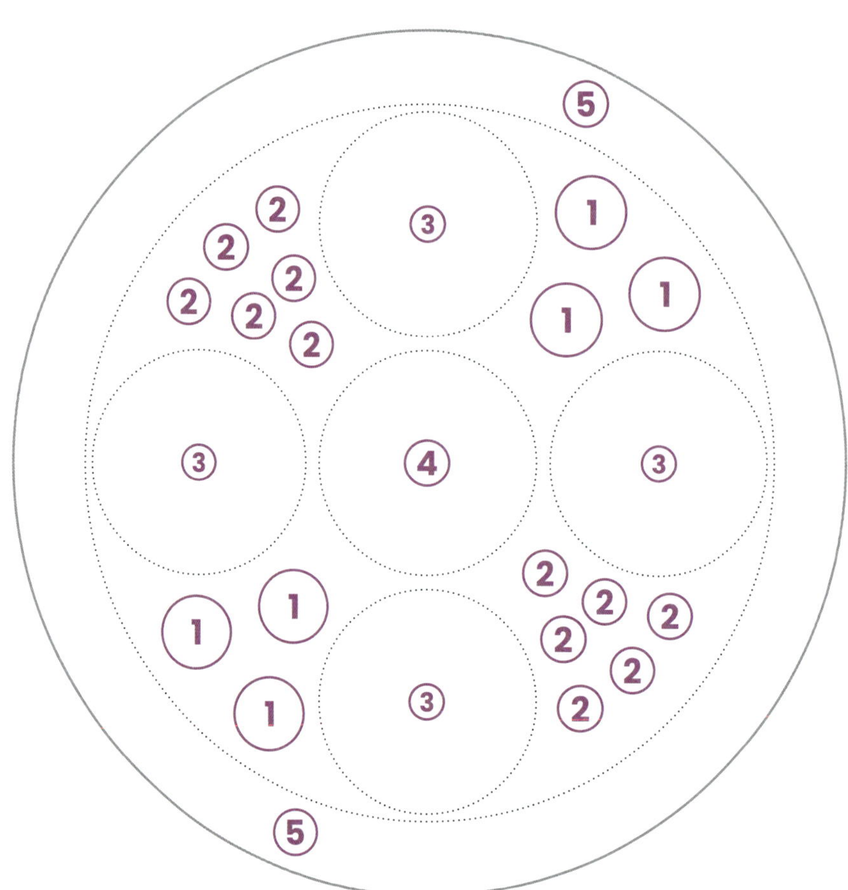

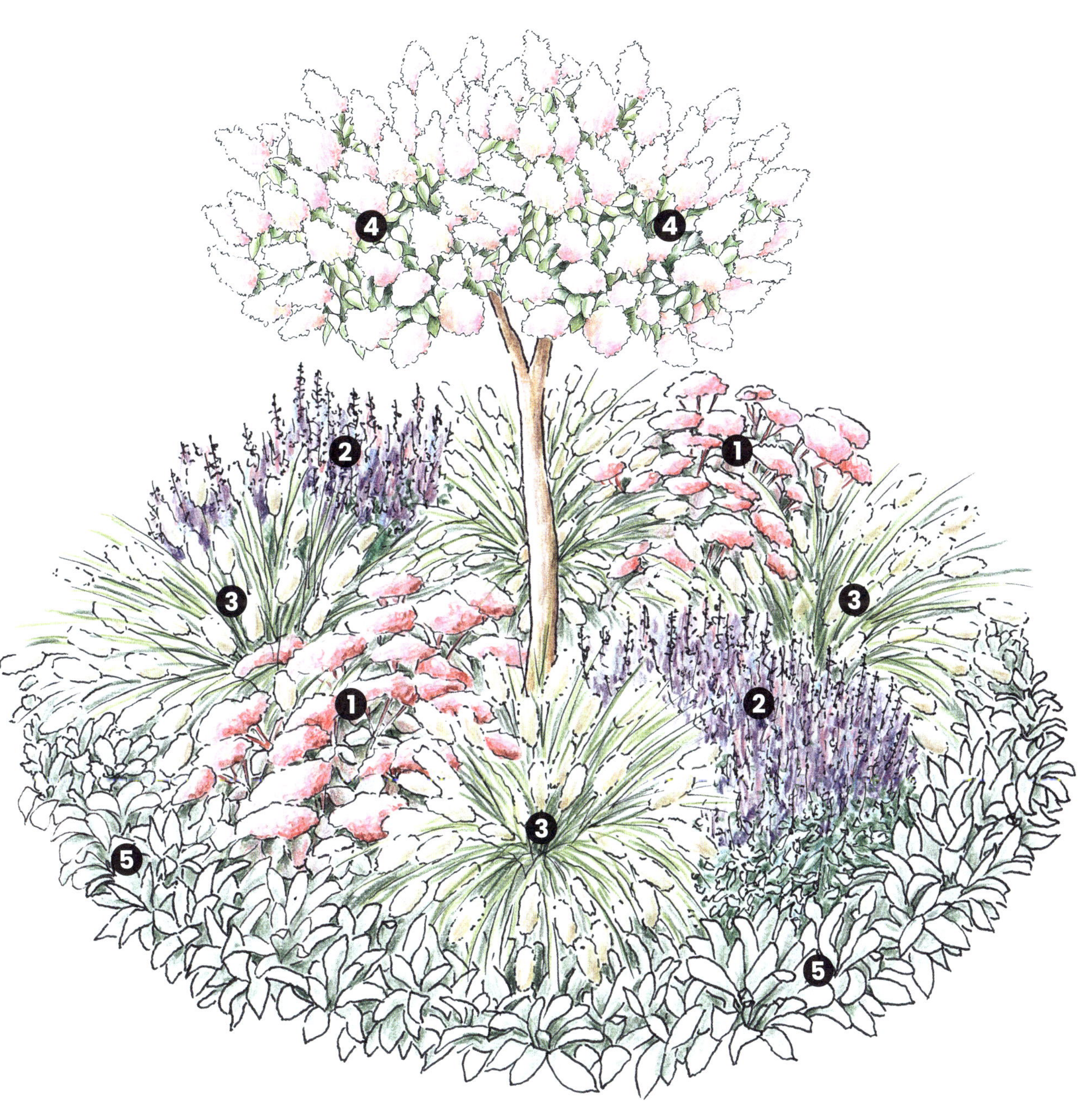
4
4
2
1
3
3
2
1
3
5
5

Beetidee #4

PFLANZENLISTE

① Beetrose, z.B. 'Bonica 82' *(Rosa)*

② Steppen-Salbei 'Caradonna' *(Salvia nemorosa)*

③ Eibe in Kugelform *(Taxus baccata)*

④ Teppich-Wollziest 'Silver Carpet' *(Stachys byzantina)*

VOLLE SONNE

Sonne den ganzen Tag

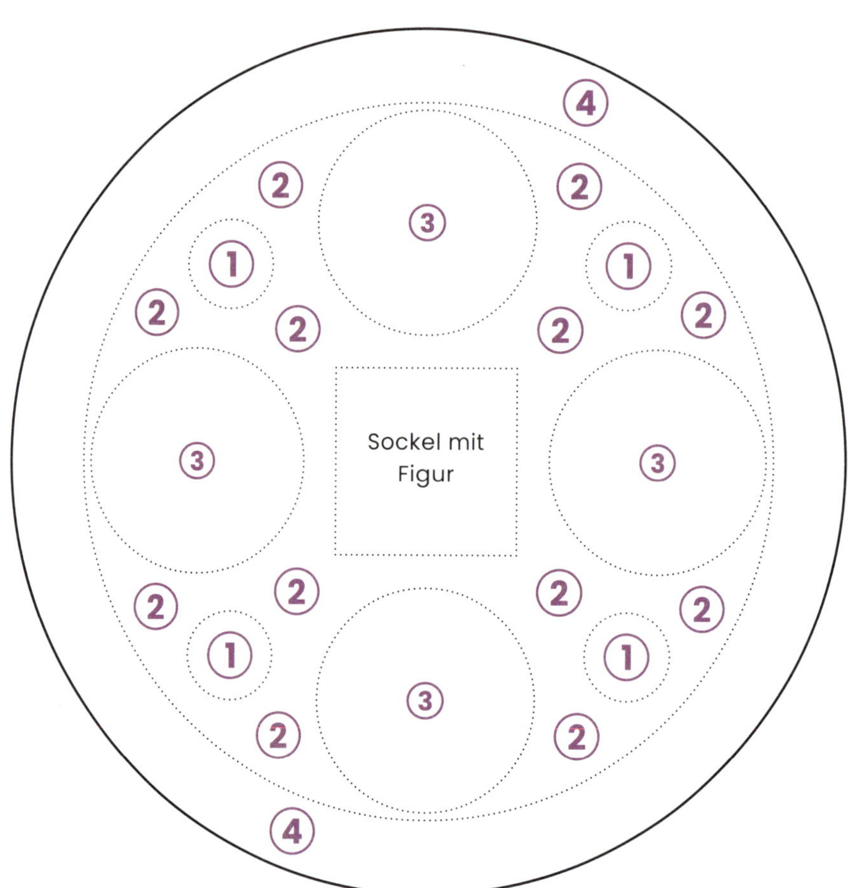

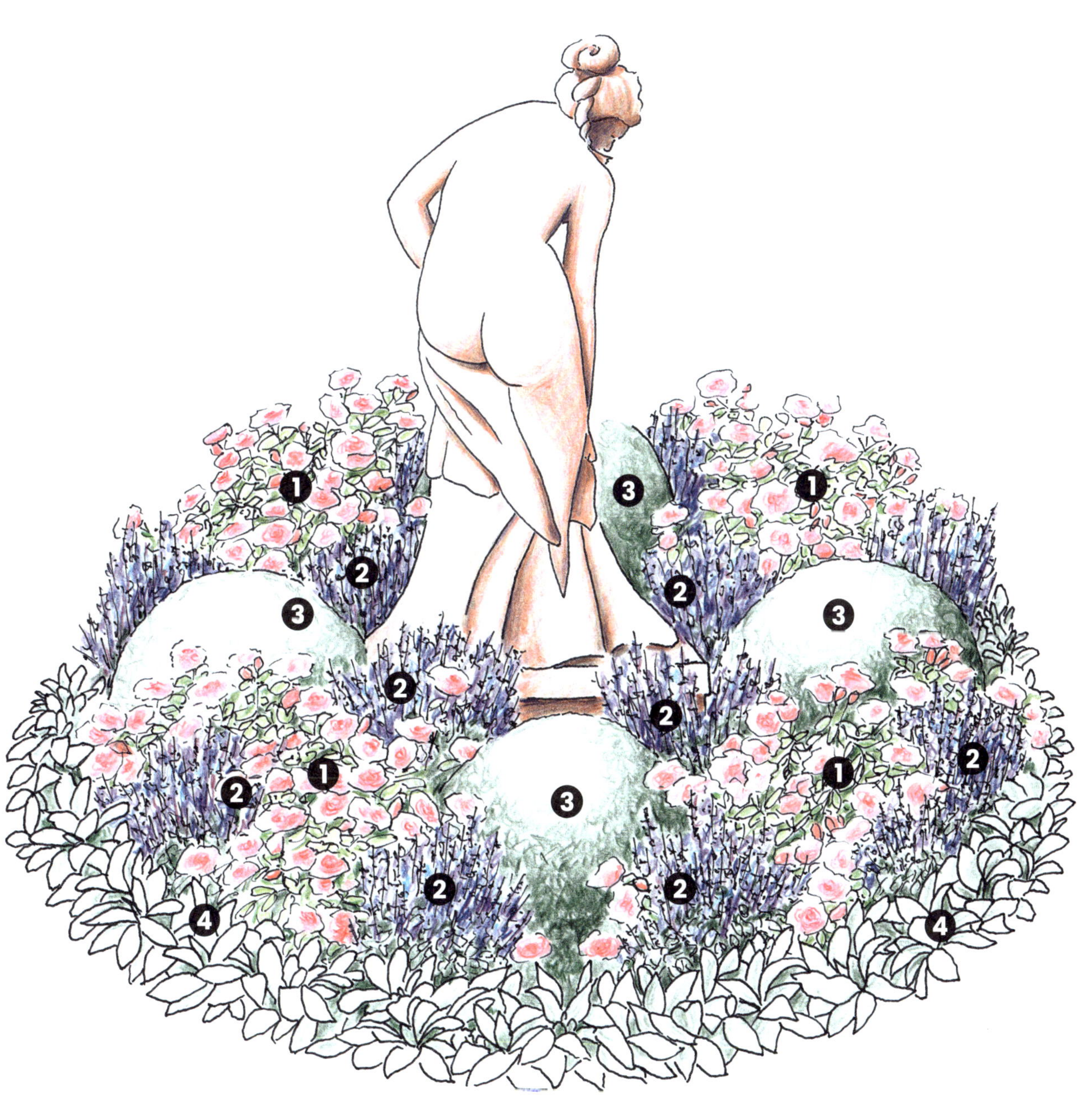
1
3
1
2
2
3
3
2
2
1
1
2
3
2
2
4
4

Beetidee #5

PFLANZENLISTE

① Funkie in Grün-Weiß, z. B. Weißrand-'Funkie Patriot' (*Hosta* x *fortunei*)

② Eibe in Kugelform (*Taxus baccata*)

③ Obelisk mit verschiedenfarbigen Clematis-Sorten, z. B. *Clematis viticella* in Blau und Rosa

④ Purpurglöckchen in Rot, z. B. 'Palace Purple' (*Heuchera micrantha*)

HALBSCHATTEN

Sonne bis mittags

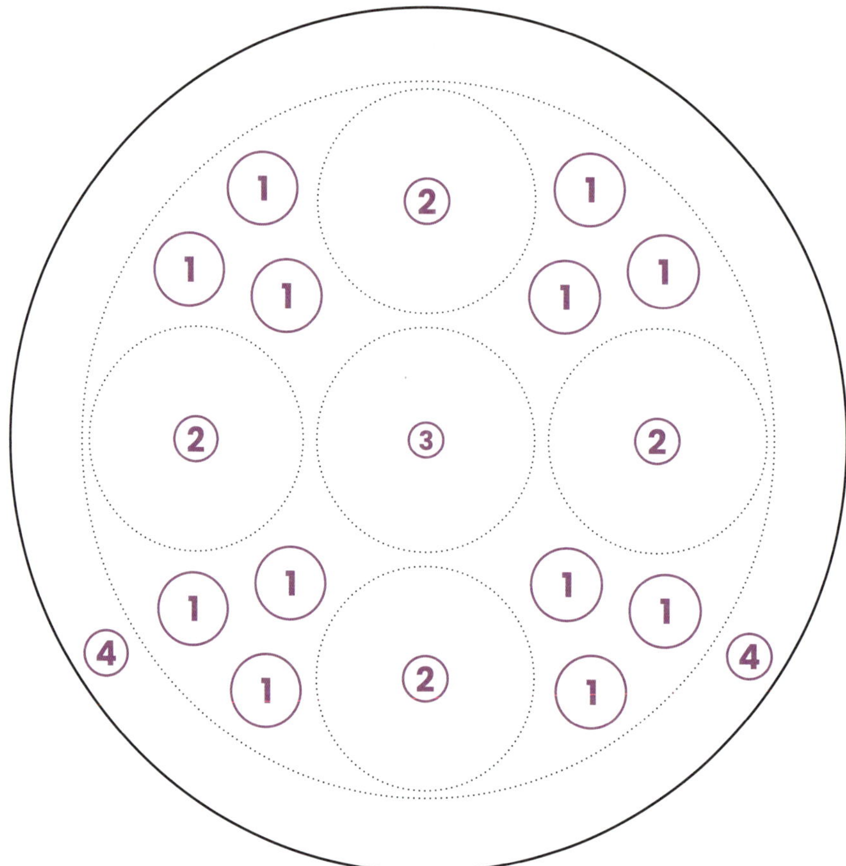

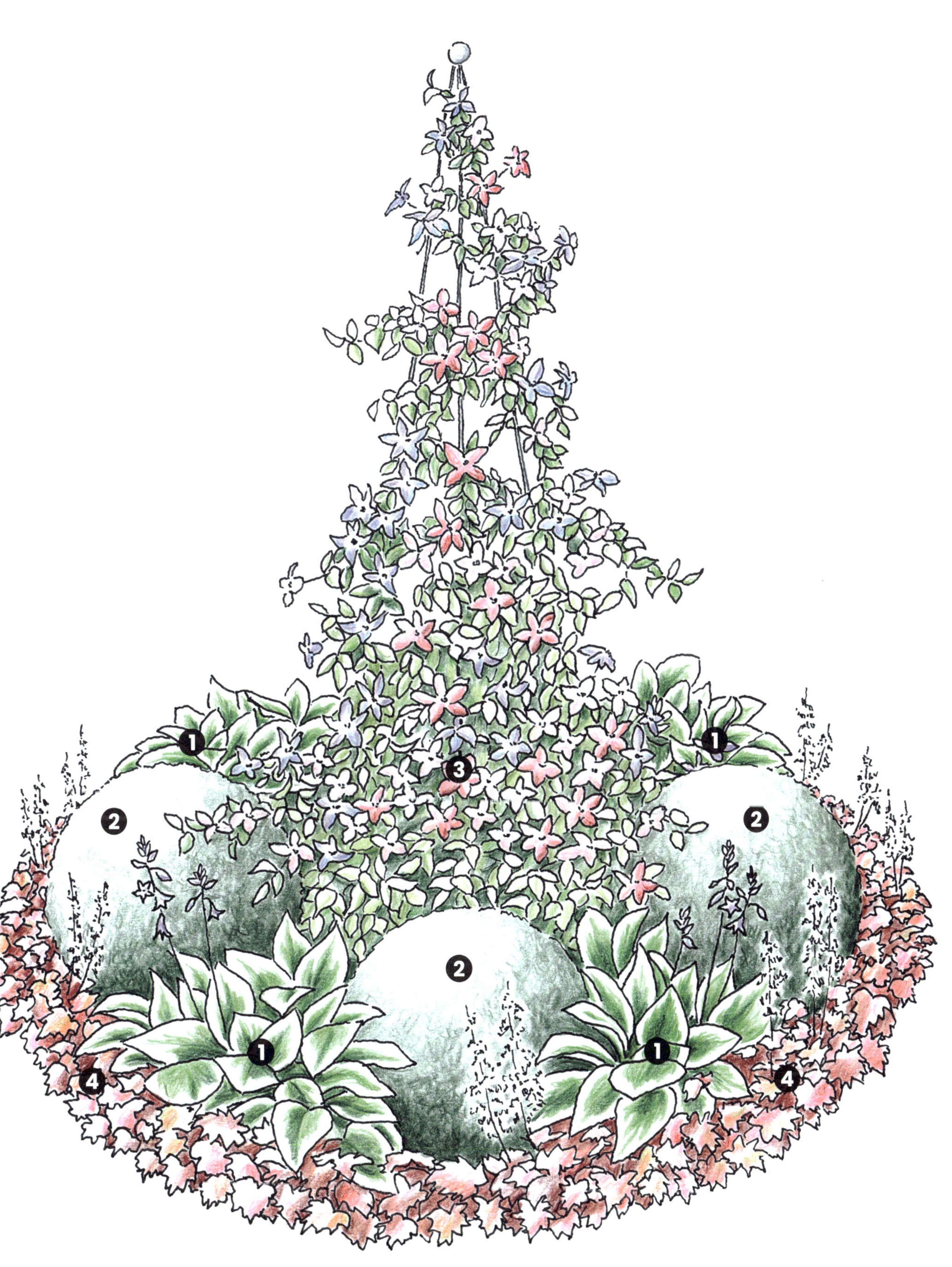
1
1
3
2
2
2
1
1
4
4

Beetidee #6

PFLANZENLISTE

① Lampenputzergras 'Hameln' *(Pennisetum alopecuroides)*

② Kerzenknöterich 'Rosea' *(Bistorta amplexicaulis)*

③ Schönaster 'Charlotte' *(Kalimeris incisa)*

④ Strauchrose 'Rose de Resht' *(Rosa)*

⑤ Hohe Fetthenne 'Matrona' (*Sedum Telephium*-Hybride)

⑥ Storchschnabel 'Dreamland' (*Geranium x cultorum*)

⑦ Quirlblütiger Salbei 'Purple Rain' *(Salvia verticillata)*

VOLLE SONNE

Sonne den ganzen Tag

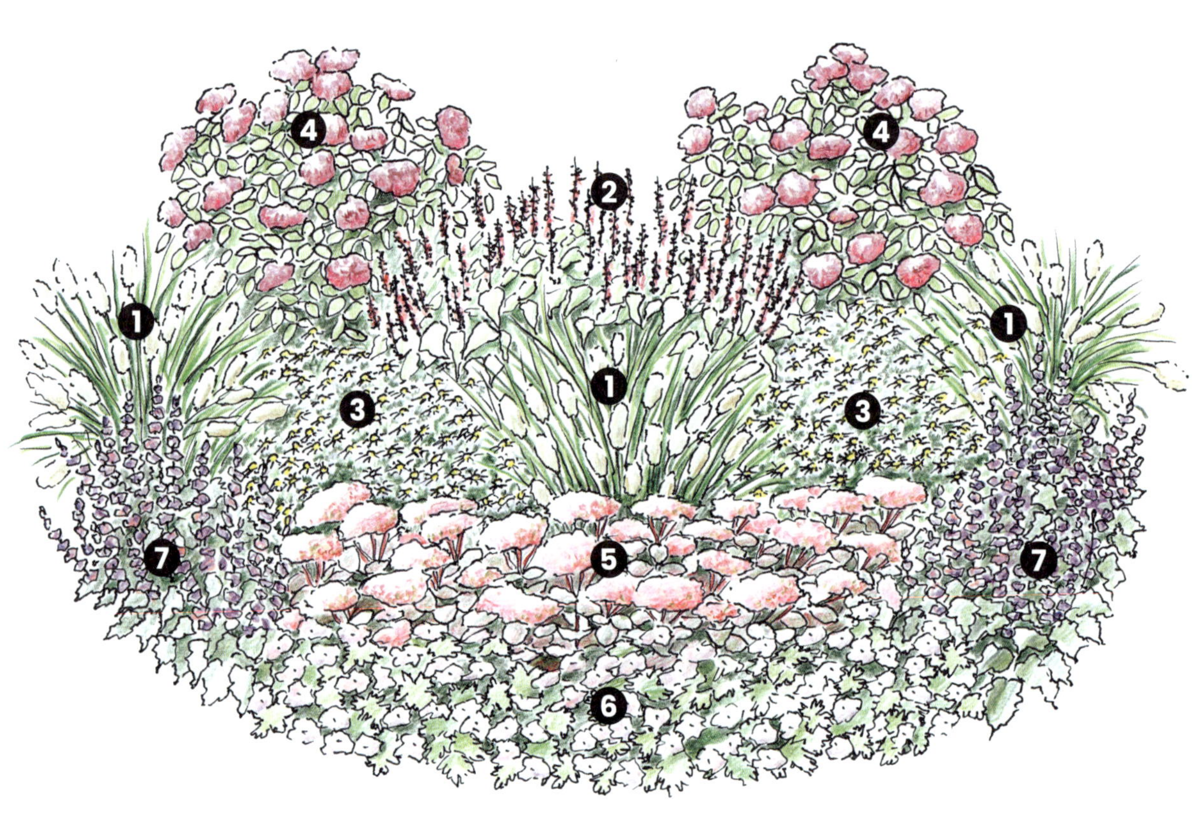

Beetidee #7

VOLLE SONNE

Sonne den ganzen Tag

PFLANZENLISTE

① Roter Sonnenhut 'Magnus' (*Echinacea purpurea*)

② Chinaschilf 'Gracillimus' (*Miscanthus sinensis*)

③ Großer Wollziest 'Big Ears' (*Stachys byzantina*)

④ Rispenhortensie 'Limelight' (*Hydrangea paniculata*)

⑤ Blauraute 'Little Spire' (*Perovskia atriplicifolia*)

⑥ Storchschnabel 'Rozanne' (*Geranium*-Hybride)

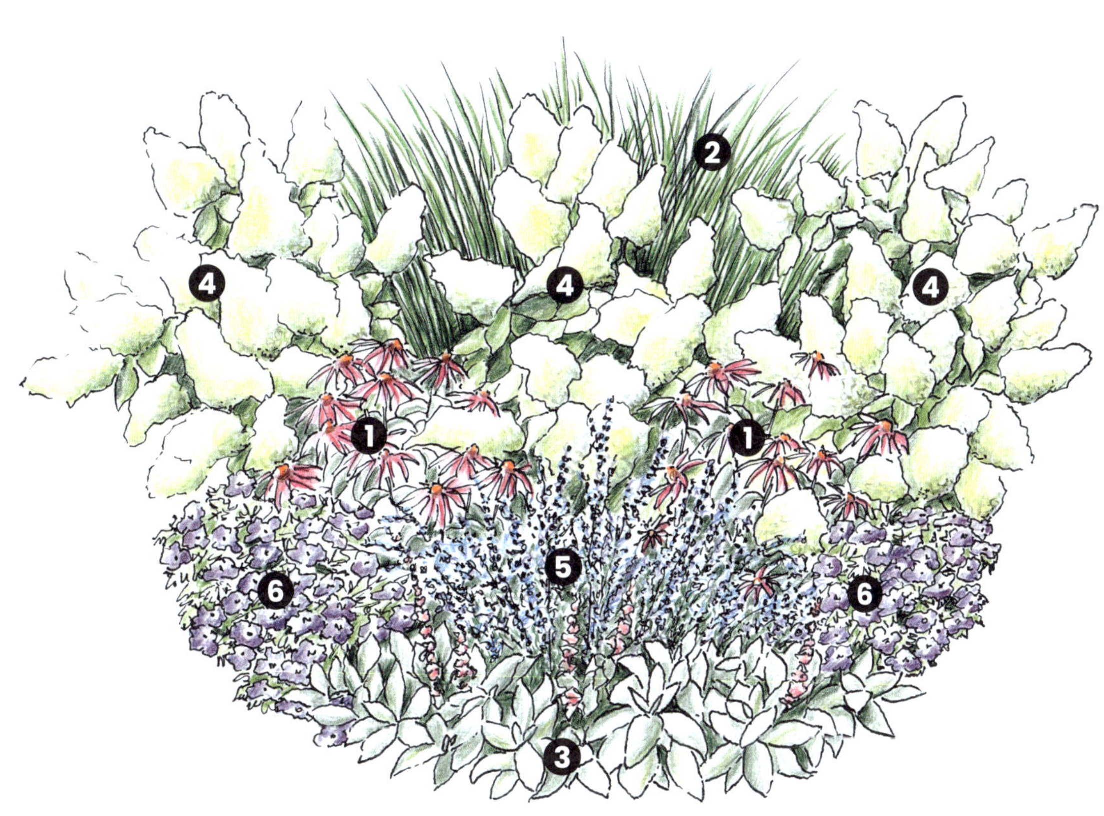

Beetidee #8

VOLLE SONNE

Sonne den ganzen Tag

PFLANZENLISTE

1. Storchschnabel 'Dreamland' (*Geranium* x *cultorum*)
2. Diamant-Reitgras (*Calamagrostis brachytricha*)
3. Schönaster 'Blue Star' (*Kalimeris incisa*)
4. Dichtblütiger Ziest 'Hummelo' (*Stachys monnieri*)
5. Katzenminze 'Six Hills Giant' (*Nepeta* x *faassenii*)
6. Steppen-Salbei 'Mainacht' (*Salvia nemorosa*)

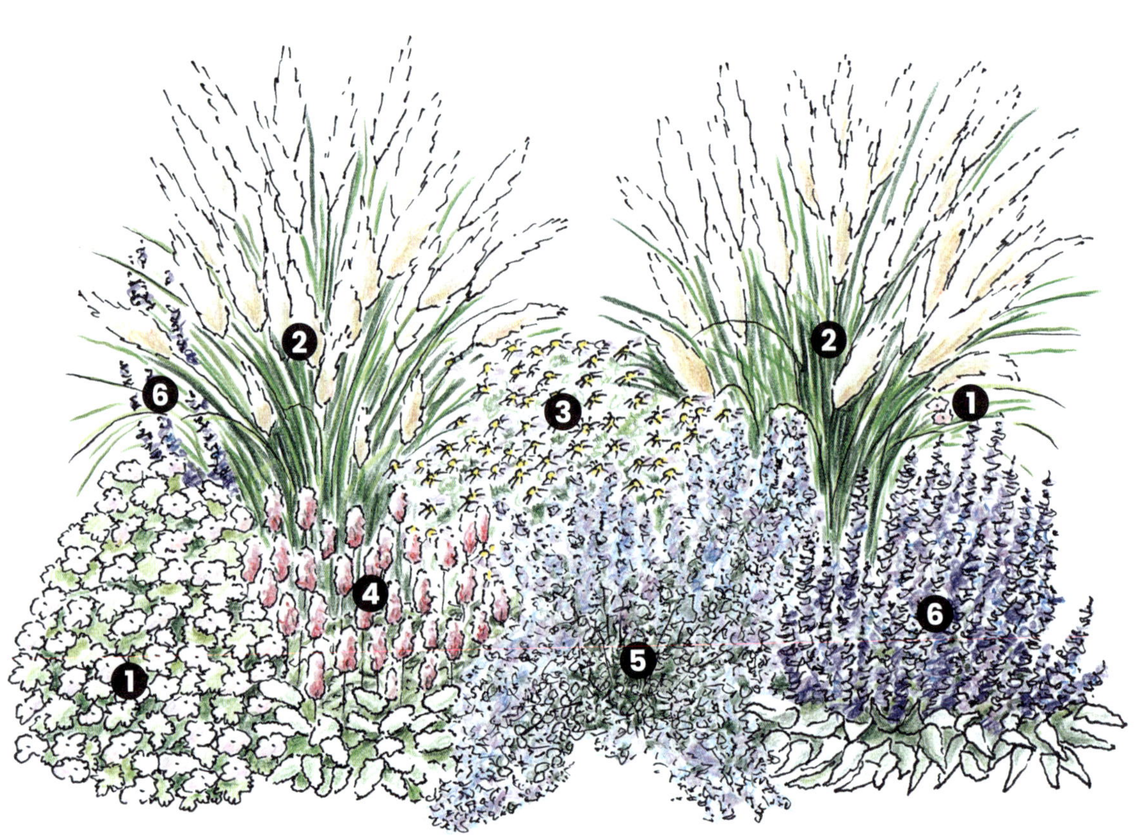

Beetidee #9

PFLANZENLISTE

1. Prachtkerze 'Whirling Butterflies' *(Gaura lindheimerii)*
2. Sommer-Phlox 'Düsterlohe' *(Phlox paniculata)*
3. Roter Sonnenhut 'Magnus' *(Echinacea purpurea)*
4. Lampenputzergras 'Hameln' *(Pennisetum alopecuroides)*
5. Hohe Fetthenne 'Matrona' (*Sedum Telephium*-Hybride)
6. Steppen-Salbei 'Caradonna' *(Salvia nemorosa)*
7. Katzenminze 'Walkers Low' (*Nepeta* x *faassenii*)

VOLLE SONNE

Sonne den ganzen Tag

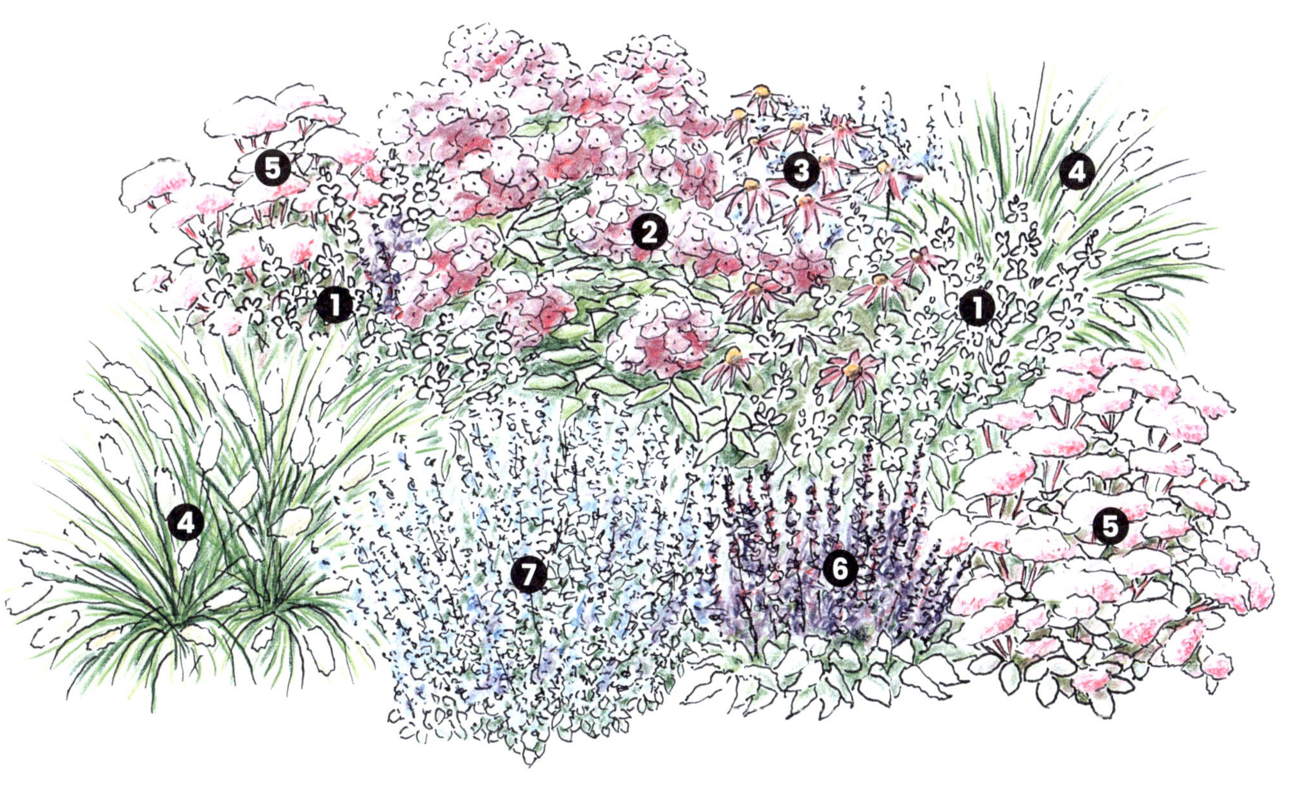

Beetidee #10

PFLANZENLISTE

① Eibe in Kugelform *(Taxus baccata)*

② Weißbuntes Chinaschilf 'Morning Light' *(Miscanthus sinensis)*

③ Patagonisches Eisenkraut *(Verbena bonariensis)*

④ Sommer-Phlox 'Düsterlohe' *(Phlox paniculata)*

⑤ Englische Strauchrose 'Gertrude Jekyll' *(Rosa)*

⑥ Storchschnabel 'Orkney Cherry' (*Geranium* x *oxonianum*)

⑦ Lampenputzergras 'Hameln' *(Pennisetum alopecuroides)*

⑧ Quirlblütiger Salbei 'Purple Rain' *(Salvia verticillata)*

VOLLE SONNE

Sonne den ganzen Tag

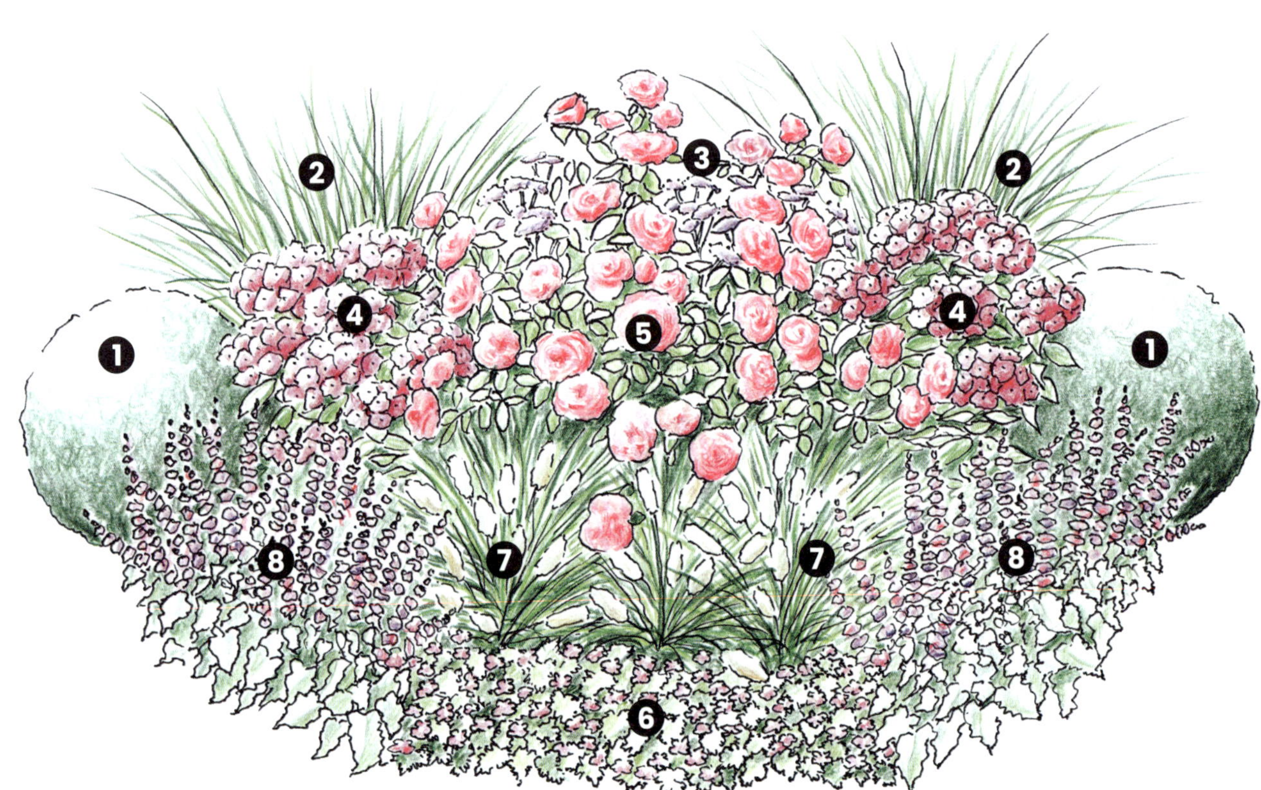

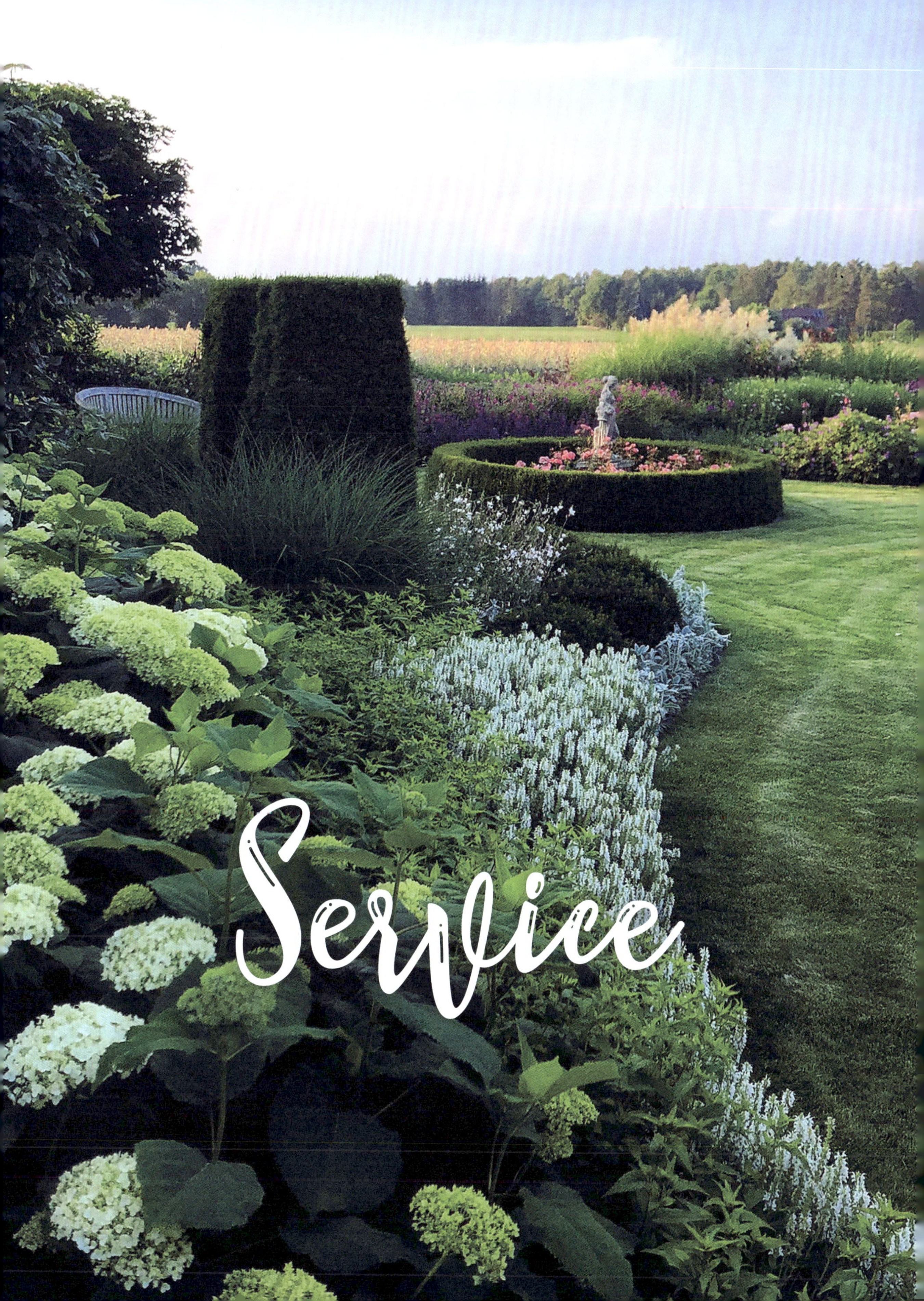

Service

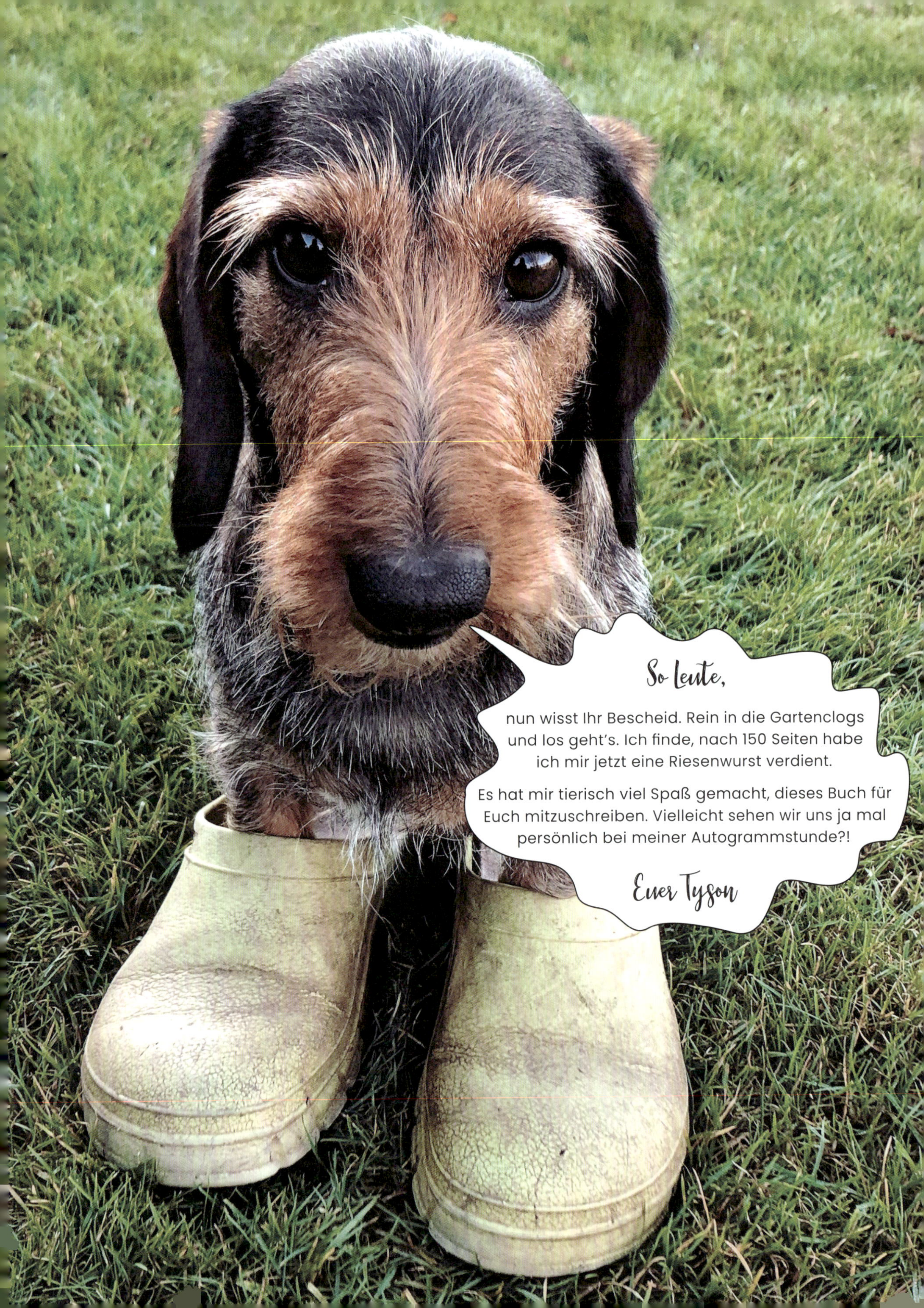
So Leute,
nun wisst Ihr Bescheid. Rein in die Gartenclogs und los geht's. Ich finde, nach 150 Seiten habe ich mir jetzt eine Riesenwurst verdient.
Es hat mir tierisch viel Spaß gemacht, dieses Buch für Euch mitzuschreiben. Vielleicht sehen wir uns ja mal persönlich bei meiner Autogrammstunde?!
Euer Tyson

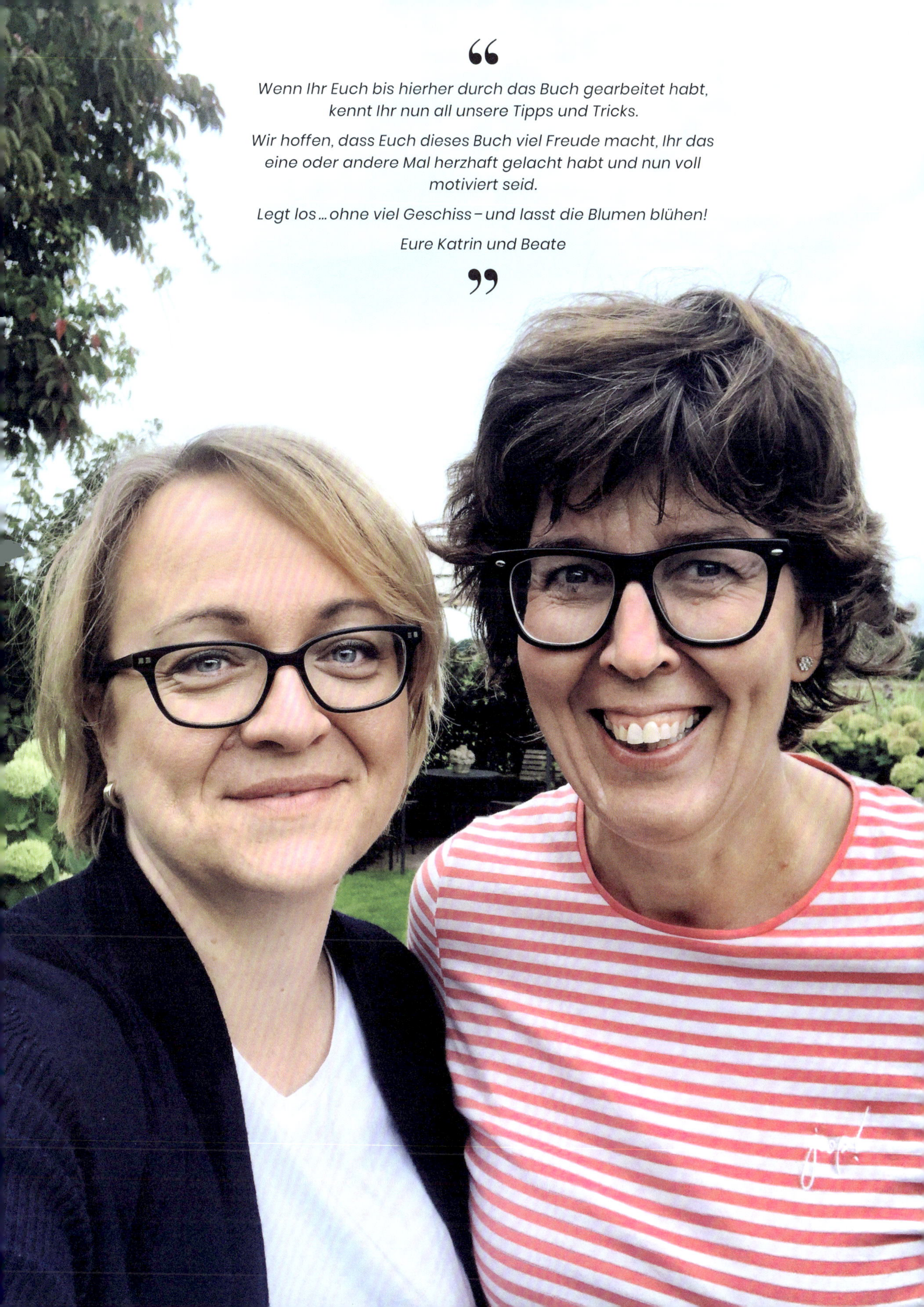

“

Wenn Ihr Euch bis hierher durch das Buch gearbeitet habt, kennt Ihr nun all unsere Tipps und Tricks.

Wir hoffen, dass Euch dieses Buch viel Freude macht, Ihr das eine oder andere Mal herzhaft gelacht habt und nun voll motiviert seid.

Legt los … ohne viel Geschiss – und lasst die Blumen blühen!

Eure Katrin und Beate

”

Phänologischer Kalender

Das Gartenjahr kann in phänologische Jahreszeiten gegliedert werden, die durch periodische wiederkehrende Entwicklungserscheinungen in der Natur gekennzeichnet sind. Die Arbeiten im Garten und Tipps des Buches sind nach diesen Jahreszeiten unterteilt und geben Anhaltspunkte für die Tätigkeiten.

VORFRÜHLING
Der Vorfrühling wird angezeigt durch die erste Blüte von Haselnuss, Schneeglöckchen, Schwarze Erle, Salweide. Die landwirtschaftlichen Aktivitäten beginnen, wenn die überschüssige Bodenfeuchte des Winters verschwunden ist.

ERSTFRÜHLING
Der Erstfrühling zeigt sich durch die Blüte der Forsythie, denen Kirsch-, Pflaumen-, Birnen-, Schlehen- und Ahornblüten folgen. Johannisbeeren entfalten ihre Blätter. Ebenso die von Birke, Rotbuche, Linde und Ahorn. In der Landwirtschaft werden Kartoffeln gesetzt.

VOLLFRÜHLING
Jetzt erblühen Apfel und Flieder, gefolgt von Himbeere. Die Stieleichen schmücken sich langsam mit Blättern, und die Kartoffeln zeigen ihr Kraut.

FRÜHSOMMER
Meist ist Juni, wenn sich die Blüten von Gräsern, Holunder, Weißdorn, Waldgeißbart und Mohn zeigen. Auf den Feldern erblüht der Winterroggen. Jetzt ist auch die Zeit für die Heuernte gekommen.

HOCHSOMMER
Wenn Sommerlinde, Wegwarte und Kartoffeln blühen, ist Hochsommer. Dann zeigen auch die Johannisbeeren ihre Früchte, und auf den Feldern beginnt die Getreideernte mit der Wintergerste; sie endet mit dem Hafer.

SPÄTSOMMER
Im Spätsommer reifen Frühapfel, Frühzwetschge und Vogelbeere. Heidekraut und Herbstanemone zeigen ihre Blüten. Die Getreideernte neigt sich dem Ende.

FRÜHHERBST
Die Herbstzeitlose läutet den Frühherbst ein, die Beeren vom Holunder reifen. Birnen und Zwetschgen sind erntereif.

VOLLHERBST
Im Vollherbst reifen Stieleiche, Quitte und Walnuss. Rosskastanie, Rotbuche, Eiche, Esche und Wilder Wein verfärben ihr Laub, während bei Apfelbäumen bereits die Blätter fallen. Spätkartoffeln, Rüben und Äpfel werden geerntet, das Wintergetreide ausgesät.

SPÄTHERBST
Kennzeichen des Spätherbstes ist der Laubfall von Stieleiche und Rosskastanie. Auf den Feldern keimt das Wintergetreide, und langsam werden die landwirtschaftlichen Tätigkeiten eingestellt.

WINTER
Bis auf Winter- und Immergrüne haben nun alle Bäume ihr Laub verloren. Es herrscht nun nahezu Vegetationsruhe.

Register

Fette Zahlen verweisen auf Abbildungen

REGISTER

BILDNACHWEIS

149 Farbfotos wurden von Beate Balz und Katrin Iskam für dieses Buch aufgenommen.

Beate Balz (46): S. 6 li, 7 beide, 8, 9 re, 15 u, 16, 20, 21, 32, 33 beide, 45, 48, 49 beide, 50 beide, 51, 53 u, 56, 57 beide, 58 beide, 59, 62, 63, 64 u, 88, 89 beide, 90/91, 107 u, 112/113, 114 u beide, 115, 124/125, 126 beide, 127, 128 beide, 129, 151;

Katrin Iskam (103): S. 2/3, 4, 5 beide, 6 re, 9 li, 10/11, 12, 14 beide, 15 o, 17, 18/19, 22/23, 24 beide, 25, 26 beide, 27, 28 alle drei, 29, 30/31, 34 beide, 35 beide, 36, 38/39, 40, 42 beide, 43, 44, 46/47, 52 beide, 53 o, 54/55, 60/61, 64 o, 65 alle drei, 66/67, 68, 70/71, 72, 74 beide, 75 beide, 76, 77 beide, 78, 79, 80, 81 beide, 82/83, 84, 85, 86, 87, 92, 93, 94 beide, 95, 96/97, 98, 100/101, 102, 104 beide, 105 beide, 106, 107 o, 108, 109, 110/111, 114 o, 116/117, 118, 119, 120, 121, 122, 130 beide, 131, 132, 133 beide, 134 beide, 135 beide, 149, 150;

MIT 17 ILLUSTRATIONEN:

Ortrud Grieb (10): S. 136, 137, 139, 141, 143, 144, 145, 146, 147, 148;

Daniela Petrini (7): S. 37, 69, 99, 123, 138, 140, 142;

IMPRESSUM

Umschlaggestaltung von Daniela Petrini, A-Reutte unter Verwendung von 5 Farbfotos von Katrin Iskam (Hauptmotiv Umschlagvorder- und Rückseite, Tyson Umschlagrückseite) und Beate Balz (Autorinnenfoto Umschlagrückseite).

Mit 154 Farbfotos und 17 Farbzeichnungen.

Gedruckt auf umweltfreundlichem Papier, klimaneutral hergestellt.

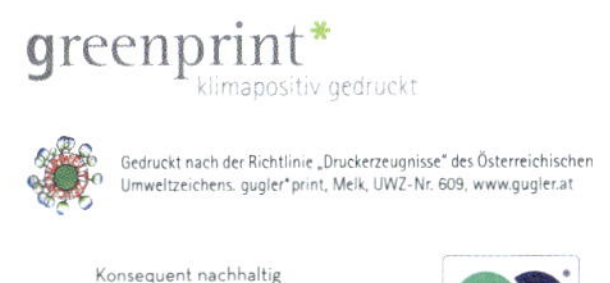

Konsequent nachhaltig – auch im Druck!
nachhaltige Forstwirtschaft · recycelbar · Farben auf Pflanzenölbasis
CERTIFIED cradle to cradle SILVER
PurePrint® by gugler* drucksinn.at

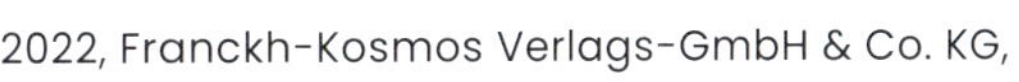

Pfizerstraße 5–7, 70184 Stuttgart

ISBN 978-3-440-17627-6
Projektleitung: Birgit Grimm
Redaktion: Birgit Grimm
Gestaltung und Satz: Daniela Petrini, A-Reutte
Produktion: Klaus Jost
Printed in Austria / Imprimé in Autriche

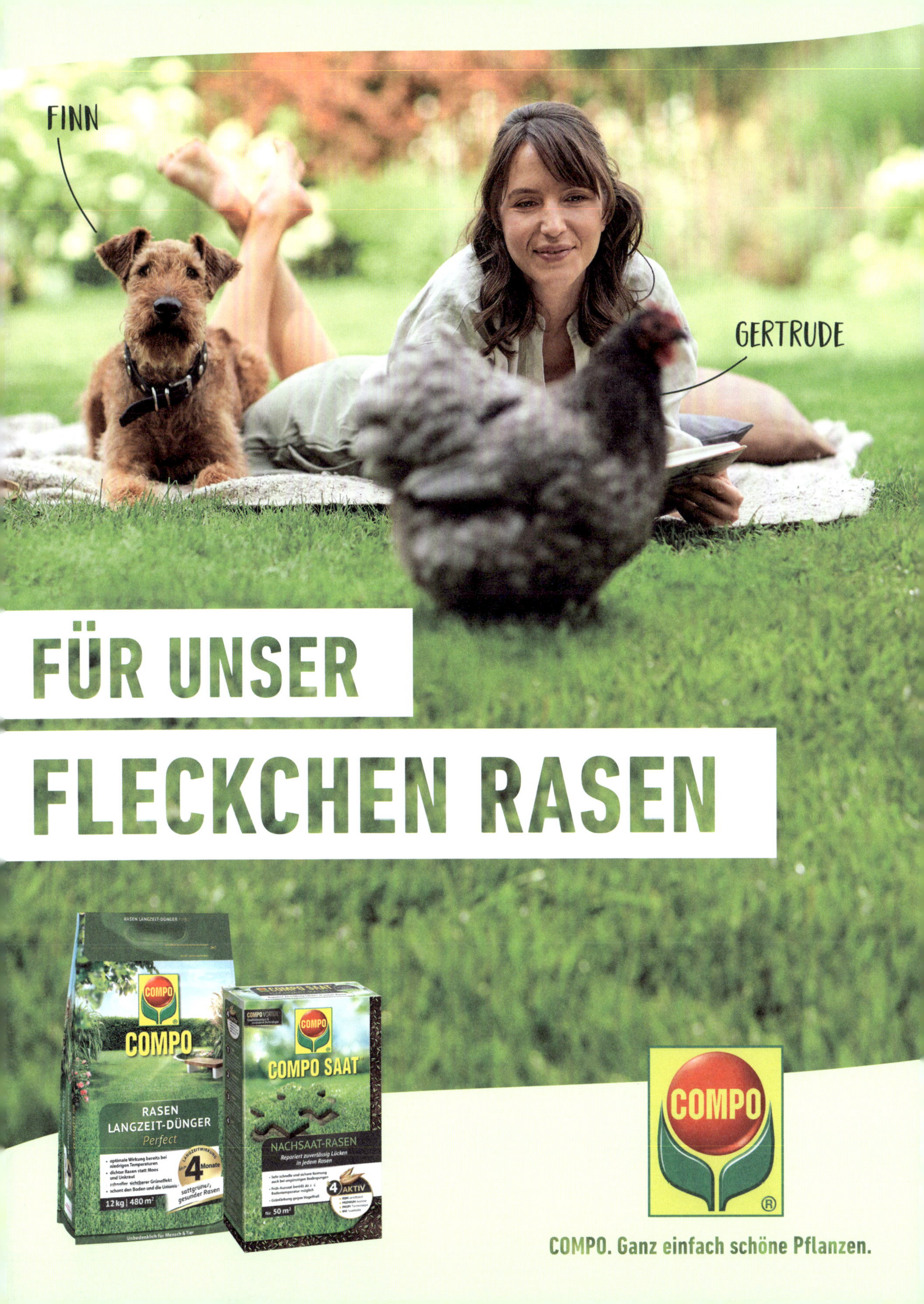

FINN

GERTRUDE

FÜR UNSER
FLECKCHEN RASEN

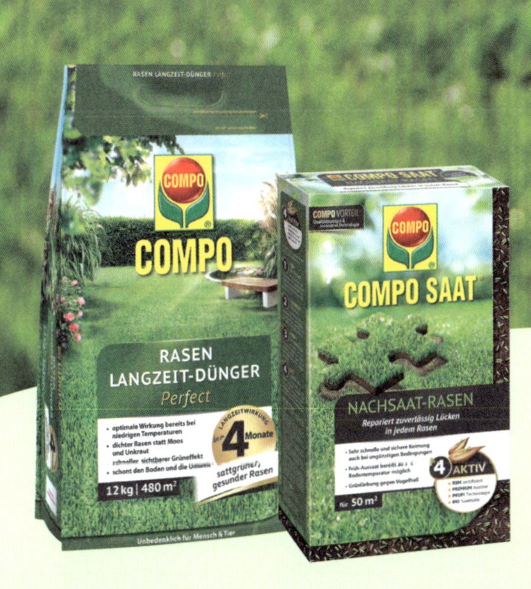

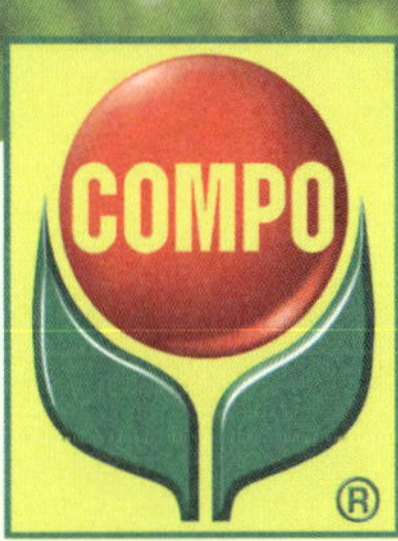

COMPO. Ganz einfach schöne Pflanzen.

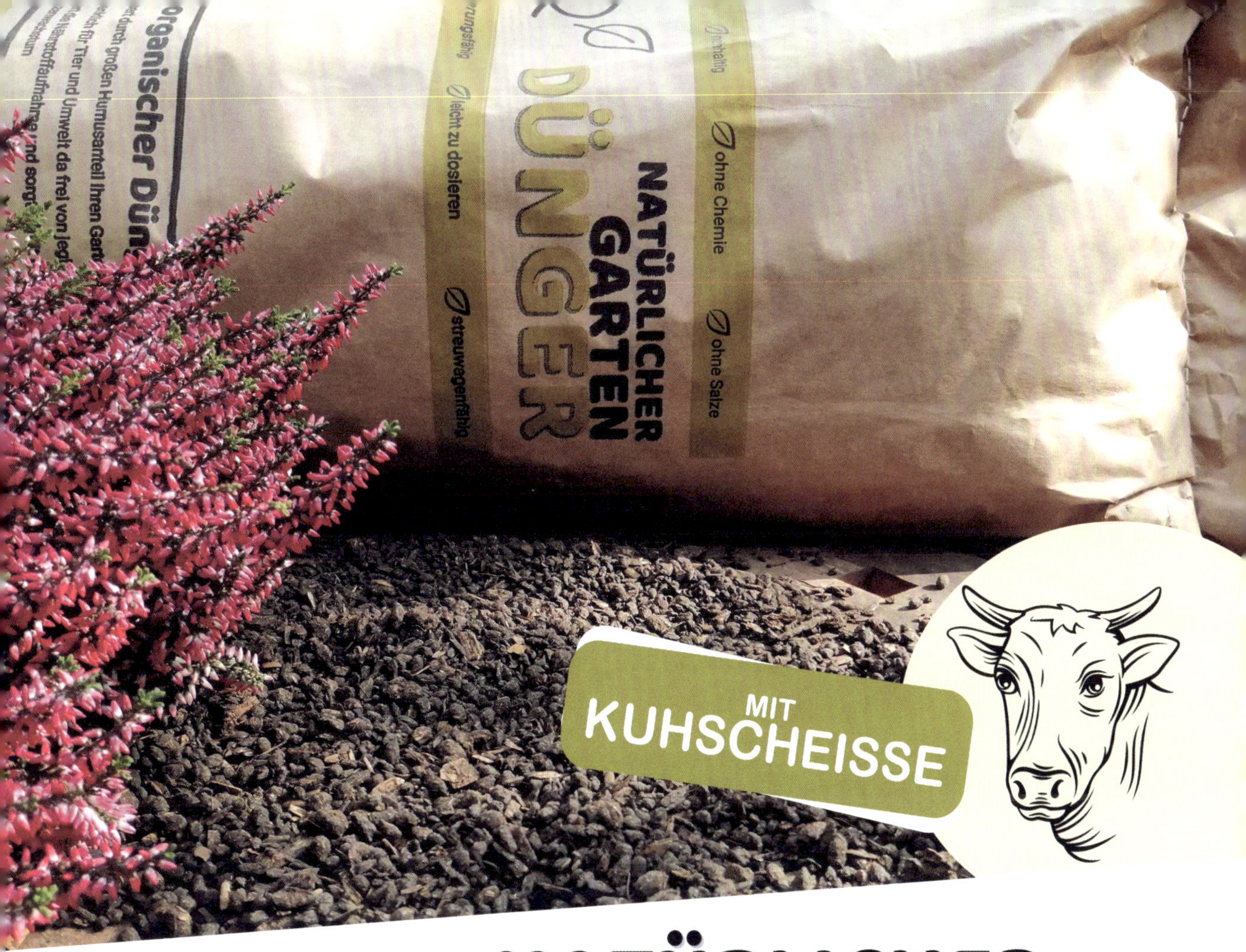